评说『资治通鉴』之

秦崩汉兴

丁万明 著

人民出版社

目 录

秦崩楚亡汉兴

历史大势背后的制度抉择与治政风格影响下的政治格局

从公元前 250 年秦孝文王、秦庄襄王相继登上秦国的王位、吕不韦正式登上秦国的政治舞台算起，到公元前 195 年汉高祖刘邦去世，这是中国历史上最风雷激荡、声施后世的五十五年。在这短短的五十五年之内，秦结束了两百多年的战国纷争，建立起了一个短暂而影响深远的大一统王朝。然而秦的统一只持续了短暂的十五年就二世而崩。接下来项羽又建立了更为短暂的西楚霸权，这个西楚霸权满打满算也只存在了五年。经过四年的楚汉相争，出身卑微的刘邦反倒笑到了最后，建立了中国历史上夏商周之后存在时间最长的大一统王朝。雄才伟略的秦始皇妄图建立"传之无穷"的万世基业，最终落得"一夫作难而七庙隳"。但为什么短命的秦帝国对后世还影响巨大？西楚霸王项羽能打别人打不了的大仗，戏亭分封之后为什么每况愈下，直至四面楚歌垓下惨败？刘邦为什么能够建立"布衣将相坐天下"的格局，刘邦留给后世的政治遗产是什么？历史何以至此？品读《资治通鉴》，发现秦崩楚亡汉兴的背后有两个关键词值得引起注意：一个是制度抉择，另一个是治政风格。

司马光认为秦的统治不具有资治的正面借鉴作用。事实上，秦帝国的统治虽然短暂，但其历史影响却堪称巨大。司马迁用"世异变，成功大"（《史记·六国年表》）六个字评价秦始皇的历史功绩，强调的就是秦始皇开创制度之功尤为突出。开国领袖毛泽东有诗云"百代都行秦政法"，一语道破秦帝国历史影响的关键就在于制度建设的成功。秦始皇开创性的制度建设主要体现在四个方面，包括皇帝制度、中央官僚机构和文官制度、地方行政体制郡县制以及实行书同文、车同轨、行同伦、度同制，也就是我们常说的统一文字、统一货币、统一度量衡、统一管理规范，加强民族融合，倡导文明风俗，这些做法极大地夯实了大一统的制度基础和文化基础。

　　秦帝国的制度建设，最值得肯定的就是郡县制的确立。这项制度的确立在当时还经历了两次惊心动魄的较量。公元前 221 年，即秦始皇二十六年，在研究确立地方行政体制的时候，丞相王绾建议分封诸侯王，秦始皇将王绾的建议交给大臣讨论。时任廷尉的李斯坚决反对再封诸侯王，认为把全国都划分为郡和县，对各位皇子及有功之臣，用国家征收的赋税重重给予赏赐，这样即可以非常容易地进行控制，使天下人对秦朝廷不怀贰心，才是安定国家的方略。分封诸侯已经不合时宜了。秦始皇自己也认为诸侯王的存在才是政局动荡的根源，所以他支持李斯废封建置郡县的主张。于是设置天下为三十六郡，郡置郡守、郡尉和郡监三个主要领导。郡下设县，万户以上的县设县令，万户以下的县设县长。县里还设县尉主管军事，设县丞辅助县令、县长。县以下设乡，乡以下设里。乡为最低一级行政机构。郡县制是中国传统社会地方行政的基本制度，为后来两千年的行政定式，确定了基本格局。关于废封建而确立郡县制的较量。第二次还成为影响深远的焚书浩劫的导火索。秦始皇三十四年，在秦始皇的寿宴之上，博士齐人淳于越又提出分封制优于郡县制的问题，秦始皇命令群臣就此议题展开讨论。丞相李斯认为儒生淳于越等人食古不化，拘泥教条，不能与时俱进，却妄言当今政事，此风不可长。李斯进而提出了具体的焚书禁书措施，秦始皇都予以采纳。

秦代郡制这种地方行政管理方式，可能确实不利于皇帝家天下的长久统治，所以秦以后历代王朝的统治时间都不如商周时期长。但是，实行郡县制的弊病却远不如封建泛滥的危害严重。柳宗元在《封建论》中也明确指出秦帝国的短命崩溃"咎在人怨，非郡邑之制失也"。正因为如此，所以大思想家王夫之就感慨万千。他指出，秦始皇本来是为了君临天下的私心而废封建置郡县，但是老天却用其私心而大行公道，客观上把天下还归于天下人之天下，这才有后世所谓"士大夫与皇帝共治天下"的可能。事情的发展往往就连神鬼都无法预测，这不就是一个例子嘛！王夫之的这个观点很有见地。

从某种意义上说，是项羽亲手毁灭了强大的大秦帝国。秦二世崩溃之后，项羽自立为西楚霸王，然后分封十八路诸侯，封刘邦为汉王。项羽分封明显属于逆历史潮流之举。由于宰割不平，刘邦之外，项羽的分封还引起了田荣、彭越、陈余三位枭雄的强烈不满。田荣联手彭越发兵杀死了项羽分封的三个齐地之王，然后自立为齐王。项羽亲自率兵前往镇压，就此走上了灭亡之路。

汉初实行的是"郡国并行"的国家体制。刘邦在楚汉相争的时候一度也接受郦食其的建议，准备像项羽那样分封诸侯，但刘邦那时的想法属于病急乱投医，张良借箸代筹，力陈分封"八不可"，刘邦当即把已经刻好的分封诸侯的大印都销毁了。

刘邦称帝之时，出于酬谢功臣的需要，分封了八个异姓王。在燕王臧荼反叛被剿灭之后，刘邦又递补分封了和自己有特殊交情的卢绾为燕王。异姓王相继造反被剥夺王位，到后来"八王只存其一"，只剩下力量弱小的长沙王，但也终因没有子嗣而被削国。为了彻底杜绝异姓王的死灰复燃，刘邦还杀白马为盟，与群臣立誓"非刘氏而王，天下共击之"（《资治通鉴》卷十三）。这就是有名的"白马之盟"。异姓王对国家体制的威胁被解除了。

刘邦在分封功臣为异姓王之时，又分封了一大批同姓王。刘邦认为天下刚刚平定，自己的儿子年幼，兄弟又少，于是便以秦王朝孤立而导致灭亡的教训为鉴戒，想要大肆分封同姓族人，借此镇抚天下。"郡国并行"制的最早倡导者是秦始皇时期的丞相王绾。尽管秦始皇没有采纳王绾的建议，而是建立了强大的中央集权王朝，但是这种根深蒂固的裂土分封的观念仍是一种强大的社会思潮。早在韩信被剥夺楚王封爵之后，大臣田肯就进谏分封同姓王。刘邦在铲除异姓王的同时，分封了九个同姓诸侯王国，这其中除了刘交为刘邦的弟弟，吴王刘濞为刘邦的侄儿之外，其余七位都是刘邦的儿子。刘邦想依靠刘氏宗族的力量，作为皇权的屏护。事实上，我们应该看到，刘邦死后，在平定诸吕之乱的时候同姓诸侯王确实发挥了重要的作用。但是分封同姓诸侯王只能是权宜之计。刘邦也明白这一点，只是在他看来当时不能不这么做。刘邦对分封血缘关系稍远的侄子刘濞为吴王很不放心，在封刘濞为吴王时，曾经手抚刘濞的背说，汉朝立国之后，天下都姓刘，希望你谨言慎行，不要造反！但后来刘濞真的造反，酿成了吴楚七国之乱。问题是在当时，刘邦所能做的只能是采取一些措施防止地方权力过大，如规定王国的傅、相等官员由朝廷任命，地方封国有郡国兵却无军队调动权，须受朝廷节制，等等。但很显然，这些举措并不能解决根本问题。诸侯王威胁中央政权的问题还待后来者解决。到了汉文帝时期，贾谊提出"众建诸侯少其力"的措施削弱同姓诸侯王的势力，贾谊的办法通俗点说就是掺沙子，多封诸侯，僧多粥少，自然单个诸侯王的实力就弱了。汉景帝时期晁错提出"削藩"的举措，"削藩"就是直接找借口剥夺诸侯王的封地，由于这个办法过于简单粗暴，直接导致了吴楚七国之乱的爆发。汉初的同姓王问题一直延续到汉武帝时期，主父偃提出了"推恩令"，也就是让诸侯王的儿子们人人都继承自己父亲封地的一部分，相当于分子不变，但分母不断扩大，这样诸侯王的封地被越分越小，直至泯然众人。此后，再无诸侯王尾大不掉、威胁中央王朝的权威。有效的制度抉择是汉王朝延续时间最长的根本原因。

再说治政风格。

司马光在《资治通鉴》中多次强调"为政在人"的重要性，他指出，"为治之要，莫先于用人，而知人之道，圣贤所难也"。对政治家而言，用人和自用是衡量政治家成败得失的主要凭依，也是政治家治政风格的最好体现。如何评说这些帝王将相？唯物史观认为人民群众才是历史的创造者，但史书上书写的往往是帝王将相、英雄人物。英雄人物也是人，如何从人的角度看待评说英雄人物？如何让英雄人物接地气、有血肉？马克思说"人的本质是一切社会关系的总和"，强调的是人与人的关联，关注的是人的社会属性。习近平也强调"人事有代谢，往来成古今"，这就启发我们更多地去关注历史上的各色人等，尤其是那些传承中华道统、政统，挽狂澜于既倒的民族脊梁。

作为中国历史上最短命大一统王朝的责任人，究竟该如何看待秦始皇的成败得失？令后世一唱三叹的西楚霸王项羽，为什么会把一手好牌打得稀烂？作为中国历史上第一位平民皇帝，刘邦如何缔造出"布衣将相"政治格局？没有吕不韦的奇货可居一动念，就没有公子异人的逆袭之举，秦始皇自然也就无从谈起；没有李斯的殚精竭虑和最后的一动念，就没有沙丘之变乃至赵高的指鹿为马，胡亥很可能无缘染指帝位，秦王朝也决不至于二世而亡。吕不韦、李斯自身的人生际遇与秦王朝休戚相关，而他们的命运同样引人深思。同样的问题，成就刘邦的不仅是其自身拥有可贵的潜质，更因为他得到了萧何、张良、韩信、陈平、郦食其、叔孙通这些杰出英才的鼎力相助。这些人在风云际会的大时代如何大展身手？他们自身的命运又当如何？这些问题是千百年来中国人一直津津乐道且人言人殊的话题。

　　如何看待司马光在《资治通鉴》中记载的这跌宕起伏的五十五年历史？如何看待书写这段历史的这些杰出人士？习近平在纪念毛泽东同志诞辰 120 周年座谈会上的讲话中强调指出："对历史人物的评价，应该放在其所处时代和社会的历史条件下去分析，不能离开对历史条件、历史过程的全面认识和对历史规律的科学把握，不能忽略历史必然性和历史偶然性的关系。不能把历史顺境中的成功简单归功于个人，也不能把历史逆境中的挫折简单归咎于个人。不能用今天的时代条件、发展水平、认识水平去衡量和要求前人，不能苛求前人干出只有后人才能干出的业绩来。"习近平提出的这"六个不能"，是将马克思主义的唯物史观运用于历史人物评价得出的科学结论，包含着深刻的唯物论和辩证法原则，为我们分析和评价历史人物提供了基本框架。钱穆先生说："人分贤奸，斯事有褒贬。褒贬乃成中国史学之要纲。未有不分贤奸，不加褒贬之史学。"（《现代中国学术论衡》）评价人物要以历史事实为基础，把事实判断与价值判断结合起来，"鉴前世之兴衰，考当今之得失"。有鉴于此，"臧否人物成败得失，知人论世是非功过"，这十六个字就是我评价历史人物所把握的原则和方向。本书正是按照这个评判标准，对秦崩楚亡汉兴五十五年间三个政权的制度变迁和秦始皇、项羽、刘邦等政治家治政风格影响下的政治格局进行剖析的。

第一讲

奇货可居：商人政治家吕不韦

吕不韦这个人，用一个字概括，可以称得上一个"奇"字。他是一个奇人，办了一件奇事，创造了一个奇迹，成就了奇功一件，还组织人编了一部奇书，在秦国立下了不世之功。吕不韦可说是中国历史上以个人财富影响历史进程的第一人。

吕不韦原本是一位家累千金的富商巨贾，商人本色的敏锐嗅觉使他发现，秦国的落魄公子异人身上蕴含着巨大的潜在价值，于是果断出手，不惜血本豪赌异人，成功跻身秦国政坛，拜相封侯。

一、风险投资，做与不做费思量

司马光在《资治通鉴》中第一次提到吕不韦时说："**阳翟大贾吕不韦适邯郸**"。阳翟也就是如今河南禹州，战国时期曾为韩国的都城。这个说法源于司马迁的《史记·吕不韦列传》。司马迁非常明确地说："**吕不韦者，阳翟大贾人也。**"而《战国策·秦策五》则说："**濮阳人吕不韦贾于邯郸。**"濮阳就是如今河南省安阳市滑县。怎么解释这两种不同的记载？阳翟、濮阳都是战国时期工商发达、经济富足之地。《史记》所说的可能是吕不韦的成名之地，《战国策》所说的可能是原籍故里。所以，吕不韦这个"奇人"，很可能出生于卫国濮阳，在韩国的旧都阳翟发家致富。

"大贾"是吕不韦给我们留下的第一印象。作为一名成功的商人，吕不韦具有一般人不具备的三个特点：

第一，见识广，信息灵通；

第二，嗅觉灵，善于捕捉商机；

第三，魄力大，敢于豪赌。

正是因为他具有这三个特点，司马迁和司马光均记载，吕不韦在邯郸一见到在赵国做人质的秦国落魄公子异人，情不自禁脱口而出："此奇货可居！"用今天的话来说，这可是一只难得的潜力股，值得长期持有。

司马迁在《史记·货殖列传》曾说过一句经商者的至理名言："**贵上极则反贱，贱下极则反贵。贵出如粪土，贱取如珠玉。**"意思就是说看一件商品值不值钱，关键看价值和价格的关系。商品价值的规律就是：任何商品贵到极点也就没有投资价值，相反商品如果价格低到极点，那它就要进行价值回归，反而值钱了。所以高明的经商者对那些很贵的商品要像对待粪土一样毫不吝惜逢高抛售，对待价格低到极点的商品反而要像珍惜珠宝玉器一样逢低吸纳。吕不韦走南闯北在各国经商，自然熟悉各国的政局。他知道，秦国这个时候正是秦昭襄王当政，秦昭襄王是中国历史上有数的执政时间长的君王，在位 56 年，享年七十五岁。秦昭襄王四十年，他的接班人悼太子死于魏，两年以后，安国君被立为太子。安国君之所以能被立为太子，与他的宠姬华阳夫人很有关系。在秦国后宫之中，楚系势力居于主导地位。秦昭襄王的母亲宣太后，也就是我们熟知的芈八子，正是楚系势力在秦国后宫的代表人物。我们知道，秦昭襄王之所以能够在他的哥哥秦武王举鼎绝膑而死之后取而代之，自己的母亲芈八子和舅舅穰侯魏冉、芈戎居功至伟。而芈戎是华阳夫人的祖父，华阳夫人是宣太后的表侄孙女。

那么，吕不韦看到的商机在哪里呢？商机就在华阳夫人身上。

《资治通鉴》记载："秦太子之妃曰华阳夫人，无子。"无子，就是没有亲生的儿子。安国君有二十多个儿子，这个时候还没有明确自己的接班人是谁，最宠幸、最有势力的华阳夫人偏偏没有亲生的儿子。而异人是在安国君后宫没有势力的夏姬生的儿子，吕不韦见到的异人正以"庶孽孙"（异人于秦太子为庶子，于秦王为庶孽孙）的身份在赵国为人质。这个时期的秦国与赵国的关系最差，两国剑拔弩张，随时都有可能展开大决战。所以此时在赵国做人质的秦王孙异人无疑是最落魄的王子王孙。落魄到什么程度？"车乘进用不饶，居处困，不得意。"出来进去付个打车费都很困难，可以说是生活困顿拮据。正因为异人落魄到了极点，所以在吕不韦的眼里他才最有投资价值。

有投资价值不等于一定能变现。作为一位商人，吕不韦应该深知投机的风险，所以他在下决心投资异人之前应该还是经过反复权衡的。《战国策·秦策五》中就记载了吕不韦和自己父亲的一番对话。

吕不韦问父亲："耕田能够得到几倍的利润？"父亲告诉他："十倍"。

吕不韦又问："经营珠玉可以得到几倍的利润？"父亲回答："百倍"。

吕不韦再问："拥立一位国君安定一个国家可以得到几倍的利润？"父亲回答："无数"。

"无数"有两种解读：

第一种解读，不计其数，拥立新君安邦定国是政治投资，能够赢得成千上万倍甚至不计其数的利益；

第二种解读，无法计数，政治投资不同于商业投机，投入与产出不能用单纯商业投资的标准衡量，而且潜在的风险不可预测，所以投资收益无法计数。

吕不韦自己认同哪一种解读呢？我以为是第二种。为什么这么讲？因为紧接着吕不韦就说了这么一段话："今力田疾作，不得暖衣余食；今建国立君，泽可以遗世。愿往事之。"（《战国策·秦策五》）如今老百姓辛勤劳作，却穿不暖吃不饱；如果建国立君，德泽可以流传后世，造福天下苍生。所以我下决心要去冒险做这件事。如果这么看，那么吕不韦应该是一位富有济世救民情怀的商人政治家。之所以这么讲，还有一个理由：那就是吕不韦的年龄。

吕不韦究竟活了多少岁？目前有四十七岁、五十七岁、六十一岁三种说法。吕不韦死于秦王政十二年，也就是公元前 235 年。钱穆先生在其名著《先秦诸子系年》中提出，吕不韦约生于公元前 290 年，其说据吕不韦入秦游说华阳夫人时年近四十岁推测，但没有明确的证据。吕不韦第一次见到异人时应该是秦昭王四十五年，这一年异人二十岁。吕不韦后来做了异人的儿子秦始皇的仲父。仲父犹言今人北方方言之"二爹爹"，则吕不韦的年龄应该比异人小。异人也就是秦庄襄王活了三十五岁，那么吕不韦为秦相国时应该不超过三十五岁，吕不韦一共为政十二年，那么他应该活了四十七岁。还有一种说法认为，古人称"仲"当是其年五十岁之后，据此推断，吕不韦称仲父，亦必在五十岁之后。

如果吕不韦说异人争夺太子时，其年龄不超过二十岁。一个二十岁的大商人——也许是个子承父业的大商人，很难说有多么老谋深算，说他是热血青年可能更符合实际。无奈，司马迁一句"吕不韦者，阳翟大贾人也"，太过于深入人心，既然是大商人，想必年龄不小。但实际上，吕不韦很可能是一位富于济世救民情怀的商人政治家。可惜后世多把他作为投机商人的负面典型定格在历史上。

吕不韦下定决心之后，就前去面见异人。两人一见面，吕不韦开门见山对异人说："我能光大您的门户。"异人一听觉得很好笑，说："你姑且光大你的门户再说吧！"吕不韦说："您有所不知，我的门户需要等您的门户光大之后才能光大。"异人马上明白了吕不韦话中有话，连忙请进内室坐下深谈。吕不韦就讲："秦昭襄王已经老了。"这个时候是秦昭王四十五年，秦昭襄王十九岁称王，这时已经六十四岁，在那个年代，绝对算是高龄了。吕不韦接着说："太子安国君宠爱华阳夫人，可惜华阳夫人无子，而您的兄弟有二十多人，长子子傒有名士士仓辅佐，风头最盛。您居于二十多位兄弟中间，不被宠幸，长时间被作为诸侯列国的人质。照目前的形势发展下去，一旦太子安国君即位，您是没有能力去竞争继承人的。"异人问："然则奈何？"是这么个情况，那又能怎么办呢？吕不韦说："能决定立嗣的人，只有华阳夫人，我吕不韦虽然钱不多，请准许我带着千金为您去秦国游说，立您为嗣子。"异人当即表态："必如君策，请得分秦国与君共之。"（《资治通鉴》卷五）真要像您说的那样我做了继承人，将来我要让您和我一起分享权力。

二、豪赌成功，讲策略更要靠运气

接下来就看具体怎么运作了。吕不韦首先交给异人五百金，好让他有钱广交宾客增加美誉度。然后又拿出五百金买奇物玩好。亲自带着这些东西到秦国去见华阳夫人的姐姐。通过其姐姐，给华阳夫人奉上厚礼，趁机称赞异人的贤明，说他不仅有魅力，宾客遍天下，而且非常孝顺，时常日夜哭着想念太子及夫人，并且说："在异人的心目中华阳夫人就是他的天。"（异人也以夫人为天。）华阳夫人大喜。赢得华阳夫人的好感之后，吕不韦请华阳夫人的姐姐做说客，劝说华阳夫人："靠美色得宠的女人，一旦年老色衰，就不再得宠。（夫以色事人者，色衰则爱弛。）如今你备受宠爱而无子，如果不趁着得宠时从安国君的儿子中物色贤明而又孝顺的立为嗣子，一旦年老色衰，即便想说话，还能说了算吗？如今异人贤明，而他又自知只是二十多个儿子的其中之一，没希望被选为继承人，夫人如果在这个时候选拔他，那就使异人从没有希望做国君而做了国君，夫人从没有儿子变成有了儿子，那就可以确保一辈子在秦国得宠了（是子异人无国而有国，夫人无子而有子也，则终身有宠于秦矣。）。"华阳夫人认为说得对，找机会对太子安国君说："咱们的儿子中异人最贤明，来来往往的人都称赞他。"并且哭着说："妾不幸无子，愿得子异人立以为嗣子，好让我老有所依！"太子答应了，并且交给华阳夫人立异人为嗣子的玉符凭证，既然立异人为继承人，自然给了他丰厚的赏赐，并且请吕不韦作为异人的老师，辅佐异人。异人从此名扬天下。

《资治通鉴》这一段的记载源于《史记·吕不韦列传》。按照《战国策》的记载，吕不韦去见的是华阳夫人的弟弟阳泉君。著名的先秦史专家马非百等学者普遍认为，就吕不韦的历史记载而言，《战国策》中的记载比《史记》更靠谱。

按照《战国策》的记载，吕不韦先是说服了华阳夫人的弟弟阳泉君，阳泉君又去说服了华阳夫人，华阳夫人说服安国君，异人这才得以回到秦国。吕不韦特意让异人穿着楚国人常穿的楚服去拜见华阳夫人。华阳夫人非常高兴，说我是楚人，现在你是我儿子了，改名为"楚"吧。所以异人以后就叫子楚了。在华阳夫人的劝说下，子楚被立为安国君的继承人。

对吕不韦而言，子楚被立为安国君的继承人，他的风险投资计划至多算是成功了一半。因为接下来有"三个没想到"在等着吕不韦。

第一个没想到，是没想到秦昭王在立了安国君为太子之后还能继续执政十四年。秦昭襄王是中国历史上在位时间和寿命都屈指可数的君王。安国君在秦昭襄王四十二年被立为太子，此后秦昭襄王又活了十四年，一直到秦昭襄王五十六年，七十五岁的秦昭襄王才驾鹤西去。异人在公元前257年被安国君立为太子继承人，六年之后，即公元前251年安国君即位。

第二个没想到，是没想到安国君执政后只活了三天。好不容易熬到荣登大位的时候，安国君已经五十三岁了。如果安国君也像他的父亲那样长寿，那吕不韦距离实现自己的理想还有二十多年。可以说是遥遥无期，充满变数。但是安国君即位后三天就去世了，这就是秦孝文王的命运。

吕不韦所铸文信钱

第三个没想到，是没想到子楚执政后也仅仅活了三年。秦孝文王去世，作为太子的子楚即位，这就是秦庄襄王。秦庄襄王不食言，即位元年就任命吕不韦为相国，吕不韦灭了东周君之后，以河南洛阳十万户被封为文信侯。秦庄襄王对吕不韦的这份封赐极重。在秦国历史上，以商鞅、白起功劳之大，也不过是封君，商鞅封十五邑。秦庄襄王这么做，恐怕是为了履行当初的"交易"约定，即"必如君策，请得分秦国与君共之"。

秦庄襄王即位三年就死了，十三岁的政即位。这个时候的吕不韦大权在握，《资治通鉴》记载："国事皆决于文信侯，号称仲父。"（《资治通鉴》卷六）吕不韦掌握了秦国的大权，被尊为国君的仲父。"仲父"就是"次于父""叔父"的意思。吕不韦这个仲父可不是白当的，他为秦国的统一大业立下了赫赫功勋。

三、大贾营国，实打实的政绩

《史记·吕不韦列传》把吕不韦始而贾货、继而贾国、终致贾祸的过程描写得淋漓尽致，但却只字未提吕不韦的正面历史作用，实在是有失公允。司马光在《资治通鉴》中也没有刻意书写吕不韦当政时期的详细政绩，但他突出强调了这一时期秦国取得的一系列显赫战功。一句"诸侯患秦攻伐无已时"（《资治通鉴》卷六），便是司马光对吕不韦当政期间政绩的最好评价。郭沫若在其名著《十批判书》中指出："**吕不韦在中国历史上应该是一位有数的大政治家，但他在生前不幸被迫害而自杀，在他死后又为一些莫须有的事迹所掩盖。**"（《**十批判书·吕不韦与秦王政的批判**》）

吕不韦在秦国主政十二年，他究竟有什么政绩呢？

秦庄襄王执政的时间很短，只有三年。秦庄襄王一继位就委任吕不韦为相国，在这短短的三年中，吕不韦作为相国，干了四件漂亮政绩。

第一件，灭东周，不绝其祀。战国后期，东周君已经是日薄西山，无足轻重。吕不韦之所以拣这个软柿子捏，首先是为了自己的封爵。我们知道，秦国自商鞅变法之后就严格规定，没有军功或国家规定的其他几种立功表现，绝对不能封爵。（"**有功者显荣，无功者虽富无所芬华。**"《资治通鉴》卷二）吕不韦灭东周，因此功被封为文信侯。但我们要强调的是，吕不韦灭东周，但他没有采取简单的赶尽杀绝的方式，而是以阳人地赐周君，奉其祭祀。通过这一举措，在列国中树立了一个秦国为"王者"的形象。这样做，不仅起到了缓和诸侯列国中已经亡国者反抗情绪的作用，而且更能瓦解未灭诸侯国人民的斗志。这种做法体现了吕不韦政治家的胸怀和远见。

第二件，为秦国新增三个郡的版图。吕不韦主政十二年，通过连年攻城略地，使秦国领土新增了三个郡的版图，即三川郡、太原郡、东郡。通过平定周室，新设置了三川郡；蒙骜北伐，新置了太原郡；夺取魏国二十座城邑，设置了东郡。

第三件，击退信陵君为首的六国攻秦。山东六国联军前来进犯，被拒于河外。吕不韦执政期间，大大削弱了山东六国的军事力量，为

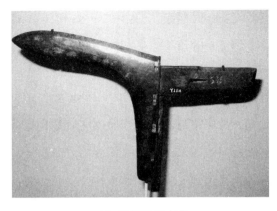

五年相邦吕不韦戈

秦始皇统一天下奠定了基础。

第四件，布惠于民。《史记·秦本纪》记载："庄襄王元年，大赦罪人，修先王功臣，施德厚骨肉而布惠于民。""布惠于民"就是给老百姓带来实实在在的好处。纵观秦国的历史，历代君王均无即位"大赦罪人，修先王功臣，施德厚骨肉，而布惠于民"的做法，很显然，这是鲜明的吕不韦执政风格的烙印。

政绩是一时的，对政治家而言，历史功绩更为重要。客观地说，吕不韦在秦国执政的十二年中，历史功绩至少有三件。

第一件，提倡"义兵"，改变了"计首授爵"的大屠杀政策。

吕不韦在秦庄襄王时期当政三年，在秦王政时期当政九年，在这当政的十二年中，改变了秦国一直坚持的"计首授爵"政策，提倡"义兵"。秦国在商鞅变法时确立"计首授爵""尚首功"政策。所谓"计首授爵"就是根据杀敌斩获敌人首级的多少授予爵位。这项政策导致杀戮过重。在秦国已经取得绝对优势地位的情况下如果还持续大规模杀戮六国之民，对统一后的秦国极其不利。吕不韦的这项政策转变极具进步意义。据著名史学专家朱绍侯教授统计，仅秦昭襄王时，大规模的杀戮先后达 14 次，共杀 126.3 万人。这其中，长平之战一次就屠杀赵国 45 万人，可谓骇人听闻。三国时期的历史学家谯周、著名学者何晏都曾经对秦国这种大肆杀戮进行过严厉抨击。谯周说："天下谓之（秦）尚首功之国，皆以恶之。"吕不韦所讲的"义兵"，就是为民除害，而不以杀人为终极目的，不扰民，更不乱杀人。正是由于吕不韦提倡"义兵"，在他当政的十二年期间，《资治通鉴》中只有一次秦王政二年"麃公将卒攻卷，斩首三万"的记载，此外再没见大屠杀记录。这么做减少了统一战争中的阻力，加快了秦国的统一进程。

第二件，招贤纳士，收罗人才。

司马迁在《史记·太史公自序》中对吕不韦功绩说得明明白白："结子楚亲，使诸侯之士斐然争入事秦。"在诸侯列国之中，秦国的文化软实力原本最弱。商鞅变法之前，列国士人大都不愿到秦国谋生，故有"孔子西游不到秦"之说。商鞅之后虽然又有张仪、范雎、蔡泽等士人策士相继接踵赴秦，但无论是士人的数量还是质量都还不能满足秦统一大业的需要。真正改变这种局面的人是吕不韦。吕不韦在秦国主政十二年，为秦国统一天下收罗了大批的人才，做足了人才储备。有两个例子可以证明吕不韦引进人才的巨大影响。一是吕不韦自己有家僮万人、门客三千，这些人是吕不韦编著《吕氏春秋》的主力军，其中对秦国后来影响最大的是李斯、甘罗等贤才，这些人才并没有因为吕不韦身遭羁难而出走，而是大多留在了秦国，最终成为秦国的栋梁之材。二是秦始皇曾经下达逐客令，正好反证了士人对秦国日益强大的影响力。

第三件，重视农业生产，兴修水利。

关中是秦国的龙兴之地，巴蜀是秦国的大后方。但关中原本地多碱卤，粮食产量不高。四川在都江堰修建之前，也是自然灾害频发，百姓穷困。吕不韦当政之初，韩国意图以水工疲秦，派杰出的水利工程师郑国赴秦，游说秦国兴修水利，从仲山起，开凿一条引泾水、沿北山东注洛河的灌溉渠道。工程进行中，秦觉察到了韩的意图，为此要杀郑国。郑国说："我确是为韩国延长了几年的寿命，但是这条灌溉渠如果修成了，秦国也可享万世之利啊。"于是秦命他继续主持施工，凿泾水为渠，长三百余里，历经数年完成了此项工程。这条水渠引淤浊而有肥效的水灌溉盐碱地四万多顷，每亩的收成都高达六斛四斗，秦国的关中一带因此更加富裕起来。（"韩欲疲秦人，使无东伐，乃使水工郑国为间于秦，凿泾水自仲山为渠，并北山，东注洛。中作而觉，秦人欲杀之。郑国曰：'臣为韩延数年之命，然渠成，亦秦万世之利也。'乃使卒为之。注填阏之水溉舄卤之地四万余顷，收皆亩一钟，关中由是益富饶。"《资治通鉴》卷六）郑国渠兴建于公元前246年（秦王政元年），这是在吕不韦主政时期所修的第一个重大水利工程。当然算是吕不韦的政绩了。李冰开始修建都江堰的时候是吕不韦开始执政为相国之时。都江堰完工之时吕不韦已死，但其主政支持修建之功却不可抹杀。

郑国渠、都江堰修成之后，关中、四川才成为秦国的大粮仓，民食军粮问题才得以解决。秦国的经济实力从此才超过山东六国，这为秦始皇统一天下奠定了雄厚的经济基础。过去往往把郑国渠、都江堰的兴建完全归功于郑国、李冰两位具体实施者。我们应该强调一下，像郑国渠、都江堰那样耗费巨大人力物力财力的水利工程，尤其像郑国渠还掺杂着敌国的间谍意图，这样的工程得以顺利兴建，如果秦国当时没有吕不韦这样一位高瞻远瞩的主政者，是绝对无法想象的。所以说吕不韦在其中居功至伟可谓实至名归。

四、一字千金，营销术背后宏大的政治理想

人才之外，吕不韦给秦国留下的最大的文化遗产便是《吕氏春秋》。这部书是杂家的集大成之作，是吕不韦主政期间文化建设最耀眼的成就。吕不韦出于商人的本能，试图把诸子百家择其善者而融为一体，这样的文化战略符合时代发展的要求。正是凭借修著《吕氏春秋》，秦国一跃而成为文化发展的引领者，为统一天下准备了文化基础。

吕不韦招致宾客游士编写《吕氏春秋》，司马迁在《史记·秦始皇本纪》中一语道破了其真实目的："文信侯招致宾客游士，欲以并天下。"吕不韦通过这部著作，创立了新的大一统学说。在《吕氏春秋》中，旗帜鲜明地提出了效法自然、统一政令、实行中央集权等大一统的新主张。后人对此高度评价曰："兼儒墨、合名法，知国体之有此，见王治之无不贯"（《艺文志·诸子略》）。很显然，此书标志着秦国政治建设的新成就。今天看来，《吕氏春秋》是战国百家争鸣时代集大成的文化成就，可以看作一座文化进程的里程碑。可惜司马光对吕不韦此举不以为然，在《资治通鉴》中一个字也没有记载吕不韦与《吕氏春秋》之事。

《资治通鉴》之所以对吕不韦兴师动众编撰《吕氏春秋》不以为然，不仅仅是因为这部书的政治主张与儒家传统的治国理念大相径庭，更重要的恐怕是对吕不韦大肆炒作《吕氏春秋》的方式不以为然吧！

司马迁在《史记·吕不韦列传》中还记载，吕不韦为了提高《吕氏春秋》的权威性，专门搞了一个一字千金的宣传营销把戏。吕不韦在咸阳市门张贴公告，悬赏千金，宣称如果有人能更改《吕氏春秋》一个字的，就重奖千金。当然没有人会如此不识相。文章千古事，自古以来真正的读书人对这样的营销炒作都很反感，倒是很符合吕不韦大贾的商人本色。

吕不韦与后来秦始皇的执政思路很不一样。他认为片面强调皆断于法、唯法是治的治国理念已经过时，"世易时移，变法宜矣。譬之若良医，病万变，药亦万变。病变而药不变，向之寿民，今为殇子矣。故凡举事必循法以动，变法者因时而化。若此论则无过务矣"（《吕氏春秋·察今》）。吕不韦认为仁义德化能起到赏罚所起不到的作用，他主张"为天下及国，莫如以德，莫如行义。以德以义，不赏而民劝，不罚而邪止"（《吕氏春秋·上德》）。这和秦始皇的治国理念截然相反，这也是他悲剧结局的重要原因。

郭沫若曾经指出，秦始皇与吕不韦的矛盾使得秦始皇走了另外一条路统一了中国，"相反的，假如沿着吕不韦的路线下去，秦国依然是要统一中国的，而且统一了之后断不会仅仅十五年便迅速地彻底崩溃"（《十批判书·吕不韦与秦王政的批判》）。从这个意义上讲，吕不韦的文化价值远远超过其执政功绩。

五、红颜劫难，解不开的私情死结

一代杰出的政治家吕不韦，自身的结局却是一个悲剧，这是什么原因导致的呢？

吕不韦致祸的根源，《资治通鉴》中是这么记载的："吕不韦娶邯郸诸姬绝美者与居，知其有娠，异人从不韦饮，见而请之。不韦佯怒，既而献之，孕期年而生子政，异人遂以为夫人。"（《资治通鉴》卷五）秦王嬴政的母亲赵姬原本是吕不韦的爱姬，吕不韦在为异人谋国的过程中，异人看上了赵姬，吕不韦割爱，赵姬成了异人的妻子之后，怀孕一年生下了儿子政。

原来叫异人后来改称子楚的秦庄襄王执政三年就死了，赵姬守寡。政即位之时只有十三岁，吕不韦贵为仲父，成了孤儿寡母的最大依靠。赵姬正当盛年，与吕不韦旧情复燃。然而随着政一天天长大，吕不韦害怕这件事一旦东窗事发，给自己带来灾祸。于是他想出来一个金蝉脱壳之计。吕不韦把自己的舍人嫪毐以宦官的名义推荐给赵姬。好让自己抽身，跳出宫闱是非。嫪毐得到赵姬的厚爱，还被封为长信侯，以太原为毐国，内廷政事皆决于毐，许多人争当嫪毐的门客。然而嫪毐过于张狂，终于让即将亲政的政动了杀机。嫪毐想先下手为强，发动叛乱。结果被政命人生擒活捉，嫪毐被夷灭三族，手下的舍人被迁徙到蜀地的达四千余家。嫪毐事发，吕不韦也因此得咎，秦王政十年，也就是公元前 237 年冬十月，吕不韦被免去相国，勒令回到自己的封地。

吕不韦回到自己的封地之后一年多，仍然不知收敛，诸侯列国到洛阳拜谒他的宾客使者络绎不绝，相望于道。身为秦王的政害怕吕不韦发动变乱，于是给他写了一封信，信中说："你对秦国有何功劳，封你到河南，而且享受十万户的封邑？你跟秦国算哪门子亲戚，号称为仲父？勒令你和你的家人下属都发配到西蜀！"（"君何功于秦，封君河南，食十万户？何亲于秦，号称仲父？其与家属徙处蜀！"《资治通鉴》卷六）吕不韦接到这封信，明白自己的好日子算是到头了，以后恐怕越来越难过，害怕被诛杀，饮毒酒自杀了。

就历史大势而言，吕不韦过于揽权，又与秦政的执政理念相抵牾，这才是吕不韦悲剧的根本原因。

吕不韦应该算是一位文化建设的先行者、实践者。对于这样一位为了自身理想和文化理念而亡的殉道者，司马迁在为其做传时的终评是："孔子之所谓'闻'者，其吕子乎？"（《史记·吕不韦列传》）什么叫作"闻"者？马融注："此言佞人也。"吕不韦是巧言令色，但求一己私利的人吗？

司马光在《资治通鉴》中借扬雄之口评价他是"穿窬之雄乎！"穿窬指钻洞和爬墙的盗贼。难道吕不韦只是一个低智商的小毛贼吗？扬雄《法言》中记载了这样一段有意思的对话：有人问："吕不韦他聪明吗？拿人做货物，进行交易。"回答说："谁说吕不韦是聪明人啊！用封国换取了宗族的灭亡。吕不韦这个偷东西的人是穿墙行窃的奸雄啊！穿墙行窃的，我见过担负斗石之量，没见过窃取洛阳的。"（扬子法言曰：或问："吕不韦其智矣乎？以人易货。"曰："谁谓不韦智者欤！以国易宗。吕不韦之盗，穿窬之雄乎！穿窬也者，吾见担石矣，未见雒阳也。"《资治通鉴》卷六）就其人生际遇而言，吕不韦确实有点弄巧成拙、搬起石头砸自己的脚的意思；就其历史影响与文化建设的贡献而言，这样的评价未免失之公允。别的不说，就凭他把李斯引入秦国政坛这一点，他的历史功绩就足够大了。

那么，李斯的人生命运和对秦国的影响又是怎么样的呢？

第二讲

仓鼠人生：李斯的悲剧与大秦帝国的命运

　　李斯对加快秦国的统一进程起了巨大的作用，对秦王朝的建
章立制也可谓居功至伟。但同时李斯是秦二世而亡的罪魁祸首，
而导致秦王朝短命的直接肇因竟然是李斯错误的人生观！清代学
者章学诚就有"李斯亡秦，兆端厕鼠"的说法。李斯是千古官场
中人的反面镜鉴。

纵观李斯一生，司马迁在《史记·李斯列传》中写了李斯的五次感叹，李斯的人生"五叹"正好勾勒出了他跌宕起伏的一生轨迹。相比较而言，《资治通鉴》中关于李斯的记载显得过于冷峻简洁，在李斯的记载上，温公的极简主义纪事风格稍逊太史公从细节入手揭示人物命运的大手笔。

一、仓鼠厕鼠，在所自处耳

李斯是楚国上蔡人，也就是今天河南省上蔡县人。他年轻时在地方上做一名小吏，有一天，看到吏舍厕所中的老鼠在狼狈奔逃，突然想到一个问题：同样是老鼠，厕所中的老鼠吃的都是脏东西，还总是被如厕的人或狗惊扰，而粮仓中的老鼠吃着美食，住在高大宁静的屋子里，还没有人和狗打扰，无须担惊受怕。同样都是老鼠，两者的生活境遇为什么反差如此巨大呢？李斯想到的答案是："**人之贤不肖譬如鼠矣，在所自处耳！**"（《史记·李斯列传》）李斯认为，人有没有出息，是英雄还是狗熊，就像老鼠一样，完全看你处在什么平台。平台不好，如厕中老鼠人人喊打；平台好，吃香的喝辣的优哉游哉，还当自己是个人物。李斯从两类老鼠不同的命运中悟出了自己的人生哲学，那就是一定要做仓中鼠，绝不能做厕中鼠！所以，平台很重要啊！（"**在所自处耳！**"）这是李斯平生发出的第一声感叹。这一叹，可以称之为仓鼠之叹。当李斯决心做仓中鼠的时候，人性中的阴暗面就已经在他身上埋下种子了。

选择做仓鼠和厕鼠首先得有选择的能力。为了得到这种选择的能力，李斯决定辞去小吏的职位，前去拜当时最有名的大学者荀子为师。荀子是当时儒法合流的一流的大学者，曾经三次出任齐国稷下学宫的祭酒。荀子不仅仅是一位学者，他还有匡救天下的情怀，可惜荀子的仕途并不如意，一生为官只做过楚国的兰陵（位于今山东兰陵县）令。司马光对荀子也很推崇，《资治通鉴》中记载了他关于治国理政的长篇大论。与一般学者不同，荀子的学说是帝王之术。帝王之术也就是治理天下的学问。荀子主张以礼治国，但是，荀子所说的礼近乎法，可以称为礼法合一。李斯跟荀子学习，给自己披上了师出名门的光环。但李斯骨子里更强调"法"，而且更注重把自己的所学变成维护帝王统治和自己荣华富贵的工具。

李斯学成以后，环顾列国，觉得自己的母国楚国的国君不是个成大事的主，而秦之外的六国都日趋衰弱，投奔他们成不了气候，于是决定西行投奔秦国谋出路。临行之时，他还跟老师荀子讲，我听说得时无怠，看到时机要及时抓住，如今列国争雄，正是游说者大显身手的时候。身处卑贱之位而不去游说谋求富贵荣华，那就像禽兽一样苟且活着，枉披一张人皮而已。他接着说："**故诟莫大于卑贱，而悲莫甚于穷困。**"（《史记·李斯列传》）在李斯看来，人生最大的耻辱莫过于地位卑微，让人瞧不起，最大的悲哀莫过于贫穷困顿。人

衔物鼠（西汉中期出土）

生不如意，还七个不服八个不敬，标榜自己与世无争，这不应该是士人应有的态度。所以我就要到西方去游说秦王了。李斯的这番话表明了两层意思：第一，少谈理想情怀，但求富贵人生；第二，谁能给我富贵的机会，有奶就是娘。这番话进一步彰显了他要做仓中鼠不做厕中鼠的决心，其一生的荣辱得失由此开启。

二、物极则衰，吾未知所税驾也

李斯到了秦国正赶上秦庄襄王刚去世，吕不韦身为秦国相国，而且是秦政的仲父，权倾朝野。于是李斯就投奔到吕不韦门下，作了吕不韦的门客舍人。吕不韦很快发现了李斯的才华，把他推荐给当时的秦政，做了秦政身边的郎官。郎官官职不高，但却是秦王身边的人。李斯趁机向秦王政进谏：平庸的人往往失去时机，而成大功业的人就在于他能利用机会并能下狠心。李斯引经据典，告诉秦王，以秦国如今的强大、大王的贤明，扫平诸侯，就像扫除灶上的灰尘一样，成就帝业，使天下统一，这是万世难逢的一个最好时机。总之，机不可失，时不再来。李斯主张更为激进的兼并政策，打动了秦王，被任命为长史。李斯为秦国统一出了一个非常有效的点子，那就是实施反间计。秦王听从了他的计谋，暗中派遣谋士带着金玉珍宝去各国游说。对各国著名人物软硬兼施，能收买的，就收买；不能收买的，就刺杀掉。先通过离间诸侯国君臣关系分化瓦解，随后派军队强攻硬打，成效显著，李斯因此功被任命为客卿。这意味着李斯在秦国有了一定的发言权。

秦王政十年，一年前发生的嫪毐之乱余波未了，文信侯吕不韦也被罢免了相国，被勒令回到自己的封地去了。目睹了吕不韦、嫪毐动辄几千名门客的声势，秦宗室大臣建议秦政驱逐所有客卿。《史记》把这件事记载在秦王政元年，韩国人水工郑国用间意图疲秦被识破之后，

《资治通鉴》则记载在秦王政十年。经学者考证，司马光的记载更准确。秦始皇采纳了大逐宾客的建议，李斯也在被逐之列。眼看自己就要与赖以谋求荣华富贵的平台失之交臂，李斯冒着被杀头的危险向嬴政上了后世赫赫有名的《谏逐客书》，劝阻秦王收回成命。李斯的这篇文章辞采华美，大气磅礴，正反论证，利害并举，挟战国纵横说辞之风，兼具汉代辞赋之丽，堪称后世奏疏的楷模。鲁迅先生曾经说："秦之文章，李斯一人而已。"

《谏逐客书》绝对是李斯的代表作。李斯的这篇文章主要讲了三层意思：

第一，从秦国的历史上看，客没有辜负秦，不但没有辜负，而且有许多为秦国的强大作出杰出贡献的客；

第二，秦王既然喜爱不产于秦的物品、歌舞、美人，自然不应该排斥客；

第三，如果客被驱逐，不能为秦所用，那么他就只能为其他诸侯国所用，资敌强大。

司马光在《资治通鉴》中节选了这篇文章着重强调"客"对秦国的历史作用和为政者要有海纳百川的胸怀部分，避免"弃黔首以资敌国，却宾客以业诸侯，所谓借寇兵而赍盗粮者也"局面的出现。

秦政接受了李斯的建议，收回了逐客令，李斯也被追了回来，不仅官复原职，而且官越做越大，不久升任廷尉。廷尉位列九卿，是掌管司法的最高长官。

秦一统天下后，大约在秦始皇三十年左右，李斯因功被任命为丞相。李斯这只"厕鼠"至此终于成功地变成了"仓鼠"，高居庙堂之上。这个时候的李斯可谓风光无限，李斯的所有儿子都娶秦公主为妻，所有女儿都嫁给秦王的诸公子。大儿子李由任三川郡守，李由回咸阳时，李斯在家中设下酒宴，文武百官都前去给李斯祝酒致敬。丞相府邸门前的车马数以千计。目睹如此盛况，李斯慨然长叹道："嗟乎！吾闻之荀卿曰'物禁大盛'。夫斯乃上蔡布衣，闾巷之黔首，上不知其驾下，遂擢至此。当今人臣之位无居臣上者，可谓富贵极矣。物极则衰，吾未知所税驾也！"（《史记·李斯列传》）"物禁大盛"意思就是事物的发展忌讳太风光。盛极而衰是很多人都明白的一个道理，李斯感慨：我李斯原是上蔡的平民，街巷里的百姓，皇帝不嫌弃我才能低下，以至于把我提拔到如此高位。现如今做臣子的没有人比我职位更高，可以说是富贵荣华到了极点。然而事物发展到极盛就要开始衰落，我不知道我这辆车日后停到何处！"未知所税驾也"，就是说不知道自己归宿在何方啊！越是投机取巧之辈，越缺乏安全感。李斯尽管红得发紫，这只仓中鼠还是缺乏安全感啊！这是李斯人生的第二叹。这一叹可以称之为警惧之叹。

三、沙丘之变，安托命哉

秦始皇三十七年，李斯陪着秦始皇第五次也是最后一次出巡。这一次陪同秦始皇出行的核心人物有三个，分别是秦始皇宠爱的小儿子胡亥、丞相李斯和中车府令赵高。秦始皇巡行到沙丘时突然病重，自知不治，下令赵高准备诏书，令长子扶苏到咸阳会葬。当时扶苏和蒙恬带兵驻扎在上郡。诏令还没有发出，秦始皇就死了。由于担心变故，胡亥、赵高和李斯对外隐瞒了皇帝的死讯，将尸体放入大车中，官员奏事、随从进食等，一切如常。事情发展至此，接下来原本应该是公子扶苏赴咸阳，然后登基称帝。但历史在这里发生了转折。

转折的中心人物是赵高。赵高为秦始皇掌管车驾，巡行时兼着符玺令的职事，而且他还是胡亥的老师。赵高深知扶苏称帝对自己不利。扶苏曾多次劝谏秦始皇，并且和将军蒙恬关系很好，对善于阿谀奉承的赵高没有什么好感，所以赵高意欲篡改秦始皇的旨意，改立胡亥为皇帝。在赵高看来，自己的学生胡亥更容易控制，而且，自己有立君之功，地位会更高。于是，赵高决定劝诱胡亥接受君位。劝说胡亥不是问题，问题的关键在于丞相李斯的态度。这个阴谋必须要得到丞相李斯的支持才能成功。

赵高劝李斯参与政变，李斯的第一反应是"*安得亡国之言！此非人臣所当议也！*"但由于李斯在本质上只是一个机会主义者，在李斯眼里，做一个忠臣只是博取高位的需要，并非出自人生的信念，所以，赵高只用一句话就击中了李斯的要害："*君侯终不怀通侯之印归乡里明矣！*"一旦扶苏即位，很显然丞相宝座就不归你啦！将来就不能以丞相的身份荣归故里啦！面对着有可能得而复失的仓鼠地位，李斯做一个忠臣的想法顷刻崩溃。他仰天长叹，垂泪说道："*嗟乎！独遭乱世，既以不能死，安托命哉！*"（《史记·李斯列传》）哎呀！偏偏遭逢乱世，既然已经不能以死尽忠了，将向何处寄托我的命运呢！明明自己可以坚持原则，但李斯给自己找了一个身不由己的理由，然后就貌似无可奈何地依从了赵高。这就是李斯人生的第三叹。李斯的这一叹不仅改变了自己的命运，也彻底改变了大秦帝国的命运，改写了历史的轨迹。这一叹可以称之为毁灭之叹。

有学者认为，沙丘政变主谋是赵高，李斯当为胁从。其实李斯才是政变成败的关键人物。著名先秦史专家马非百就指出：李斯实际上是杀害扶苏与蒙恬的元凶。李斯其实完全有更好的选择。上策：以谋逆之罪杀了赵高，然后与蒙恬一起拥立扶苏；中策：暗中给公子扶苏和蒙恬通风报信，则赵高必然死于蒙恬之手；下策：不支持、不作为；下下策：被胁迫，同流合污。李斯选的恰恰是下下策。李斯为什么会这么干？马非百先生一语中的：李斯"实一势位富贵之徒也！"利令智昏之下才会行下下策。老百姓的说法就是猪油蒙了心啦！

赵高说服李斯之后，假称秦始皇旨意，立胡亥为皇帝，又改写了秦始皇的诏书，以诽谤、怨望、不孝的罪名赐扶苏自杀，以不忠的罪名赐蒙恬自杀。这样，一个惊天的阴谋得以实现。李斯与魔鬼做了交易，接下来他就身不由己了，事情的发展完全交给了魔鬼控制。

四、助纣为虐，何可为计哉

秦二世胡亥和赵高取得统治权之后，首先要做的就是大清洗，大臣和诸公子被纷纷处死。胡亥不仅残暴，而且变本加厉大兴土木。胡亥下令续建阿房宫，重赋敛，以至于人人自危。面对最终风起云涌的农民起义，胡亥把责任推给丞相李斯，他多次出言讥诮责备李斯："身居三公高位，怎么会让强盗发展到如此地步！"面对二世的指责，李斯深知不妙，可他又贪恋宫位，于是顺着二世既要纵情享乐，还要永享天下的意思，上了为后世所不齿的《行督责书》。"督责"就是督过。李斯告诉胡亥："**故明主能行督责之术以独断于上，则权不在臣下，然后能灭仁义之涂，绝谏说之辩，荦然行恣睢之心而莫之敢逆。如此，群臣、百姓救过不给，何变之敢图！**"（《资治通鉴·秦纪三》）李斯说高明的君主要实行严厉的督责之术，要独断专权，不给臣下一点权力，然后断绝再有人唱仁义的高调，杜绝再有人进谏的诡辩，君王特立独行随心所欲却再也没有人敢反对。这么一来，群臣和百姓忙着接受责罚还来不及，哪还有心思敢有其他非分之想呢！

对李斯这番丧心病狂的说法，明末清初的大思想家王夫之在其名著《读通鉴论》中指出，自古及今，无论是圣贤还是不肖之徒，没有谁忍心这样说，而李斯却直言不讳，无所顾忌。实在是骇人听闻，匪夷所思！他怎么能做出这种事呢？李斯也曾跟随著名的儒学大师荀子学习过，也曾与秦始皇共同策划过统一六国的大计，并且成功地统一了天下，为什么连飞廉、恶来等最恶的人都不忍说的话，而李斯却直言不讳呢？难道他真是这样想的吗？假如李斯面对的不是愚蠢的秦二世，而是乃父秦始皇，尽管秦始皇十分骄横、乖戾，他难道能倾听李斯的高论而不加以谴责吗？莫非是由于李斯认为天下后世不把自己视为主谋而无所顾忌吗？这没有别的原因，只不过是李斯贪生怕死、患得患失之心太重太急，因而不顾一切罢了。一句"畏死患失之心迫而有所不避耳"，深刻揭示出了李斯沉迷于功名利禄而患得患失的仓鼠心态。（李斯之对二世曰："明主灭仁义之涂，绝谏争之辩，荦然行恣睢之心。"尽古今概贤不肖，无有忍言此者，而昌言之不忌。呜呼！亦何至此哉！斯亦尝学于荀卿氏矣，亦尝与始皇谋天下而天下并矣。岂其飞廉、恶来之所不忍言者而言之不忌，斯之心其固以为然乎？苟非二世之愚，即始皇之骄悖，能受此言而不谴乎？斯抑谓天下后世之不以己为戎首而无所恤乎？无他，畏死患失之心迫而有所不避耳。《读通鉴论·二世》）

得到李斯的怂恿，秦二世颁行更加严酷的法令，危机重重的国家更加雪上加霜，火上浇油。

对李斯而言，出卖良心只是毁灭的第一步。与赵高为伍才是他走向毁灭的根本所在。

赵高的野心比李斯还要大。李斯只能算是一个机会主义者，只想做一只仓中鼠，而赵高却是一个阴谋家，与仓鼠相比，他就是一只恶猫。赵高一看李斯已经越来越无耻，快赶上自己了，担心自己的地位受到李斯的威胁，于是给李斯设了一个局。

赵高诱使秦二世远离大臣，大臣只有通过赵高才能与皇帝交流。得知李斯对修建阿房宫颇有意见，赵高就对李斯说："关东起义军很多，而皇帝却大肆征集徭役营造阿房宫。我是想进谏，但地位低。而这正是您的职责所在啊，您为什么不进谏呢？"李斯说自己无法见到皇帝，赵高就答应代为安排。每当胡亥正与宫女宴饮作乐兴起之时，赵高就告诉李斯说可以进谏了。屡屡如此，招致了胡亥的反感：寡人平时有空时丞相不来议事，怎么总是非得等我放松放松时才来请示事情，这不是让我难堪、鄙视我吗？赵高乘机说，李斯这么做是有原因的。原因何在？原因有三：一是以沙丘之谋自居其功，想裂土封侯；二是长子李由为三川郡守，与造反的陈胜等暗通款曲；三是身居相位权大于帝。秦二世对赵高的话深信不疑。但赵高所说的三大原因或者说是三大罪状其实最致命的就是李由是否通敌的问题。所以胡亥决定先派人调查李由暗通起义军的事。

投机者的本能使李斯嗅到了巨大的危险，被逼上绝路的李斯决定与阴谋家赵高决一死战。他上书说赵高"有邪佚之志，危反之行"，揭露赵高权势熏天，擅自作为，积聚的财富与国家相等，建议皇帝早日除掉赵高。二世胡亥偏爱赵高，唯恐李斯杀了赵高，便把李斯揭发赵高的事偷偷告诉了赵高本人。赵高对二世胡亥说："丞相所患者独高；高已死，丞相即欲为田常所为。"丞相李斯最忌惮的人就是我赵高，我一旦死了，他就会像田氏代齐那样取代您。胡亥一听更相信赵高了。

终于，李斯的投机之路走到了尽头。农民起义越来越多，右丞相冯去疾、左丞相李斯、将军冯劫联合进谏，希望二世停建阿房宫，减轻老百姓负担。二世盛怒，下令治罪。冯去疾、冯劫自杀，李斯也身陷囹圄。机关算尽，最终却走到这步田地，李斯仰天而叹曰："嗟乎，悲夫！不道之君，何可为计哉！"（《史记·李斯列传》）实在可悲呀，摊上这么一个无道的昏君，还能为他施什么谋、定什么计呢？这就是李斯的第四叹，可以称之为绝望之叹。

面对大厦将倾的危机，李斯预言："吾必见寇至咸阳，麋鹿游于朝也。"我有生之年一定会看到贼寇进犯至首都咸阳城，朝堂荒废，麋鹿在朝堂之上游荡的情景。李斯的预见无疑是正确的。可惜的是李斯丝毫没有意识到自己对这一切同样负有不可推卸的责任，反而以"谏而不听"来为自己辩护。最终，禁不住酷刑的李斯自污谋反。此时的李斯还幻想凭借他对秦王朝曾有过的贡献，对秦二世拥立的功劳，秦二世或许能让他复享权势富贵。于是他给秦二世上了狱中书，可赵高说："囚安得上书！""囚犯哪有资格上书给皇帝呢！"一句话断了李斯的念想。

为了彻底断绝李斯翻案的可能，赵高派他的门客十多人假扮成御史、谒者、侍中等不同身份，轮流往复审问李斯。一开始李斯一见来人就翻供，赵高就让人再拷打他。到最后二世真的派人去验证李斯的口供时，李斯以为还和之前一样只是赵高的陷阱试探，再不敢更改口供，老老实实在供词上签字画押，承认罪状。赵高把李斯的供状呈给胡亥，没心没肺的二世皇帝胡亥很高兴地说："微赵君，几为丞相所卖！""幸好有赵君，要不然几乎被丞相出卖了。"至此，等待李斯的只有一死。

二世二年七月，李斯被判腰斩。临刑之时，李斯跟他的次子一同被押解，他回头对次子说："吾欲与若复牵黄犬俱出上蔡东门逐狡兔，岂可得乎！""我想和你再牵着黄狗一同出上蔡东门去打猎追逐狡兔，还能办得到吗！"寄情山水的田园生活对李斯父子已经是不可实现的梦想了！父子二人相对痛哭，李斯被夷三族。这就是李斯的人生第五叹，也可以称之为幻灭之叹。

唐代诗人储嗣宗有一首《长安怀古》诗，写的就是李斯临死这一叹。

　　祸稔萧墙终不知，生人力屈尽边陲。

　　赤龙已赴东方暗，黄犬徒怀上蔡悲。

　　面缺崩城山寂寂，土埋冤骨草离离。

　　秋风解怨扶苏死，露泣烟愁红树枝。

"黄犬徒怀上蔡悲"，李斯的悲剧足够后人警醒。

五、苟患失之，无所不至矣

从道德的角度看，做人的格局决定结局。李斯以仓鼠哲学开启自己的人生，其人生五叹正好反映出一只在锱铢必较于功名利禄名利场中的仓中鼠的首鼠两端、辗转腾挪。

然而，看一个历史人物不能仅仅着眼于道德批判。

从历史的角度看，李斯在中国古代的历史进程中绝对占有一席之地。有学者评价他为"创世之重臣，毁业之罪人"。这个一分为二的观点更客观真实。就历史的积极作用而言，李斯有四大功绩。

第一，为秦统一六国出谋划策，大大加速了统一的进程。

第二，《谏逐客书》为秦国留住了宝贵的人才，这是李斯既利己又利人利国的一大功绩。

第三，确立了秦封建统一中央集权的政治制度；从为秦始皇上尊号，到统一度量衡，再到"书同文，车同轨"，特别是力排众议，捍卫了郡县制这一影响深远、具有历史进步意义的政治制度。

第四，统一思想，强化意识形态统治。秦始皇在统一六国后，曾五次东巡，所到之处就刻石纪事，以颂扬统一六国的丰功伟绩和秦政权的优越性。刘勰《文心雕龙·封禅》说："秦皇铭岱，文自李斯"。鲁迅在《汉文学史纲要》中说："始皇东巡郡县，群臣乃相与诵其功德，刻于金石，以垂后世。其辞亦李斯所为。"说明李斯不仅是国家统一大业的亲历者，而且是见证者、传承者。

从政治角度看，李斯甚称千古为政官员的反面镜鉴。李斯这个反面典型主要有以下四个政治污点。

第一，参与赵高沙丘之谋，废扶苏立胡亥。李斯的"一念之差"

改写了历史，可谓一念丧邦。

第二，毒死韩非，为人诟病。韩非被杀有咎由自取的因素，但李斯妒贤嫉能，参与或者说主导了针对韩非的阴谋，使法家集大成者韩非过早死亡，不仅是秦国的损失，也是中国古代学术领域的一大损失。

第三，上《行督责书》，助纣为虐。李斯为了能得到二世皇帝的谅解和信任，制造最无耻之助纣为虐之举，人格尽失。

第四，倡言焚书，千古留恶名。为了统一思想，李斯还提出了焚书的建议。著名历史学专家朱绍侯教授指出，关于焚书事件，是一次毁灭文化的行动，应予否定、批判，但有些细节也有必要加以说明。李斯所提出的焚书建议，虽然非常苛刻，如果按照李斯的建议焚书，包括"诗书百家语"在内的违禁书仍可保留一部分传诸后世，但由于项羽入关后，火烧咸阳三月不灭，才把李斯焚书议中允许保存下来的书也全部烧光。所以，就焚书而言，项羽的罪过要远远大于李斯。关于这个问题我们以后还会专门讲述。

明代政治家于慎行对李斯的评价比较到位，他说看李斯这个人的所作所为，都是由于过于看重功名利禄，所以患得患失，什么事也能做出来。（"本其所从，皆一念重禄之心为之。故曰：苟患失之，无所不至矣。"《读史漫录》）问题是身为官员，如果眼里只有功名利禄，为了官位不惜蝇营狗苟，无所不用其极，正如桐城派大家姚鼐《李斯论》中所言："吾谓人臣善探其君之隐，一以委曲变化从世好者，其为人尤可畏哉！尤可畏哉！"整天只想着琢磨上级领导最隐秘的心思，然后投其所好，那就太可怕了！太可怕了！做人需要定力，为官要讲操守。不能整天琢磨上级领导的心思，一味想着投其所好，那样的话做事很容易没有底线！

李斯这厮虽然被腰斩而死，却很少让人同情。那么，成就李斯的秦始皇究竟是一个什么样的人呢？

附录：

李斯论

清　姚鼐

苏子瞻谓李斯以荀卿之学乱天下，是不然。秦之乱天下之法，无待于李斯，斯亦未尝以其学事秦。

当秦之中叶，孝公即位，得商鞅任之。商鞅教孝公燔《诗》《书》，明法令，设告坐之过，而禁游宦之民。因秦国地形便利，用其法，富强数世，兼并诸侯，迄至始皇。始皇之时，一用商鞅成法而已，虽李斯助之，言其便利，益成秦乱，然使李斯不言其便，始皇固自为之而不厌。何也？秦之甘于刻薄而便于严法久矣，其后世所习以为善者也。

斯逆探始皇、二世之心，非是不足以中侈君张吾之宠。是以尽舍其师荀卿之学，而为商鞅之学；扫去三代先王仁政，而一切取自恣肆以为治，焚《诗》《书》，禁学士，灭三代法而尚督责，斯非行其学也，趋时而已。设所遭值非始皇、二世，斯之术将不出于此，非为仁也，亦以趋时而已。

君子之仕也，进不隐贤；小人之仕也，无论所学识非也，即有学识甚当，见其君国行事，悖谬无义，疾首嚬蹙于私家之居，而矜夸导誉于朝庭之上，知其不义而劝为之者，谓天下将谅我之无可奈何于吾君，而不吾罪也；知其将丧国家而为之者，谓当吾身容可以免也。且夫小人虽明知世之将乱，而终不以易目前之富贵，而以富贵之谋，贻天下之乱，固有终身安享荣乐，祸遗后人，而彼宴然无与者矣。嗟乎！秦未亡而斯先被五刑夷三族也，其天之诛恶人，亦有时而信也邪！《易》曰："眇能视，跛能履；履虎尾，咥人凶。"其能视且履者幸也，而卒于凶者，益其自取邪！

　　且夫人有为善而受教于人者矣，未闻为恶而必受教于人者也。荀卿述先王而颂言儒效，虽间有得失，而大体得治世之要。而苏氏以李斯之害天下罪及于卿，不亦远乎？行其学而害秦者，商鞅也；舍其学而害秦者，李斯也。商君禁游宦，而李斯谏逐客，其始之不同术也，而卒出于同者，岂其本志哉！宋之世，王介甫以平生所学，建熙宁新法，其后章惇、曾布、张商英、蔡京之伦，曷尝学介甫之学耶？而以介甫之政促亡宋，与李斯事颇相类。夫世言法术之学足亡人国，固也。

　　吾谓人臣善探其君之隐，一以委曲变化从世好者，其为人尤可畏哉！尤可畏哉！

（姚鼐《惜抱轩全集》文集卷一）

第三讲

身世迷离：始皇称谓有门道

"秦王扫六合，虎视何雄哉！"秦始皇被后人誉为"千古一帝"，他的成败得失众说纷纭，功过是非争议也很多，给我们留下了许多难解的谜团和争议之处。这一讲我们就围绕着他的身世之谜加以解读。

　　秦始皇是秦统一六国之后拟定的称谓。我们要说的第一个问题是秦始皇究竟姓甚名谁？我们该怎么称呼他？关于这个问题，目前有四种观点。秦始皇究竟姓赵？姓嬴？姓秦？还是姓吕？

一、姓甚名谁，居然是个问题

　　要说清楚这个问题，首先要搞明白古人的"姓"、"氏"和"名"。先说"名"。

　　秦始皇名为政，这还有点说法。《史记·秦始皇本纪》记载：秦始皇"**以秦昭王四十八年正月生于邯郸，及生，名为政**"。东晋南朝《史记》的研究专家徐广指出，这个"政"也写作"正"。宋衷曰："以正月旦生，故名正。"《史记正义》曰："后以始皇讳，故音'征'。"也就是说秦始皇生在正月，所以名字叫作"正"。清代《史记》研究专家梁玉绳说："始皇以'正月'生，遂以'正'名之。"因为他名"正"，所以为了避讳，把"正月"改称为"端月"。大家看图，这是 2009 年北京大学收藏的一批从海外回归的西汉竹简，其中就有一篇名为《赵正书》，称秦始皇为"秦王赵正"，就是这个"正"。《史记》古本写他的名都是"正"，后来不知何时都改为

北大藏汉简
《赵正书》
（局部）

"政"。所以现在约定俗成他的名为"政"。

姓的起源比较古老，大约产生在原始社会的氏族公社时期，是母系社会的产物，所以古姓多从"女"旁，如姬、姜、姒、嬴等。姓标识着人的出身，同时具有象征意义，所以"姓"字本身造字的字形结构从"女"、从"生"。"姓"是人的标识，许慎《说文解字》曰："姓，人所生也。"所以"姓"标识着人的"出生"。姓最初是标识共同血缘、血统、血族关系的种族称号，简称族号。作为族号，它是用来标识整个氏族部落的称号，而不用于个别人或个别家庭。顾炎武考证，"姓"源于上古五帝时期，孔子修订《春秋》，其中记载了二十二个上古流传下来的姓。但"自战国以下之人，以氏为姓，而五帝以来之姓亡矣"（顾炎武《原姓篇》）。

"氏"是父系社会的产物，它的起源则相对较晚，一般认为是由姓衍生而来的。"氏"可以说是"姓"的分支。先秦之时，姓与氏是分开的，姓与氏代表不同含义。参加编修《资治通鉴》的司马光的重要助手刘恕在《通签·外纪》中说："姓者统其祖考之所自出，氏者别其子孙之所自分。"说明二者的关系，姓表明先祖是谁，氏则区分出后来属于哪一分支。清代段玉裁《说文解字注》说："姓者，统于上者也；氏者，别于下者也。"战国前，贵族才有姓氏，"氏所以别贵贱"，"贵者有氏，贱者有名无氏"（《通志·氏族略序》）。也就是说只有贵族身份的男子称氏，女子称姓。平民百姓只有名，连氏也没有。

二、兹事体大，原姓演变四原则

对于姓氏的发展演变，大学者顾炎武有一篇非常重要的文章《原姓篇》，此外在《日知录》中也专门论述过姓和氏族的问题，他的观点很重要，可以总结出四条原则。

第一，男子称"氏"不称"姓"。

顾炎武研究《左传》以后曾总结说：在《左传》记载的二百五十年间，没有发现有记载男子称姓的现象。先秦时期的"姓"不能像今人的"姓"那样放在人名之前称呼。清代乾嘉学派的大家钱大昕也指出：三代之上，男子没有把姓放在名字之前的，一直到汉武帝时期，封周王室的后人姬嘉为周子南君，这才开了男子冠姓于名之前的先河，后代文人称周文王为姬昌，称周穆王为姬满，称周公为姬旦，都源于汉武帝时期封姬嘉时的称谓。钱大昕说："好古之士，当引以为戒。"这其实是以讹传讹，留下了长达几千年的历史性误称。

第二，"氏一再传而可变，姓千万年而不变"。

我们要明白，在古人那里，"氏"是可以变的，所以这就给后人带来了困惑。"姓"为什么不可变？"姓"在中国古代还有一个重要用途，就是用来"别婚姻""明世系""别种族"。氏同姓不同者，可以通婚；姓同氏不同者，不可以通婚。同姓，表明血缘关系较近，**"同姓不婚，恶不殖也"**（《国语·晋语四》），同姓不通婚，是害怕影响后代的发育，说明我们的先人很早就有优生学的意识。简而言之，"氏"用来区别男子地位，"姓"用来辨明女子出身。

第三，"国君无氏，不称氏称国"。

顾炎武在《原姓篇》中指出：**"最贵者国君，国君无氏，不称氏称国。"**国君地位最尊贵，所以国君不能再用原来的氏称呼，而用国名代称。

第四，秦汉之后姓氏混行。

顾炎武指出，战国时期一般还称人的氏，到了汉代大多通称为姓了，可称"氏"的还有。自秦以后之人以氏为姓，以姓称男，周王朝制礼作乐时期制定的姓氏制度没有了，相应的"周制亡而族类乱"，区别族群的姓氏就越来越混乱了，发展到后来，人们往往以氏为姓，而且对这个"姓"更看重。施耐庵《水浒传》里面武松讲,"我行不更名,坐不改姓",这里说的"姓"其实是"氏"。

三、正本清源,秦始皇究竟姓什么

搞清楚姓和氏的区别与发展演变,接下来我们就看看关于秦始皇姓氏的相关记载。

关于秦始皇的姓氏,司马迁的《史记》有三种记载,现将相关史料罗列如下:

《史记·秦本纪》:"秦之先,帝颛顼之苗裔……舜赐姓嬴氏。"

《史记·秦本纪》:"太史公曰:秦之先为嬴姓。其后分封,以国为姓,有徐氏、郯氏、莒氏、终黎氏、运奄氏、菟裘氏、将梁氏、黄氏、江氏、脩鱼氏、白冥氏、蜚廉氏、秦氏。然秦以其先造父封赵城,为赵氏。"

《史记·秦始皇本纪》:秦始皇"以秦昭王四十八年正月生于邯郸,及生,名为政,姓赵氏"。

这三条记载,出现了姓嬴氏、嬴姓、秦氏、赵氏、姓赵氏五种不同的说法。很显然,司马迁的记载十分混乱。顾炎武在《日知录》中指出:"姓氏之称,自太史公始混而为一。"说明司马迁把姓氏混用了。

那么,秦始皇究竟姓什么?

按照《秦本纪》的记载,秦之先最开始为嬴氏。后来秦始皇的先人被周天子赐封,有了封地,开宗立派,嬴氏变成嬴姓。按照秦汉之后姓氏的一般称谓,秦始皇应该姓嬴。所以近代以来,一些很有影响的历史著作都将秦始皇称为嬴政,如顾颉刚《秦始皇记》、翦伯赞《中国史纲(秦汉史)》、范文澜《中国通史简编》、林剑鸣《秦史稿》等。在一些权威辞书中,也将秦始皇称为"嬴政",比如新编《辞海》、《新华字典》、《现代汉语词典》、《新华大字典》等。但是在历史上，称秦始皇为嬴政者，查阅典籍，除了后人标注的《史记索隐》中有两例"嬴政"之说外，秦汉史籍中并未发现有"嬴政"之说。除此之外，古籍中可以查见的为数不多的"嬴政"之称，大多为文学家说法。这说明，在秦汉时期，至少在司马迁之前，并不存在称秦始皇为"嬴政"的说法。但为什么秦始皇先人为嬴姓，而秦始皇不称"嬴政"呢？

根据顾炎武总结的第一条原则，男子称"氏"不称"姓"，秦始皇的祖先为"嬴"姓，但是这个"姓"是不能放在他的名——"政"之前连称的，因此不能称之为"嬴政"。

秦始皇不能被称为嬴政，那该怎么称呼他呢？

《秦本纪》中也提到的"以国为姓"。顾炎武在《原姓篇》中说："最贵者国君，国君无氏，不称氏称国。"按照这个说法，秦始皇应该称其为"秦政"。这也是有理可循的。《史记》中，秦始皇的先人中以秦为氏的有"秦嬴""秦侯""秦仲"等。

四、何以姓赵，有说法必有道理

至于"赵氏"之说，有两种解释。

一种解释说晋国赵氏之祖"造父"被封赵城，其子孙都姓赵。秦氏之祖曰"秦嬴"，所以其子孙都姓嬴。造父之祖曰"季胜"，秦嬴之祖曰"恶来革"，"恶来革"和"季胜"是兄弟。所以，秦氏与赵氏源出于同一祖先，属同宗。赵氏发迹以后，嬴氏要利用赵氏的荣誉来抬高自身的地位，所以也自称为赵氏，但"秦嬴"在被周天子赐地分封之后，复奉嬴氏之祀，继续恢复姓嬴。所以，按照"姓千万年而不变"的原则，可以说秦始皇的先人曾经称姓"赵"，但后来受封之后又恢复姓"嬴"。

另一种解释说，秦始皇生在赵国，他的母亲又是赵人，因此才被称为"赵政"。这种"以母氏为称"的说法倒是确有成例可比。西汉汉武帝的长子因其母为卫氏，故称"卫太子"；汉元帝的母亲为许皇后，故即位前称"许太子"。但这种以出生地及母氏为称的情况只能是暂时的，而不可能是永久的。随着他本人社会地位的迅速提高，必然会改变氏名。即便秦始皇在赵国出生之后曾经叫赵政，但是当他登上王位以后，其身份已绝非在赵国时可比。所以，我们的结论是，称即位之前的秦王政为"赵政"是可以的，而即位后的秦王政和一统天下的始皇帝再称为"赵政"就是不合适的。

问题是为什么汉代之人往往称秦始皇姓赵呢？

原因之一，汉代已经姓、氏不分。司马迁说秦始皇"嬴姓"，"姓赵氏"，是因为到了司马迁时代，人们习惯上已姓、氏不分。其后，刘安的《淮南子·人间训》也说："秦王赵政，兼吞天下而亡。"王符在《潜夫论·志氏姓》也说："始皇生于邯郸，故曰赵政。"我们前边提到的北大汉简也清楚地写着"赵正"。所以秦始皇在汉代以后又多被称为"赵正"或"赵政"，这也是客观存在的历史事实。

原因之二，汉代的皇帝以氏为姓。正如钱大昕所言，汉高祖刘邦出身于平民家庭，"太公以上，名字且无可考，况能知其族姓所出耶？"贵为皇帝都无法区分姓氏，下面的人你还嘚瑟什么？所以汉代"以氏为姓，遂为一代之制，而后世莫能改焉"。

五、空穴来风，风从何来

关于秦始皇姓氏的第四种说法，秦始皇姓吕吗？

说秦始皇姓吕，是因为秦始皇的母亲与吕不韦的关系确实给后人提供了想象的空间，把他看作吕不韦的儿子。我们在讲吕不韦的时候专门提到，把秦始皇称为吕政之说，也不是空穴来风。

事实上，古往今来，绝大多数史学家和史学研究者都不太相信秦始皇是吕不韦的儿子。明代人王世贞、汤聘尹，清代人梁玉绳、郭嵩焘，近代钱穆、郭沫若、马非百等一大批史学研究专家都是这个态度。为什么他们都这么认为？很简单，秦庄襄王不是白痴，也不脑残，对王室而言，血统问题至关重要，他们绝不会在这个问题上有一丝马虎。秦庄襄王在位三年，而且不止一个儿子，他如果对秦始皇的血统有怀疑，那就不可能让秦始皇做太子。其实我们从人情世故方面一想就明白，凡夫俗子还忌讳别人给自己戴绿帽子，对自己的血脉传承还极其在意，更何况帝王之家呢？

再说，秦始皇究竟是谁的儿子，这件事本来是极隐秘的核心机密，后人很难一窥究竟。但是，我们还是有必要知道，秦始皇姓吕的说法是从什么时候开始有的呢？

以现在看到的文献看，早在西汉时期就有这种说法。司马迁的《史记》应该说是最权威也是留下争议最早的史书记载。在今天我们看到的《史记·秦始皇本纪》后面还记载有后人附入的东汉班固的评论，其中提到"吕政残虐"，就把秦始皇称为吕不韦的儿子。这还不是最早的记载。西汉中后期的官修史书《汉书·王商传》中记载汉成帝时太中大夫张匡言："臣闻秦丞相吕不韦见王无子，意欲有秦国，即求好女以为妻，阴知其有身而献之王，产始皇帝。"需要注意的是，最爱记人蜚短流长隐私秘闻甚至被人称为不是史书的《战国策》，恰恰一个字也没有涉及秦始皇的身世逸事。

司马迁在《史记·吕不韦列传》里叙秦始皇的出生时说：吕不韦与绝色善舞的邯郸美人赵姬同居，赵姬有了身孕。子楚到吕不韦家做客宴饮，见到赵姬，大为艳羡，请求吕不韦将赵姬送与自己。吕不韦一开始非常生气，后来考虑到自己已经为子楚的政治前途投入了大部分财产，不能因小失大，只得将赵姬送与子楚。赵姬隐瞒了自己已有身孕的事实，嫁与子楚，如期生下了嬴政。子楚后来立赵姬为自己的夫人。司马光在《资治通鉴》中基本沿袭了司马迁的这种说法，但他似乎还刻意强调了吕不韦的卑劣动机。在记载异人向吕不韦请求把赵姬送给自己的时候，司马迁说吕不韦的态度是"怒"，司马光觉得还不够，又加了一个字，写成"佯怒"，假装发怒。我想，这是司马光以此表明自己的态度，提醒后世的政治家要格外警惕吕不韦之流的动机，要宁可信其有不可信其无。但两司马的说法都留下了一个尾巴：

司马迁说："至大期时，生子政。"（《史记·吕不韦列传》）

司马光说："孕期年而生子政。"（《资治通鉴》卷五）

什么叫"大期"？一种说法是足月而生，即十月之期；还有一种说法是十二个月而生。人的怀孕期只有不到十个月，280天。足月生，说明秦始皇不是吕不韦的儿子，但前边言之凿凿说吕不韦知道赵姬已经怀孕了，这里又说赵姬跟了秦庄襄王之后是足月生下的秦始皇。如果没有不同说法，不该这么写。之所以这么写，很显然，这里面有名堂。

什么叫"期年"？《资治通鉴》的研究大家胡三省说："盖任身十二月而生也。"怀孕十二个月才出生，很显然不符合医学常识。所以，即便司马光，包括司马迁，作为严谨的史学家，他们刻意这么写，其实就是在告诉后人，秦始皇是秦庄襄王的儿子，这事儿没毛病。

秦汉史研究专家李开元教授说："吕不韦不但没有作案的动机，只有避嫌唯恐不及的谨慎。所谓献有孕之姬以钓奇的风闻，只能是坊间流言，后世添加花絮。"

吕不韦已死，有没有作案动机已经是死无对证了。但我们可以换一个角度来思考，有两个问题：第一，是谁需要这样的说法或者造这个谣？第二，为什么要说秦始皇是吕不韦的儿子？

先分析是谁需要这个说法或者说造这个谣。

秦始皇的母亲赵姬肯定不需要。

秦始皇的母亲赵姬最清楚这件事的真相，但我估计她打死也不会说。为什么？因为一旦证实秦始皇是吕不韦的儿子，就没有了继承王位的合法性，秦国的宗室势力与他们就势同水火了，他们母子在秦国就没有立锥之地了。

吕不韦需要这个说法或者说造这个谣吗？如果秦始皇真是他的亲生儿子，凡是做过父亲的人都知道，他只能没事偷着乐，同样打死也不会说出去。理由和赵姬一样，一旦说出去，秦国的宗室势力绝饶不了他，那他就弄巧成拙了。毕竟他在秦国还不能为所欲为。所以，吕不韦也不需要这个说法，更不可能造谣抹黑自己。

秦始皇自己需要这个说法吗？当然更不需要。那么，造这样的谣言或者说这样的说法谁需要呢？

有两种人需要。

第一种，觊觎秦国国君王位的人。

谁有可能觊觎秦国国君的宝座？秦始皇的兄弟。秦始皇是长子。秦始皇有几个弟弟？他有三个弟弟。一个是同父异母弟弟，叫成蟜，是秦庄襄王的儿子。还有两个是同母异父弟弟，就是赵姬与嫪毐所生的两个儿子。

成蟜是秦庄襄王的另一个儿子，当然他最有资格觊觎王位。而且成蟜在秦王政八年突然在进攻赵国的前线投敌叛国。这就有了极大的嫌疑。

关于成蟜，《资治通鉴》一个字也没有记载，《史记》也仅仅记载极为有限的只言片语。我们查遍史书，所能知道的关于成蟜的只有两件事：第一件事是在秦王政五年出使韩国，不费一兵一卒得到韩国献出的"百里之地"，他可能因此而被封为长安君；第二件事就是在秦王政八年在出兵赵国时造反叛逃到赵国。除此之外，连他的确切年龄我们都不知道。

我们知道，就在长平之战即将结束的这一年，即公元前260年，秦昭襄王的庶孽孙子楚，也就是后来的秦庄襄王向吕不韦讨得赵姬，第二年，秦始皇出生。在秦始皇三岁的时候，秦赵之间的邯郸之战又开始了。赵国想杀死作为人质的异人。吕不韦重金贿赂守军，他们二人才得以逃回秦国。此后，一直到秦始皇九岁的这六年之间，他和自己的母亲赵姬一直滞留在赵国。回到咸阳的异人改名为子楚，正式做了王太子的继承人，而赵姬和名为"正"的儿子身陷敌对国，生死未卜。因为赵姬母子二人都还没有名分，子楚自然还要娶别的女人。成蟜就是在这六年期间子楚与其他女子所生的儿子。所以，成蟜有多大？至少应该比秦始皇小三岁到四岁。也不可能小太多，因为秦始皇八年他临阵造反，这一年秦始皇二十一岁，所以成蟜应该在十五岁至十八岁之间。我们可以想象，在秦始皇没有回到秦国之前，成蟜或者成蟜周围的一些人一定对将来可能的王位继承有过想法。所以有学者怀疑成蟜举兵造反可能和秦国内部高层人物和后宫政治势力对秦始皇王位继承权的质疑有关。但《史记·秦始皇本纪》记载，长安君成蟜造反的处理结果是参与造反的"军吏皆斩死"，连当地的居民都被迁徙到了边远地区，而成蟜自己叛秦降赵后被赵国授予封地饶（今河北饶阳县），赐封号为长安君，最后没有下落，很可能客死赵国了。而最有可能支持成蟜的秦庄襄王的亲生母亲夏太后在成蟜之乱的前一年就去世了。所以，即便成蟜一方质疑秦始皇，有造谣的嫌疑和动机，但可能能力不够，不足以制造出后世那么大的影响力。

赵姬与嫪毐所生的两个儿子压根儿没有可能觊觎王位。但没可能不等于不想。特别是嫪毐，这可是一个极其卑劣下作的野心家。吕不韦把他推荐给赵姬，赵太后非常满意，并且他们还生了两个儿子。有一次，嫪毐曾经和赵姬说："王即薨，以子为后"（《史记·吕不韦列传》）。什么意思？意思就是一旦秦王政死了，就让咱们的儿子继承王位吧。这当然是他的一厢情愿罢了。

嫪毐只是吕不韦给赵太后推荐的一个性替代品而已，虽然他很得宠，在秦国也有很多追随者，而且还被封为长信侯，被称为秦王政的假父，就是干爹。（嫪毐封侯很不合常理，关于嫪毐，我们下一讲还会细讲）嫪毐封侯之后只横行了一年就在秦王政九年秦始皇亲政前夕因发动叛乱而被生擒活捉。一番审讯之后，嫪毐被车裂而死，并被夷三族。据成书于汉代的《说苑》记载，嫪毐与赵太后所生的两个儿子也被秦始皇"囊扑杀之"，就是装在口袋里打死了。

嫪毐被杀了，他在被抓捕之后都说了什么，我们不得而知。我们所能知道的是，"王欲诛相国"，秦王政想杀吕不韦，但是考虑到吕不韦侍奉先王秦庄襄王功勋巨大，不忍心杀他。秦王政十年，吕不韦就被免去了相国之位。又过了一年多，当时的秦王政给吕不韦写信："**君何功于秦，封君河南，食十万户？何亲于秦，号称仲父？**"（《资治通鉴》卷六）

前边刚说了因为吕不韦功劳大，不忍心杀他，一年多之后却写信质问吕不韦你对秦国有什么功劳分封河南，还享用食邑十万户？你算秦国的哪门子亲戚，号称仲父？这就有点欲盖弥彰的味道。"**何亲于秦，号称仲父？**"似乎是公然否认自己出于吕姓的坚决宣言。而这倒是恰恰说明这一年多来国内似乎有这方面的流言蜚语。这确实给后人留下了令人遐想的未解谜团。至少在目前还解不了。

以上是关于需要这个说法或者说造这个谣的第一种，觊觎秦国国君王位的人的分析。

第二种，能够得到好处的人。

谁能从秦始皇血统不正的谣言中获益呢？这就要结合我们前边提

出的第二个问题：为什么要说秦始皇是吕不韦的儿子？

郭沫若先生提出一种推测，认为"是西汉初年吕后称制的时候，吕氏之族如吕产、吕禄辈仿照春申君与女環的故事编造的"（郭沫若《十批判书·吕不韦与秦王政的批判》），郭沫若考证："吕后父吕公可能是吕不韦的族人，即使毫无族姓关系，吕后党人为使其称制临朝的合理化，亦宜认吕不韦为其族祖，秦始皇为其族父，这样就可以对刘氏党人说：天下本来是我吕家的天下，你刘家还是从我吕家夺去的。"郭沫若先生的这个推测很有道理，他说明了谣言能让谁受益的问题。当然，既然是谣言，自然来无影去无踪，历来谣言很难查实。所以，郭沫若先生自己也说"也只是一种揣测，尚无直接证据"，但他说"至少可以断言：秦始皇是吕不韦儿子的话，确实是莫须有的事"。

至此，关于秦始皇的身世之谜，我们至少可以明确：他姓嬴，但按照当时的习惯不应该称他为嬴政；汉代很多人称他为赵正；其实严格来说应该称他为秦政。至于吕政之说，可信度不高，但还是有人相信。

当然，用历史的眼光来看，秦始皇姓什么、是谁的儿子并不重要，重要的是他的历史影响力。那么秦始皇究竟有哪些过人之处？他又是如何取得成功的呢？

第四讲

双面始皇：矛盾统一成伟业

　　秦始皇究竟是一个什么样的人？究竟有哪些过人之处？是什么品格成就他能够统一六国，并且建立影响深远的大秦帝国？

　　一提到秦始皇，一些人就想到了残暴、专断等形象。应该说，这只是评价秦始皇的一个方面，也是一种片面的认识。人具有多面性，秦始皇既有残暴、专断的一面，也有英明神武的一面，他的性格是一个矛盾的统一体。就其个性和政治品格而言，秦始皇的过人之处或者说成功至少体现在五个方面。

一、动心忍性，自制而杀伐决断

　　动心忍性意味着有极强的自控力。自制就是能够自我控制，有忍耐力。杀伐决断可以理解为谋略通达，行事果敢。秦始皇不像一般年轻人那么冲动，而是很有自控力、忍耐力，思虑严谨，行事果敢。二十二岁的秦始皇一出手就干净利落地平息了嫪毐之乱，就是这个特点的集中体现。

　　秦始皇出生在赵国，在他三岁时，父亲子楚和吕不韦逃回了秦国，母亲赵姬带着他在赵国又生活了六年。这期间秦赵关系极端恶化，他们母子九死一生，日子想必过得很艰难。秦始皇在九岁的时候回到秦国，父亲秦庄襄王做了秦国的国君，自己被立为太子，这时候的秦始皇开始了一生中最无忧无虑的好时光。可惜好景不长，仅仅三年之后，父亲撒手人寰，十三岁的秦始皇即位为秦王，国家大事都委托给吕不韦处理。吕不韦比照管仲之于齐桓公，也号称仲父。作为一位政治家，我们前面已经讲过，吕不韦在秦国为政十二年，兢兢业业，政绩卓著。这为秦始皇的健康成长提供了良好的条件，他能够得以安心学习成长，从而具有良好的教育素养。

然而树欲静而风不止，随着秦始皇一天天长大，随着他亲政倒计时的来临，秦国政坛上的各种政治势力开始蠢蠢欲动。秦国当时的政治版图上主要有五股势力，分别是：以华阳太后为首的楚系势力，以夏太后为首的韩系势力，以赵太后为首的赵系势力，以吕不韦为首的掌权者，以及秦宗室传统势力，他们维持着一种微妙的平衡。

推倒秦国政局稳定的第一块多米诺骨牌很可能来自秦始皇的亲祖母夏姬。在秦国，华阳夫人是秦始皇父亲能够登上君王宝座的第一推手，以她为首的楚系后宫势力在秦国根深蒂固。秦始皇父亲的亲生母亲夏姬原本地位卑微，但母以子贵，随着秦庄襄王登基，夏太后的地位也相应显赫起来。秦王政七年，夏太后去世。史书上关于夏太后的记载很少，但是考古发掘给我们提供了认识夏太后的新的视野。2004年夏天，在西安南郊神禾塬的最西端，发现了迄今为止规模最大的战国秦汉早期的单人陵园。在这个陵园内的两座陪葬坑中，考古学家发现了著名的"天子驾六"，也就是皇帝级别的六匹马拉的两辆马车。从出土陶器上刻写的"私官"字样推定：陵墓主人是秦始皇的祖母夏太后。规模空前的陵园和精美华贵的出土文物，显示了陵园之主的尊贵身份和生前的显赫权势。夏太后的去世使秦王朝政治格局失衡。第二年，即秦王政八年，秦国历史上发生了一件极为蹊跷的大事，秦始皇的弟弟成蟜在与赵国作战的前线临阵倒戈，这就是成蟜之变。我们在上一讲已经讲到过，成蟜出使韩国，兵不血刃就能够得到韩国奉上的上百里土地，他因此功而被封为长安君。合理的推测是他受到有韩国背景支持的夏太后的鼎力相助。据学者们考证，夏太后很可能出生于韩国，是韩系势力在秦后宫的代表人物。夏太后一死，成蟜失去了最大的靠山。至于他为什么要临阵造反背叛秦国？史书的记载语焉不详，已经成为不可解之谜。但我们发现，成蟜之变的受益者是一个意想不到的人——嫪毐！

嫪毐只是吕不韦给赵太后推荐的一个性替代品而已，由于赵太后对他非常满意，所以嫪毐很得宠，得到的赏赐非常丰厚，而且家有奴仆数千人，俨然成为秦国的一股新兴势力。但是非常不合常理的是，在成蟜之变的这一年，即秦王政八年，嫪毐被封为长信侯，这很蹊跷。为什么？因为秦国自从商鞅变法之后规定，只有有功勋者或者取得与军功相应功劳的人才能被封君封侯。而且商鞅那么大的功劳都只是被封为商君，在秦国被封侯的更是少之又少。嫪毐不可能仅仅因为得宠于赵太后就封侯。嫪毐没有军功记载，但商鞅变法规定还有一种可能取得勋爵，那就是"告奸者与斩敌首同赏"，意思是揭发谋反奸人与杀敌斩首的功劳相当。嫪毐是秦王政八年封的侯，而这一年秦国最诡异的事就是成蟜造反叛乱。所以，合理的推测就是嫪毐很可能因告发成蟜谋反而封侯。

《红楼梦》中曹雪芹说迎春的丈夫孙绍祖"子系中山狼，得志便猖狂"。嫪毐在秦国的历史上可谓典型的中山狼，即便在整个中国历史上，嫪毐都算一个罪恶的名字。为什么这么讲？嫪毐被封侯以后，更加高调，他自己不仅可以随意地使用秦国王室的宫室、车马、衣服、苑囿和猎场，而且在秦国想怎么样就怎么样，嫪毐有多猖狂？《资治通鉴》记载："太后幸之，生二子，封毐为长信侯，以太原为毐国，政事皆决于毐，客求为毐舍人者甚众。"（《资治通鉴》卷六）各国游士投靠到嫪毐府上追随他的门客都有上千人，风头一时无两，甚至有了和吕不韦分庭抗礼的意思。

秦始皇是一个受过良好教育、胸怀大志的年轻人。嫪毐如此高调，秦始皇不可能不知道。从常理常情而言，任何一位血气方刚的年轻男子都很难容忍自己的母亲和别的男人淫乱，况且还是和一个以性功能强而名声在外的假宦官，而且还生了两个儿子！但年轻的秦始皇很有自制力，很能隐忍。一直等到他二十二岁即将亲政的时候，一件突发的小事终于让秦始皇下定决心收拾嫪毐。

有一天，嫪毐与宫中的侍臣们一起饮酒作乐，博弈游戏，喝醉后的嫪毐与侍臣们发生了口角，嫪毐瞪大了眼睛大声呵斥对方说："**吾乃皇帝之假父也，窭人子何敢乃与我亢！**"这句话用现代白话说就是"我是当今王上的干爹，你们这些穷鬼怎么敢和我对着干！"虽然大家都知道他和太后的关系，可这事儿绝对上不了台面，他这么挑明了一说，吓得那些侍臣们连滚带爬跑去报告了秦始皇。秦国风气开化，男女之情前代就有，这在秦国并不是什么大不了的事情。但这事儿毕竟不光彩，所以，这事绝对不能说破。如今事情已经摆到了桌面上，秦始皇派人调查实情，真相大白。事已至此，秦始皇动了杀机。但他表面上不动声色，因为他还有一件更重要的事情必须优先办理。

秦始皇必须先把亲政的程序举行了。

公元前 238 年，这一年的阴历四月二十，秦始皇前往秦国王室的宗庙雍城（今陕西凤翔）举行冠礼。雍是秦国的故都，是秦人的宗庙所在地，经过秦德公到秦孝公二十代的经营，雍已经成为秦国的政治圣地，秦王要亲政，必须先到雍祭拜先祖，举行冠礼。冠礼就是成人礼，当时东方列国男子二十岁行冠礼。秦国男子二十二岁行冠礼。举行了冠礼，标志着已经成人，也就可以亲政了。

就在秦始皇还在雍城的时候，感觉不妙的嫪毐狗急跳墙，私自动用秦王的玉玺和太后的印玺，调动咸阳县的军队、宫廷的警卫和首都的卫戍部队以及国家的骑兵部队，包括咸阳附近少数民族戎狄的一些人和他自己的门客家臣，准备攻打雍城秦始皇驻扎的蕲年宫。这次叛

陶联珠云纹瓦当（1993 年陕西省秦雍城遗址出土，陕西省考古研究院藏）

乱的规模不小，声势浩大。然而秦始皇早有准备，他下令相国吕不韦和宗室大臣昌平君、昌文君发动军队攻打嫪毐叛军，双方在咸阳大战，叛军被杀死数百人，嫪毐兵败逃跑。秦始皇重金悬赏，嫪毐被生擒活捉，最后被车裂，并夷三族。

　　嫪毐之乱就这样被干净利落地平息了。嫪毐之乱是对刚刚准备亲政的秦始皇的最大的考验，也是他五十年人生中最大的危机，同时也是秦国当时的一次大危机。这次危机不可能因为嫪毐之死就画上句号。很快，吕不韦受此牵连，被免去了相国之位。嫪毐之乱处理完之后，秦始皇开始真正执掌起秦国的大权，再也没有人能够挑战他的权威。有了足够的权威更需要有自制力。从对嫪毐的出手可以看出，秦始皇的自控力非凡，天生就是一个执掌朝纲的铁腕人物，隐忍自制而又杀伐决断。

二、善于纠偏，自奋而知错能改

自奋有自我奋发的意思，也有自以为是的意思。自以为是的人成不了大事，因为这样的人容易一条道跑到黑。自我奋发还要善于纠偏的人才可以成大事。秦始皇就是这样的人。秦始皇的能力毋庸置疑，但能力强的人往往个性强。秦始皇能力很强但并不一味自以为是，他也会犯错，但犯了错往往能够及时听取臣子的意见，知错能改，特别是在他称帝之前，有三件事情的处理特别能够体现出他的这个特点。

一是茅焦之谏。

嫪毐之乱后，秦始皇在盛怒之下把自己母亲与嫪毐所生的两个儿子装在口袋里杀了。把自己的母亲赵太后也赶到了雍城的萯阳宫，并且下令说："凡是胆敢为太后说情进谏的一律酷刑处死，堆到宫门外！"一连杀了二十七位拼死进谏的臣子。就在这种形势下，一位出身于齐国自称叫茅焦的客卿报名要求进谏。秦始皇派人对他说："你看不见宫门外堆积的那些进谏者的尸体吗？"茅焦回答："臣下听说天上有二十八星宿，如今死了二十七人，臣下来就是凑满二十八个数的，我不是怕死之辈！"使者把茅焦的话回禀给秦始皇。秦始皇勃然大怒说："这个家伙是故意来冒犯我的，赶紧架起油锅来，我要烹之，这样的家伙怎么能轻易杀掉扔在宫门外呢！"秦始皇手按宝剑，气呼呼地坐在堂上，茅焦不慌不忙走到近前，行礼之后，他说："活得好好的人不忌讳讨论死亡的话题，拥有国家的人不忌讳涉及亡国的话题，忌讳谈论死亡话题的人也得不到永生，忌讳谈论亡国的国君也不能江山永保。关于人的生死、国之存亡之道，圣明的君主都想急着知道，陛下想听一听吗？"

茅焦是一位很高明的说客，他先抛出一个很诱人的话题，秦始皇果然上钩，说，此话怎讲？你说说吧。茅焦说："陛下有疯狂悖逆的行为，您不知道吗？车裂干爹，装在袋子里弄死两个弟弟，把母亲撵到雍城，残杀进谏之士，这些行为，就是历史上有名的亡国之君桀和纣也不至于如此残暴啊！如今天下人听说这些事，纷纷疏远秦国，臣下以为陛下已经危机重重，十分危险了！臣下的话说完了！"说完自己动手解开衣服，趴在地上准备受死。秦始皇听完茅焦一番话，猛然警醒，自己过于感情用事了，这样做纯粹是逞一己之快意，而置秦国的形象于不顾，不利于秦国的统一大业。明白了这个道理，秦始皇下殿亲自扶起茅焦，说："先生起就衣，今愿受事！"先生快起来穿好衣服，从今以后愿意得到先生的教诲。于是授予茅焦上卿的封爵。然后秦始皇亲自驾车迎回自己的母亲，重新安置在咸阳。母子和好如初。

这个故事很有戏剧色彩。司马迁在《史记》中的记载极为简单，《战国策》中根本没有记载。最早比较详细记载这段历史的是西汉刘向编著的《说苑》。从资政的角度而言，司马光正是看到了年轻的秦始皇不固执己见，能够听取不同意见的难能可贵之处，所以才在《资治通鉴》中浓墨重彩详细记载。

二是逐客之谏。

迎回自己的母亲赵太后，秦始皇可能顾及她和吕不韦之间的关系，下令吕不韦回到自己的封地洛阳。吕不韦一离开秦国的政治中心，秦国的宗室大臣趁机散布说："那些诸侯列国到秦国入仕的，都是为了他们的故国来秦国离间我们君臣关系罢了，请把这些人都撵走吧！"秦始皇于是下达了有名的逐客令。

李斯冒着杀头的危险给秦始皇上了著名的《谏逐客书》，他在这篇千古名文中既强调了客对秦国的历史作用，又指出为政者要有海纳百川的胸怀，明智的君王绝不能干损己利人的事情。李斯的《谏逐客书》立论高远，雄辩滔滔。秦始皇幡然悔悟，马上收回了逐客书，追回李斯，这才成就了此后的帝国大业。

三是躬请王翦。

秦始皇亲政以后，秦并六国过程中最难打的就是楚国。公元前230年，是秦王政十七年，这一年，秦灭韩。这一年秦始皇三十岁。在他三十二岁的时候，秦灭赵。在他三十四岁的时候，秦灭魏。韩赵魏三个一度同声相应、同气相求的难啃的硬骨头相继被拿下，志得意满的秦始皇也难免有点忘乎所以。就在灭魏前夕，他把灭楚提上议事日程。他问少壮派将军李信，如果让你统兵伐楚，你估计用多少士卒就够了？李信说二十万人就够了。秦始皇又拿这个问题问久经沙场的老将王翦，王翦回答："非六十万人不可"。秦始皇一听，说："王将军老啦，怎么变得这么胆小！"于是决定命李信、蒙恬率领二十万人伐楚。王翦一看秦王这么说自己，就称病回老家归隐了。

然而灭楚之战的进程让人大跌眼镜。李信他们率领的二十万人遭遇了前所未有的惨败，大败而回。兜头一盆凉水，秦始皇勃然大怒，但怒归怒，他很清醒。常言说好马不吃回头草，这话太绝对。只要草足够好，好马也该吃回头草。秦始皇懂得，大丈夫要能屈能伸。为此，他不惜屈尊亲自到老将王翦的老家频阳（今陕西富平）跟王翦道歉。君臣二人有一段有趣的对话。

秦始皇诚恳地说："我后悔没有采纳将军你的计谋，李信果然使我秦军受辱。将军虽然有病，难道忍心弃我而不顾吗？"王翦谢罪说："哎呀，身体有病，实在不能统兵了。"秦始皇说："打住，行了吧，别说了！"（"已矣，勿复言！"《资治通鉴》卷七）王翦一看情况不妙，只得说："必不得已用臣，非六十万人不可！"秦始皇说："全听你的安排总行了吧。"（王曰："为听将军计耳。"）王翦接受重任，历时两年灭楚。

三、毒民爱臣，自戾而知人善任

一说起秦始皇，人们的第一印象就是暴君。的确，秦始皇这个人天性狠毒，对自己的子民严酷暴戾，但他对自己的臣子不仅知人善任，而且能够做到甘苦与共。这又是一个矛盾的统一体。

秦始皇这个人对老百姓和社会的底层人士刻薄寡恩，严酷暴戾。所以侯生、卢生评价他说："始皇为人，天性刚戾自用。"（《史记·秦始皇本纪》）司马迁对他的评价也是"刚毅戾深，事皆决于法，刻削毋仁恩和义"（《史记·秦始皇本纪》）。就是说个性刚强，而且越来越刻薄寡恩，一切唯法是从。

但就帝王魅力而言，秦始皇又表现出他的另一面：不仅对有才华的臣子知人善任，而且对这些人谦恭优容，宽宏大量。

这其中最典型的就是对尉缭的态度。

秦始皇刚刚亲政不久，魏国大梁（今河南开封）名为缭的人前来投奔，他给秦始皇献上离间六国的具体操作建议。秦始皇非常赞同他的建议，也非常欣赏他这个人，任命他为秦国的最高军事长官国尉。秦始皇对他非常尊重，两人见面时都和他行对等之礼。然而尉缭却认为秦始皇这个人面相不善，不能深交久交。他说秦始皇："少恩而虎狼心，居约易出人下，得志亦轻食人。我布衣，然见我常身自下我。诚使秦王得志于天下，天下皆为虏矣。不可与久游。"（《史记·秦始皇本纪》）这段话的意思是秦始皇这个人刻薄寡恩、心狠手辣，现在用得着人，所以能够礼贤下士；将来志得意满，一定不把吃人当回事。对我这样一介布衣出身的人，他却异常敬重客气，这太过了。如果将来他真的得到天下，那么天下人可就都要被他奴役了。这样的人不能跟他太长久地相处下去。所以，尉缭就跑了，秦始皇发觉他逃跑，死缠硬磨又把他请回来，继续任命他做国尉，继续对他言听计从。

尉缭对秦始皇的评价怎么样？准确而不正确，或者说也对也不对。就秦始皇此后对天下人的表现而言，尉缭的看法非常准确；就秦始皇对臣子的态度而言，尉缭的看法失之偏颇。

有一个现象我们要注意：兔死狗烹的事历代多有，唯独秦始皇执政期间鲜有。秦始皇执政期间官员的任期都非常长，这说明吏治清明，政局稳定，君臣关系和谐。秦始皇在位三十七年，前十年以吕不韦为核心，后二十七年以李斯为核心。吕不韦因为嫪毐之乱被免去相国之位，但秦始皇考虑到他功勋卓著，不忍心依法惩处。后来吕不韦过于张扬，秦始皇才去信予以责问，但仍然给他留下了迁蜀的生路。吕不韦是自杀而非诛杀而亡。秦始皇与李斯君臣际遇三十年，而且善始善终。能使才智过人而又心术不正的李斯尽忠竭智数十年，秦始皇有什么灵丹妙药吗？

李斯是秦始皇亲政之后臣僚的核心人物。我们要注意到，李斯诸女皆嫁始皇诸子，诸子皆尚公主。君臣关系融洽到如此地步，而且能够保持如此长久的君臣际遇，这样的君臣关系在中国历史上并不多见。不仅李斯，秦始皇与他的重臣王翦、蒙恬等著名将相都善始善终。秦始皇时代政治核心层的稳定性在历代王朝中都可以说是最高的。在秦始皇的高级臣僚中，文臣主要有王绾、蒙毅、冯劫、冯去疾。在秦始皇执政三十七年的政治生涯中，他任用的丞相只有吕不韦、昌平君、隗状、王绾、冯去疾、李斯寥寥几位，而且任期都很长。而任期最短的李斯、冯去疾其实长期都位居核心决策层。秦始皇时期的君臣关系由此可见一斑。

有一种说法叫作"名将不两代，文人无世家"，中国历史上的名将世家凤毛麟角，少之又少。但我们看秦始皇执政时期，武将主要有尉缭、王翦、王贲、王离、蒙骜、蒙武、蒙恬蒙毅兄弟、李信、王龁、麃公、桓齮、杨端和等。其中王翦、王贲、王离三代皆为秦之重要武将，堪称名将世家；蒙骜、蒙武与蒙恬和蒙毅兄弟也是三代皆为秦之名将，同样是名将世家。秦始皇对这些人延之以礼，任之以专，言听计从，放手任用，使这些人的才能得到了最大限度的发挥。为什么在秦始皇的治下有两大名将世家？这就非常耐人寻味了。作为统帅，秦始皇并不知兵。他从来没有亲自领兵打过仗。他自己深知这一点。正是因为他知人善任，用人不疑，才成就了他的统一大业。

四、勤劳本事，自律而勤于政事

秦始皇这个人很刻板，但自律性很强，而且他勤于政事。

有两件事能够很好地表明秦始皇的勤政。

一件事是出巡。秦始皇执政之后一共出巡八次。在统一六国期间出巡三次。称帝之后出巡五次，最后还死在出巡路上。

我们要知道，当时的出巡可不像现在的旅行，那是非常辛苦的。秦始皇第一次出巡应该在他亲政之后取得第一个杀敌十万人的大捷之后。秦王政十三年，桓齮杀赵将扈辄，斩首十万人，他亲自跑到河南郡慰问前线将士。秦王政十九年，赵王被生擒。秦始皇亲临自己的出生地，这一次，他把他小时候在赵国时对他和他母亲家不友好有仇怨的人都杀了，皆坑之。第三次，他把全部家底都交给王翦伐楚，王翦稳扎稳打，历时两年，这期间，为了激励将士，也为了让自己安心，他亲临伐楚前线。

有人说秦始皇统一全国之后的五次出巡主要是为了游山玩水，这么说太过于浅薄了。秦始皇的出巡，特别是统一天下之后的五次出巡，每一次的选择都是深思熟虑之举。巡游的目的是为了巩固秦王朝的统治，震慑六国遗民的不安分之心，客观上对当时秦朝交通、经济的发展起到了积极的促进作用。

秦始皇勤政刻苦到什么程度？司马迁在《史记·秦始皇本纪》中记载："天下之事无小大皆决于上，上至以衡石量书，日夜有呈，不中呈不得休息。"秦始皇高度集权，事无大小都要他审批裁决。所以他的工作量之大超乎常人想象。秦始皇每天处理多少公文都用秤称好，他给自己规定，每天要处理写在一百二十斤木简上的公文。处理不完不休

秦始皇像

息。这一百二十斤有多少字呢？现代学者研究，至少 30 万字！

司马迁的这个记载不是孤证，班固在《汉书·刑法志》中也记载说秦始皇："躬操文墨，昼断狱，夜理书，自程决事，日县石之一。"这个记载说秦始皇每天埋头公文之中，白天审理案件办公，晚上处理文书，给自己规定任务，每天一石，也就是一百二十斤。

所以，再考虑到他动辄半年一年的出巡，在相当艰险的交通条件下出行就够辛苦的了，还要每天边出巡边处理 30 万字的公文，所谓"皇帝之功，勤劳本事"，绝非虚言啊！

五、千古一帝，自负而雄才大略

秦始皇很自负，为他求取仙药而不得的侯生、卢生就说他："起诸侯，并天下，意得欲从，以为自古莫及己。"剪灭诸侯，统一天下，想怎么干就能干成什么，秦始皇就是有一股舍我其谁的气势。

　　秦始皇开创了中国历史的一个新时代。在建章立制方面，全面实行以郡县制取代分封制，建立了前所未有的中央集权的君主专制制度，实现了中国政治上的真正统一，他的书同文、车同轨、行同伦、度同制等举措不仅影响了中国几千年的政治和历史，而且已经成为我们文化基因的重要组成部分。李斯给秦始皇进谏时曾经说："今陛下创大业，建万世之功，固非愚儒所知。"秦始皇的高瞻远瞩和雄才大略确实不是当时一般人可以理解的。

　　最能体现秦始皇自负的就是他对自己的称谓。统一六国之后，大臣们认为他的功业已经超越了五帝，可以跟三皇中地位最高的"泰皇"相提并论了，为此他们建议采用"泰皇"的称号。"泰皇"的称号意味着已经和古代最圣明的君主相比肩。但是他并不满意这一称号，他最后给自己确立的称号是"皇帝"。为了杜绝后人的品评，他还废除谥法，把后人对自己的最后一点约束也全部废掉，自称"始皇帝"，后世以计数。"朕为始皇帝，后世以计数，二世三世至于万世，传之无穷。"（《资治通鉴》卷七）

　　秦始皇的功绩确实不容忽视，然而司马光对他却有点不以为然，"始皇方毒天下"就是这位大历史学家对秦始皇的评价。司马光为什么要这么评价秦始皇呢？

第五讲

任法妄为：秦始皇致败之因

　　秦朝没有直接亡在秦始皇手里，然而秦始皇的的确确难辞其咎，甚至可以说秦朝的灭亡就是秦始皇的所作所为所致。正因如此，司马光对他很不以为然，他说"始皇方毒天下"，"毒"就是荼毒。这就是大历史学家对秦始皇的评价。司马光为什么要这么评价秦始皇呢？秦始皇究竟是怎么荼毒天下的呢？

　　率先打出反抗暴秦义旗的陈胜当年决定起义的时候说："**天下苦秦久矣**。"他所说的"**天下**"主要指的是老百姓。老百姓究竟受了哪些苦？大多数史书往往是粗线条的记载，很少有关于老百姓受苦受难的细节记载，更不用说记载他们内心所受的伤害了。然而随着地下考古文物的出现，今天的我们得以拨开历史的层层迷雾，触及两千两百多年前普通老百姓的心灵脉动。

秦云梦睡虎地黑夫木牍家书背面（湖南省博物馆藏）

一、一封家书，第三只眼睛看始皇

　　我们就从一封两千两百多年前的战地家书说起。

　　睡虎地木牍家书是目前我国发现的最早的私人书信，是中国现存最早最完整的实物木牍家书。这封家书是 1975 年冬天我国考古工作者在湖北云梦睡虎地所发现的大批秦简中的一件。这封家书书写在一片木简上，正反两面都有字，反面受墨迹洇染，部分文字不可辨识，可辨识者一共 247 字。这封家书是一位秦军士兵从征服楚国的前线写给家人的，写信的人名字叫黑夫，从军的地方在淮阳一带，信是写给在秦南郡安陆（今湖北省云梦县）的兄长"衷（中）"的；同时发现的另一封家书是"驚（惊）"和他的兄弟"黑夫"一起写给"衷（中）"的，可惜损毁严重。秦楚双方动用上百万军队进行秦灭六国以来最大规模的大对决是这封家书的大背景，具体而言，根据家书的内容，学者们研究确定，黑夫信中记载的是昌平君反秦于淮南之后，王翦于翌年率军平叛的战事。写信的时间，当为秦王政二十四年（公元前 223 年），距今两千两百多年了。

考古人员研究指出，这两件木牍："其内容是当时从军在淮阳参加对楚作战的黑夫与惊，写信回家给母亲与兄长衷，要钱和衣物的，黑夫与惊应是秦人。"（《1978 年云梦秦汉墓发掘报告》）

这是一份情真意切的家书。与今天我们的书信格式不同，这封信一开始就点明写信时间："二月辛巳，黑夫、惊敢再拜问（中），母毋恙也？"（《云梦睡虎地秦墓》，文物出版社 1981 年版）黑夫在信中首先向他们的母亲问安，告诉家人自己和惊兄弟俩平安健康，一切都好。前几日，黑夫与惊短暂分别，如今又会面了。黑夫在托人捎给家人的书信中写道：请母亲给黑夫寄些钱来，并将夏天的衣服一起捎来。请母亲收到现在这封信时，看一下家乡安陆的丝布价格是否便宜，便宜的话，请母亲一定要买些衣料，然后做成天气暖和时穿的"禅裙襦"衣服再寄给自己和惊，并寄些钱来。去信还考虑家境状况，特意强调，如果安陆的丝布价格较贵的话，就请母亲只将钱寄来，黑夫和惊在驻地自行购买衣物。黑夫和惊所在的部伍现在行军至淮阳，正在竭力攻打反城——再次叛乱的城，但久攻不下，战况激烈，同时自己和惊也身处险境，不知是否会有伤亡。恳请母亲给黑夫与惊寄来的钱一定不要太少。信中还说，母亲收到这封书信后，请及时给黑夫与惊回信。信中还问候了许多亲戚朋友，谈到了许多家常琐事。惊的个性似乎比黑夫更细腻，从他给（中）的那封残缺的信中我们可以看到，他对妻子的殷殷嘱托，一定要好好赡养家中的老人；他对小女儿健康成长的牵肠挂肚，一再嘱咐哥哥好好管教，千万不要让孩子一个人去太远的地方捡柴火。他对亲人的那份思念和浓浓的亲情穿越两千两百多年的历史时空，扑面而来，让人不胜唏嘘。

根据学者的研究，这封珍贵的家书信息量极大，单是信中提到的人物就有十八个之多，这其中包括黑夫、惊和他们的兄长（中），惊的妻子新负和小女儿媭，等等。饱受战乱颠沛流离之苦的大诗人杜甫说"烽火连三月，家书抵万金"。这封家书从位于河南省东南部的淮阳，寄到位于鄂中腹地隶属于湖北省的安陆市，两地直线距离三百多公里，在狼烟四起、动荡不安的战国时代，通信弥足珍贵。谁能想到，素以"虎狼之秦"闻名列国的秦军士兵的家书中倾诉的，既有迫在眉睫的战事急需，又有琐琐碎碎的家长里短，更有絮絮叨叨的儿女情长！

这是秦朝底层士卒的悲情告白。秦国的胜利只给始皇帝一个人带来了征服者的快感，对底层士兵而言，只有巨大的牺牲。不禁让人想起元曲作家张养浩的《山坡羊·潼关怀古》："峰峦如聚，波涛如怒，山河表里潼关路。望西都，意踟蹰。伤心秦汉经行处，宫阙万间都做了土。兴，百姓苦；亡，百姓苦。"人间至苦是心苦啊！这是秦朝底层士卒的亲情倾诉。这封家书中流露的亲情，既有黑夫、惊与母亲的母子情深，也有惊和女儿媭的舐犊眷恋，还有家族邻里的关切之情。人间真情催人泪下！

这是秦朝底层士卒的呐喊控诉。黑夫、惊与（中）兄弟三人袍泽情深。黑夫与惊军前效力，（中）在家中独立支撑着一大家子。然而最让（中）痛心的是，两个弟弟很快战死沙场，这封信成为两个弟弟留给他的最后的念想。兄弟从此阴阳相隔，这成了哥哥一生无法排解的心痛。《西厢记》中有词："碧云天，黄花地，西风紧，北雁南飞。晓来谁染霜林醉，总是离人泪。"睹物思人，再不忍离弃，这封家书从此伴随了（中）的一生。他死后，这封家书成为他的陪葬品，继续陪伴着他，直到被人们发现。

　　我们还是要回到最开始的问题，司马光为什么说秦始皇"方毒天下"？秦始皇究竟是如何荼毒天下的？哪些因素才是秦始皇的致败原因呢？

二、用法刻深，剃头挑子一头热

　　分析秦亡原因最著名的文章就是贾谊的《过秦论》，其核心观点"仁义不施而攻守之势异也"成为千古定论。秦从商鞅变法以来，到始皇的时候，"奋六世之余烈"，发展从秦孝公开始，历经秦惠文王、秦武王、秦昭襄王、秦孝文王、秦庄襄王以来遗留下来的功业，处心积虑攻伐不已，将西周、东周以来各诸侯国统统消灭，最终登上皇帝的宝座一统天下。问题是他统一以后继续用严酷的刑罚来奴役天下的百姓，试图靠严刑峻法震慑四海。这样做导致两个后果：在上高度集权专制，"天下事无小大皆决于上"，决策权归于一人；在下由于秦始皇怕大臣分权，"不信大臣"，执行权反而下移"倒持于掾史"，也就是说执行权归于基层具体办事小吏。高度的集权和严密的制度使秦帝国看似严密有序，但这就像一个热气球，秦始皇在下面提供持续不断的推动力，包括丞相以下的官员只负责承上启下，失去了匡正帝王得失的权力和能力，而基层官员就像热气球的蒙皮，每一块都撑得很开，看似公开透明牢不可破，实则只要其中一处破裂，整个热气球就可能一泻千里，这是秦始皇始料未及的。而秦朝帝国的崩溃正是由此开启。

　　秦始皇任法的两个后果最终导致了两种现象。

　　第一，"专任刑罚"。

　　法本来只是实行统治的一种工具，不是治国的根本。（"法者，治之具，非所以为治也。"《淮南子·泰族训》）秦始皇"事皆决于法"，一切唯法是从，把严刑峻法作为治国的根本。结果导致秦国的道路上挤满了穿囚衣的犯人，监狱里关满了人，如同集市一样。（"赭衣塞路，囹圄成市。"《汉书·刑法志》）秦国的法律不仅多如牛毛，而且极其严酷。仅死刑就有 20 多种。其中包括凿颠——用铁器凿人头顶的死刑，最早为商鞅所创；抽肋——把人的肋骨活剥出来；剖腹；磔——分尸；等等。秦始皇还动不动就夷三族、具五刑。据《汉书·刑法志》记载，凡夷三族先要施行黥刑——脸上刺字；接着劓刑——割掉鼻子；再砍掉左右脚趾，然后鞭笞致死，再然后才砍掉脑袋，把尸体剁碎扔在集市上。对于那些诽谤咒骂的，还要先割掉其舌头，这就是具五刑。这些刑罚，现在说说都让人毛骨悚然，更别说身临其境人的惶恐了。问题是严刑峻法一旦施行，绝对是六亲不认。甚至作法者自毙。商鞅死于自己定的法律。李斯被夷三族、具五刑，就连秦始皇的子女，六公子戮死于杜，公子十二人僇死咸阳市，十公主矺死于杜。所以有学者就指出，始皇之毒，毒及其后，悲耶！

第二，"专任狱吏"。

秦始皇时代的人侯生、卢生在评价秦始皇的时候就说他"专任狱吏"，过于相信执法机关那些人。对于秦始皇的败亡，汉代人也做了深刻的总结。汉宣帝时的大臣路温舒就指出："秦有十失，其一尚存，治狱之吏是也。"（《汉书·路温舒传》）如果说秦的灭亡可以总结为十种原因，其中治狱之吏的破坏性最为严重，延续时间也最久。为什么这么讲？

秦朝的法制的确严密。2002 年 6 月，在湘西土家族苗族自治州龙山县里耶古镇一口古井里发掘出来 38000 多枚竹木简牍，被称为里耶秦简。这些里耶秦简大部分是秦统一十五年间的官方档案。通过这些简牍我们发现，湮没许久的秦帝国法制之严密、制度之成熟超乎想象。问题是法制严密就一定能够治理好天下吗？

作为后来推翻秦国的主要领袖，项梁曾经在栎阳犯罪被逮捕。身为蕲地狱掾的曹咎给栎阳狱掾司马欣一纸书信，居然就替项梁开脱摆平了。项梁是楚大将军之子，应该是秦国最要严加防范的人，结果一个狱吏一封书信就能上下其手，大事化了。由此可知，其他请托公行、货贿相属而不见于史者，还不知道有多少呢。所以史学家、思想家王夫之就指出："法愈密，吏权愈重；死刑愈繁，贿赂愈章；涂饰以免罪罟，而天子之权，倒持于掾史。"（王夫之《读通鉴论》卷一）秦始皇绝对没想到，法令越细密，负责执行法令的基层官员的权力反而越大，死刑越花样繁多，害怕被责罚者的贿赂越层出不穷。基层官员得以有空间上下其手，肆意操作，结果天子的权力反倒归于小吏。正如刘邦所言："父老苦秦苛法久矣！"（《资治通鉴》卷十）所以后来刘邦入关中约法三章得到老百姓极大的拥护。

任法指的是唯严刑峻法是从。针对任法这种治国理念，王夫之指出："任法，则人主安而天下困；任道，则天下逸而人主劳。无一切之术以自恣睢，虽非求治之主，不能高居洸瀁于万民之上，固矣。"（王夫之《读通鉴论·二世》卷一）任法的后果必然导致君王为所欲为，以致于任"一切之术以自恣睢"。

三、暴虐成性，折腾万夫而七庙隳

秦始皇最为人诟病之处就是不体恤天下苍生。秦始皇想干的许多事都是好事，或者说是该干的事。问题是他太急于求成，在太短的时间内干了太多的事，老百姓不堪重负。所以汉代贾谊说秦始皇"以暴虐为天下始"（《过秦论》）。

钱穆先生曾经指出：秦之失败在于"役使民力之逾量"（《国史大纲》）。秦朝的老百姓究竟负担有多重？我们可以大致罗列一下。至少有五大类。

第一，军队。秦朝有多少军队？有历史记载的，南戍五岭五十万人，北伐匈奴三十万人，王翦伐楚时竭全国之力调集大军六十万人。学者研究，秦朝的军队大约在一百五十万人到一百七十万人之间。

第二，徭役。秦朝的大工程很多。其中修秦始皇陵，七十万人修了三十九年；为了加强对全国的控制，秦王朝修筑了四通八达的大道。修驰道——驰道相当于我们现在所说的高速公路。驰道以咸阳为中心，一条向东直通原齐国、燕国故地；一条向南，直达原吴国、楚国故地。驰道的标准非常高，宽三十丈，路面用铁椎夯筑，路旁每隔三丈植松树一株。此外还有一条向北的"直道"，从咸阳经过上郡直达九原（今内蒙古包头市西北），全长一千八百里。这条直道一半修筑在山岭上，一半修筑在草原上，沿途开山填壑，工程量之大可想而知。此外，在西南地区还修栈道，这条驰道因为地处险厄，只有五尺宽，称为"五尺道"。修长城，《史记·蒙恬列传》记载三十万军队后来参与修建长城，但这个记载可能有问题，不可能仅仅军人参加。汉代桓谭《新论》记载说是四十万人，《淮南子》记载是五十万人。所有这些修陵、筑路、修长城、搞后勤保障的杂役等全部加起来至少有三百万人在服劳役。也有学者估计远远不止这么些人。李开元教授测算，仅仅修秦始皇陵、阿房宫七十万人的后勤保障就需要三百五十万人做专职运输。南戍北征八十万军队的后勤保障至少需要四百万转运劳工。徭役和军队两项加起来就超过了九百万人！

第三，罪犯。秦朝罪犯仅见于史籍的据统计不下一百多万人。

第四，强制迁徙。为了加强统治，秦始皇还搞了四次大规模的人口迁徙。仅明确记载的就有至少二十六万户，一百三十多万人，其中大部分是为了充实边境。也有十二万富户迁徙到咸阳。就按保守的估计迁徙人口占总人口的百分之十以上，这又是涉及两百万人的生计啊。对一个家庭而言，迁徙毕竟大伤元气。

秦朝究竟有多少人口？范文澜等老一辈史学家普遍认为，当时的人口估算约两千万人左右。著名学者葛剑雄教授认为秦统一时人口估计至少有三千万人。李开元教授等许多学者认为秦王朝至少有四千万人，否则不足以支撑如此庞大的公共工程项目的开展。

河北井陉秦皇古驿道

至少一千万以上的主要劳动力在服役，大家可以想象一下那是一幅什么样的图景？汉代人说秦人凡是成年男子都披甲从军，成年女子负责后勤运输粮草，任务艰巨，不堪重负，死者到处都是。所以那个时候流传着许多民谣，其中针对修长城说："生男慎勿举，生女哺用脯。不见长城下，尸骸相支柱。"（清·杜文澜编《古谣谚》卷四十）一副人间惨象啊。

第五，暴敛。秦始皇发动全国人民服徭役。国家靠什么支撑呢？当然靠赋税。董仲舒说秦王朝向老百姓征收二十倍于古的田租赋税，也就是征收土地收入的百分之二十为税收；力役则三十倍于古，年轻人十五岁就要为国家服杂役。田租，户赋，更赋，口赋——也就是人头税，这些林林总总的赋税加起来号称"泰半之赋"。什么叫"泰半之赋"？古代的经学大师颜师古说就是三分取其二，也就是收入的三分之二要纳税上缴！

四、淫侈极欲，宫阙万间都做了土

什么叫淫侈？就是过分的铺张浪费，穷奢极欲。现代著名史学家吕思勉先生就讲："秦人致败之由，在严酷，尤在其淫侈。用法刻深，拓土不量民力，皆可诿为施政之误，淫侈则不可恕。"（吕思勉《秦汉史》）吕思勉先生的意思是说，秦致败的根本原因就在于统治者过于穷奢极欲。吕思勉先生认为，用严刑峻法也罢，不恤民力南征北战开疆拓土也罢，这些都可以归罪于施政的过失，可以理解或宽容看待，唯独穷奢极欲绝对不可宽恕。

那么，秦始皇的穷奢极欲表现在哪些方面呢？

其一，大肆营建宫室。

秦国本来就有大肆营建宫室的传统。据《三辅黄图》记载，仅秦国故都雍城就有封宫、平阳封宫、大郑宫、梁山宫、橐宫、高寝、蕲年宫、橐泉宫、蕲阳宫、棫阳宫、步高宫、望夷宫等极为奢华的宫殿群。秦穆公时期的重臣由余从少数民族部落西戎第一次到秦国时，看到秦国宫室的巍峨盛况大发感慨说："这样浩大的工程，让鬼神来营建也够劳神费心的！让人营建，那可就苦了老百姓了！"到了秦始皇时期，他营建宫室更加变本加厉。

秦始皇有一个特殊的爱好，他每吞并一个诸侯国，都要命人把这个诸侯国的王宫仔细绘制图样，制作模型，然后在咸阳北面的高塬上，复制重建一处被征服国的王宫，并且把所俘获的诸侯美人和诸侯国宫廷所用的钟鼓等享乐用具一应俱全填满这些宫室。这些宫殿建筑群南临渭水，从雍门以东一直到泾水、渭水之间，绵延数百里，秦始皇后来还下令，把咸阳旁边二百七十座宫观通过宫室、复道、周阁相连接。有学者统计过，秦始皇营建的宫室"关中计宫三百，关外四百余"，一共超过了七百处。

就这样还不满足，统一六国之后，秦始皇觉得秦国宫室过于狭小，又在渭水南岸修建信宫，后来又把这座宫殿改名为极庙，从极庙修路一直通到骊山，在那里营建甘泉前殿，然后再修建甬道一直通到咸阳。秦始皇三十五年，秦始皇开始实施一项空前绝后的超级工程。中国神话中说天帝出行，如星辰运行，由北极紫宫出发，渡过天河，抵达营室。秦始皇把渭水当作天河，把咸阳宫当作营室，然后准备在渭水南修建阿房宫，以此为紫宫。然后在渭水上架起双层复道，象征

秦始皇陵铜车马

天桥。在咸阳方圆两百里的宫室范围之间，秦始皇都通过架在空中的复道阁道自由驰骋，车架所到之处，如惊雷乍响，迅疾而来，倏忽而去，人莫知其所踪，从而实现自己天上人间的梦想。这其中，阿房宫是画龙点睛的大手笔。仅一个前殿，东西长就七百五十米，南北宽近一百二十米，面积超过八万平方米。这是一个什么概念？国际足联规定的标准足球场场地面积为七千一百四十平方米。相当于十一个标准足球场的面积！对于阿房宫的雄伟壮观，诗人杜牧的《阿房宫赋》极尽渲染铺排。然而，考古发现，这个空前绝后的超级工程仅仅刚刚把基础打下就因为秦朝的短命无疾而终了。

其二，营建始皇陵寝。

七十万人三十九年的营建究竟能做出什么样的工程？最直观的便是一个周长五里，高达一百二十多米的大土堆。秦始皇的陵寝中究竟埋了些什么？"两司马"都说，秦始皇的陵寝中堆满了从府库中搬来的奇珍异宝。陵墓中用水银模仿大自然中的百川、江河、大海，使整个陵墓内俨然一个上具天文、下具地理的小世界。下葬时，后宫凡无子者，皆令陪葬。下葬即将结束时，为防止陵寝的机密泄露，把参与

的工匠全部活埋在陵墓中。

汉代名臣晁错说秦始皇"宫室过度，奢欲亡极"（《汉书·晁错传》）。仅营建宫室和陵寝这两件事来说，说秦始皇穷奢极欲一点也不冤枉他。

五、自锢天人，始皇的心思不要猜

自锢就是自我封闭，自我隔绝。秦始皇晚年，疑神疑鬼，怀疑一切，只相信自己。结果自我禁锢，与世隔绝，变成了真正的孤家寡人。晚年的秦始皇很可能既不了解民间老百姓的水深火热，也不掌握朝中大臣的思想动态，更"不信大臣"，这就等于是本来就很自奋、自负的秦始皇变得极端自我，他完全沉浸在自锢的状态之中，完全凭借一己之好恶行事，生怕别人了解自己、左右自己。

那么是什么原因导致秦始皇后来越来越自锢的呢？我以为有三个原因。

原因之一，法家的理论使然。韩非认为："人主之患在于信人，信人则制于人。"（《韩非子·备内》）做君王的最大的软肋就是信任人，信任人就会受制于人。秦始皇非常认同韩非的理论，统一天下之后，他的防范猜忌心理越来越重，谁也不再轻易相信。有一次，秦始皇巡幸梁山宫（在今天的陕西扶风乾县境内），他从山上看到丞相李斯出行的车马随从众多，非常排场，很恼火。秦始皇身边的侍从有人就偷偷告诉了李斯，李斯此后马上减少了随从人马。秦始皇大怒说："这一定是侍从人员泄露了我的话给李斯！"身为皇帝，秦始皇绝不能容忍有人泄露自己的好恶，下令彻查，没有找到泄密者，于是把当时在场的所有侍从都杀了。从此以后，再也没有人能够掌握他的行迹了。

原因之二，现实的威胁使然。秦始皇一生四次遇刺，分别是荆轲

刺秦、高渐离刺秦、张良与
沧海力士博浪沙刺秦、咸阳
兰池微服私访遇刺。其中
第四次遇刺发生在秦始皇
三十一年。此后，秦始皇的
行踪诡秘，再没有遇到行刺
之事。但一朝被蛇咬，十年
怕井绳，秦始皇此后的防范
更严密了，相应的，能够接
近他的人就更少了。

　　原因之三，求仙的欲
望使然。秦始皇渴望长生
不老，一帮方士应运而生。
这些人求不到仙人，就对

秦始皇陵出土的夔纹大瓦当

秦始皇胡编了一套谎言，说希望皇上所居住的宫室不要让人知道，要
隐秘，只有这样才能得到不死仙药。秦始皇还真就信以为真，他连
"朕"也不称了，自称"真人"。下令有敢透露其每天行踪的一律死
罪。所以，秦始皇晚年成了真正的孤家寡人。他最后一次出巡的时
候，重要的随从人员只有胡亥、丞相李斯、赵高及宠幸的宦官区区
五六个人，其余能接近秦始皇的人少之又少，而这就给赵高搞阴谋矫
诏乱秦提供了条件。

　　那么，秦始皇究竟是怎么死的呢？盖棺论定，我们又该怎么评价
他的功过呢？

第六讲

祖龙沙崩：左右不了身后事

人生自古谁无死？死亡是每一个人都要面临的问题。对皇帝而言，死亡不仅仅是其个人的事，死亡即危机，皇帝的死亡或者说其对死亡的预判与对善后事宜的未雨绸缪直接决定了身后政局能否确保安稳。所以，英明的皇帝要直面死亡，早做预案，确保身后政局平稳过渡。否则很容易导致政局失控。秦始皇的死亡及其后一系列事情的发展就是这样的反面镜鉴。

凡事有因必有果，法家的集大成者韩非子曾经指出国家灭亡的种种预兆，韩非子认为："木之折也必通蠹，墙之坏也必通隙。然木虽蠹，无疾风不折；墙虽隙，无大雨不坏。万乘之主，有能服术行法以为亡征之君风雨者，其兼天下不难矣。"（《韩非子·亡征》）那么，秦始皇之死有什么样的预兆预警呢？

一、流言预警，天怨人怒流言起

秦始皇晚年的危亡预警从各个不同的角度爆发。

首先是流言预警。

秦始皇任法、暴虐、淫侈、自锢，导致天怨人怒，流言四起。有三个流言让秦始皇心惊肉跳。

第一个流言："亡秦者胡也。"秦始皇三十二年，方士卢生入海求仙，回来后汇报说根据一本叫《录图书》的文献记载——就是类似于后世谶纬预言的书，这本书上说："亡秦者胡也。"如果导致秦国灭亡的是"胡"，那么秦始皇就要及早防范。问题是"胡"是什么？秦始皇认为是胡人，也就是北部边疆的匈奴。为此他命将军蒙恬发兵三十万人，北伐匈奴。以谶纬迷信的名义北伐匈奴，这事靠谱吗？著名的《史记》研究者泷川资言就认为这只是秦始皇假借图谶北伐匈奴的借口而已。钱锺书先生认为这事是后世好事者无聊附会的说法而已。

问题是流言不止这一个。

第二个流言:"始皇死而地分。"秦始皇三十六年,这一年天象异常。火星运行到了心宿的位置。古人认为这种天象预示着天下将有大变乱发生(我国古代天文学家把天空中可见的星分成二十八组,东南西北四方各七宿,叫二十八宿。心宿属东方苍龙七宿之一)。结果有一块陨石落在了东郡(这个郡的治所在今天的河南濮阳西南),有人就在陨石上刻了"始皇死而地分"六个字。秦始皇命御史严加拷问,也没有找到刻石之人。秦始皇下令把在陨石旁居住的人都杀了,把石头也销毁了。类似的谣言不止这一个。前一年秦始皇决定修建阿房宫。也是在这一年,就有"阿房阿房亡始皇"的童谣流传。

紧接着,最让秦始皇寝食难安的第三个流言出现了——"明年祖龙死"。还是秦始皇三十六年,这一年的秋天,有使者晚上从关东经过华阴平舒道向咸阳去,路上有人手持一块玉璧拦住使者说:"替我把这块玉璧送给镐池君。"并且说:"明年祖龙死。"使者问他为什么这么说,这个人却忽然不见了,只留下了放在地上的玉璧。镐池君指镐池的水神。使者把这件事汇报给秦始皇,秦始皇沉默了很长时间,说:"山鬼最多能预知一年之内的事。"回到后宫,他还说:"祖龙是人的先祖。"秦始皇隐隐约约觉得是在预言自己的死亡,于是命皇家仓库的主管者去看那块玉璧,主管官员回报说玉璧就是秦始皇二十八年出巡渡江前祭祀时沉到江中的那块玉璧。秦始皇更加不自在。他命人占卜,得到的卦辞是"得游徙吉",意思是自己出游或者让老百姓迁徙。于是秦始皇首先下令迁徙三万户内地的百姓到黄河以北的榆中和如今的内蒙古等地。为了安抚迁徙的百姓,凡是成年男子都赐爵一级。而秦始皇自己,为了避凶,决定再次出巡,由此开启了秦始皇人生的最后一次出巡之旅。他最终死在了这次出巡路上。

这第三个流言司马迁写得活灵活现,神神道道。班固在《汉书》

中也有类似的记载，但司马光对此一字未写。在《资治通鉴》中只是记载说秦始皇三十六年（公元前 211 年）有陨石坠落在东郡，有人于石上刻字说："始皇死而地分。"始皇于是派御史逐个查问当地的人，但是没人承认此事是自己干的。始皇便下令将居住在陨石附近的人全部捉拿处死，然后命人焚化了那块石头。

二、治安预警，舍得一身剐敢把皇帝拉下马

秦始皇一生四次遇刺。其中三次发生在统一全国之后。统一之后的第一次遇刺是荆轲刺秦的延续。第二次是荆轲的好友高渐离利用秦王喜欢自己击筑的机会，在所击之筑中灌满铅，然后寻机掷向秦始皇。这一次也就吓了秦始皇一跳，无足轻重。公元前 218 年，在秦始皇第三次出巡途中，秦始皇车队驰行至河南阳武博浪沙时，韩国贵族张良为了替被秦始皇灭亡的母国复仇，在秦始皇的必经之路博浪沙发动袭击。张良散尽家财，找到大力士沧海，并为这位大力士打造了重达一百二十斤的大铁椎，一百二十斤的大铁椎一击就把车驾砸得粉碎，可惜砸中的是秦始皇的备用车。这一击确实是失之毫厘，秦始皇所受的惊吓也确实不轻。后人有诗歌形象地揭示了这一击的历史影响："一击车中胆气豪，祖龙社稷已惊摇。如何十二金人外，犹有民间铁未销。"（元·陈孚《博浪沙》）秦统一之后，严禁民间私藏金属器械，收缴天下兵器铸为十二金人。想不到还有人能够造出这么有攻击性的武器。这一击打得秦始皇都有点怀疑人生了。这一年是秦始皇二十九年。

荆轲刺秦、高渐离刺秦和张良刺秦都是关外原六国之民所为。这还可以理解。但两年以后又发生了一次行刺事件，而且这一次还是在秦始皇的大本营咸阳。在秦始皇三十一年，有一次秦始皇微服出巡，

结果在兰池宫之外遇到了强盗袭击。这一次同样十分惊险。因为秦始皇只带了四名护卫。所幸护卫击杀了强盗，化险为夷。秦始皇下令关中戒严二十天，大肆捕盗。兰池宫位于今天陕西咸阳东北的杨家湾附近。兰池是当时皇家的游乐场所。这次袭击纯粹是一次偶遇事件，并不是直接针对秦始皇。问题是在这个皇家的肘腋之地治安竟然如此之差，这不能不让秦始皇恼羞成怒。

三、身体预警，浑身是铁能打几根钉

秦始皇二十六年统一六国之后，没有了对手，一下子从十几年的殚精竭虑中放松下来，他的身体开始出状况了。

秦始皇的身体素质怎么样？《史记·秦始皇本纪》中记载了尉缭对始皇的详细描写，尉缭说："秦王为人，蜂准、长目，挚鸟膺，豺声，少恩而虎狼心。"北宋编撰的大型类书《太平御览·人事部二九》引《史记》作："秦王为人，隆准、长目、鸟喙，鹰呼豺声，少恩而虎狼心。"与今本《史记》不同。

所谓"蜂准"，郭沫若解释为马鞍鼻，即鼻形像蜂，两头翘，中间细，类似于马鞍的形状。《史记笺证》说"蜂准"是"鼻子长得像

秦始皇像（明万历《三才图会》）

蜂腰，中段塌下"。钱锺书认为，"蜂准"比喻鼻子尖削，是锐准而非隆准。还有一种完全不一样的意见，《史记集解》："徐广曰：蜂，一作'隆'。'隆准'，按照古代骨相学的说法，即为高鼻梁。"现代有学者研究认为，最早记载秦始皇相貌的《史记》原文当以"隆准"为是，秦始皇应该长着高鼻梁大鼻子。

所谓"长目"，"长"在古籍中可以训为"大"，"长目"即为大眼睛；也有另一种意见认为"长目"应作"蜂目"，意为眼睛像胡蜂那样鼓着，在《世说新语》中这是形容残忍之人容貌的一种说法。

所谓"挚鸟膺"，郭沫若先生认为即指现代医学上所说的鸡胸，是软骨症的一种特征。关于这三个字的文献记录分歧很大。按照《太平御览》的记载，"挚鸟膺"，《史记》本作"鸟喙"，这是形容人相貌的一种特定称谓，越王勾践就被形容为"长颈鸟喙"。所以，秦始皇的嘴巴应该是比较突出的。

所谓"豺声"，郭沫若认为："豺声"表明是呼吸系统的一种疾病，是支气管炎。因为郭沫若先生学医出身，所以他的这个说法得到许多人的认同。可是，也有学者根据《太平御览》引《史记》文，证以相关典籍，发现今本《史记》此句有讹误，原文当是"隆准、蜂目、鸟喙、豺声"。说明秦始皇的形象很可能是大鼻子、长眼、大嘴巴，腰大体长，威仪能令刘邦羡慕。不过，无论如何，"豺声"都不太像一个正常人的声音。医学专家甚至指出：人发出这样的声音，其实是一种哮喘的症状，一般气管炎还不至于发出豺声。这表明秦始皇先天或发育过程中落下过生理疾病。

郭沫若从现代医学的角度，甚至推断始皇晚年患了"结核性脑膜炎"。有一位专门从事心身医学研究的学者甚至得出秦始皇"死亡的前几年，身患糖尿病、前列腺炎，最后主要死因为肝脏疾病（因为他长期服用所谓长生不老的"丹"丸，很多丹丸成分不明，有很强的毒性）"（施琪嘉：《中国始皇帝——嬴政的心理动力学分析》,《德国医学》2000 年第 2 期）。秦始皇晚年不仅身体状况不佳,心理健康状况也很不好。专门从事心身医学研究的学者施琪嘉博士就"怀疑当时嬴政的脑部已经受到影响,容易出现幻觉、多疑、狂躁、固执的表现"。郭沫若先生的结论是,秦始皇"这样身体不健康,又受人轻视,精神发育自难正常……很容易地发展向残忍的一路。……少恩而虎狼心,就是这种精神发育的表征"。这么说应该是空穴来风,未必无因。秦始皇东巡,过湘江时遇大风,这本是正常的自然现象,但秦始皇却大发雷霆,他下令发三千刑徒,伐尽湘山树,赭其山,向湘江的江神湘君示威。不仅要虐遍人间众生,连神仙也要惩罚,这就有点堂吉诃德的味道了。现代养生医学指出："'怒',是情志导致疾病发生的'罪魁祸首',是七情中对人体健康危害最大的一种情志。虽然中医常讲'怒伤肝',但事实上,怒不仅会损伤肝脏,同时还会伤心、伤胃、伤脑等,可导致多种疾病的发生。"（范晓清主编《实用中医养生手册》）总而言之,秦始皇晚年的身体健康状况不是太好,生理疾病的预警频发恐怕是一个不争的事实。

四、举棋不定，亡征已显奈若何

　　面对重重危机与预警,秦始皇本应该及早未雨绸缪,尽快明确选定接班人,这是保证政局稳定的不二选择。然而,秦始皇却没有这么做,为什么?

　　可能有两个原因。

　　原因之一是秦始皇的权力欲过强,祈求长生不老,希望永享尊荣。在秦始皇执政的后期,充斥着狂热的求仙和求"不死之药"的动机。齐人徐市（福）等上书秦始皇,说海上有三座神山,分别是"蓬莱"、

"方丈"和"瀛洲"，仙人就住在山上。于是秦始皇派遣徐市带领几千名童男童女，入海寻找仙人。这些人找不到仙人，便编瞎话骗秦始皇，到后来不敢回来复命，便逃亡海外。后来侯生、卢生、韩终、石生等人也声称可以找到仙人或仙药，秦始皇同样深信不疑，一次次上当受骗。

秦始皇为什么如此执着追求长生不老？既有时代认识的局限性，也有无法解释的实证奇观使然。秦汉时期神话传说盛行。民间一直流传着海上神山的神奇传说。不但秦始皇动心，之前的齐威王、齐宣王、燕昭王都派人入海求过三神山。在统一全国后的第二年，秦始皇修建信宫，后来更名为极庙，象征天极，而神话传说中的上帝就居住在中宫天极星。秦始皇对此深信不疑。此外，古人认为，虚无缥缈、可望不可即的海市蜃楼就是海上神山。这在《史记·封禅书》中有明确的记载。当时的科学水平和文化视野有客观的局限性，时人认为神山、神人可遇不可求。秦始皇在东巡到山东芝罘时，确实目睹过海市蜃楼奇观，自然对神仙一事更加深信不疑。

秦始皇之所以如此执着地追求长生不老，还有一个重要原因，那就是政治家的执念诉求。历代雄才伟略的英主都希望能长久享受帝王特权。"向天再借五百年"反映的是汉武帝、唐太宗和清世宗这些杰出君主的共同心声。

原因之二是秦始皇对储君人选不满意，举棋不定。秦始皇究竟有多少子女？有几个儿子？

关于这个问题，学术界有不同的说法。司马贞在《史记·高祖本纪·索隐》中说："赵高为二世杀十七兄而立今王，则二世是第十八子也。"这个记载表明秦始皇至少有十八个儿子。司马迁记载，秦二世胡亥登基之后疯狂清洗宗室贵胄，"六公子戮死于杜"。公子将闾昆弟三人"皆流涕拔剑自杀"（《史记·秦始皇本纪》）。此外，"公子十二人

僇死咸阳市，十公主矺死于杜"（《史记·李斯列传》）。还有一位名
为高的公子，因为害怕全家被杀，主动要求陪葬秦始皇。《史记》记
载的"六公子戮死于杜"，"公子十二人僇死咸阳市"，很可能有重复
的情形。如果只是按照《史记·李斯列传》的说法，那么，包括公子
扶苏和胡亥，则秦始皇的子女至少有二十五人。如果再加上"公子将
闾昆弟三人"和公子高，则一共有二十九人。如果"六公子戮死于杜"
和"公子十二人僇死咸阳市"并不重复，那么，秦始皇的子女竟然多
至三十五人。

　　这其实只是根据见诸史料胡亥杀害其兄弟姐妹的相关统计，实际
被杀死的公子王孙可能还要多。学者张文立先生综合各种史料研究后
认为，"始皇帝有子三十位，女十五位，子女共约四十五位"。

　　这个数字符合事实吗？应该符合。秦始皇是一代英主。古代杰出
的帝王往往生殖能力很强。唐高祖有四十一个子女，唐太宗有三十五
个子女，唐玄宗有六十一个子女；宋徽宗有六十五个子女；清圣祖康
熙皇帝有五十五个子女。所以，秦始皇有三四十个子女是完全有可
能的。

　　近年来秦陵地下考古文物的发现，提供了这方面的新佐证。二十
世纪七十年代中期在秦陵东侧上焦村附近发现了一组陪葬墓群，共
十七座，考古工作者发掘了其中八座，八座墓中各有一棺一椁，其中
七座墓中各有人骨一具，五男二女。一座墓中，棺内只有一把青铜剑，
未有人骨。这些棺中的尸骨摆放都非常零乱，有的躯体与四肢相分离，
有的头骨与躯干相分离，有的头骨上有箭头，表明这些墓主系非正常
死亡。另一个奇怪的现象是，墓中的随葬品非常丰富，计有金、银、
铜、铁、陶、玉、蚌、贝、骨、漆器及丝绸残片二百余件，这种规格
说明墓主人是有一定身份的。种种迹象表明这些被残害的人很可能就
是秦始皇的子女。在发掘中还发现了两枚私印，一枚"荣禄"，出土于

男性墓中；一枚印文为"阳滋"，出土于女性墓中。"荣禄"很可能是秦始皇儿子的名字，"阳滋"很可能是秦始皇女儿的名字。随着考古的深入，秦始皇究竟有多少子女及其下落之谜有望真相大白。

五、扶苏仁懦，教我如何来选他

秦始皇子女众多，那么他最属意的是谁呢？

扶苏是秦始皇的长子。客观地看，扶苏还是具备储君的基本素质的。赵高说扶苏"刚毅而武勇，信人而奋士"（《史记·李斯列传》）。意思是个性直率、让人信赖，善于激励人心。正因为扶苏是一位性情中人，其性格和政见与秦始皇有很大的不同。所以多次直接对父亲秦始皇的一些行政决策提出不同意见。这一点朝野皆知，连社会底层的陈胜都说他"数直谏上"。屡次直言相谏，扶苏总是这么做，秦始皇对他应该有点失望。因为这孩子不像自己。终于，父子两人因为一件政事翻脸了。

秦始皇三十五年，侯生、卢生等人聚在一起说秦始皇的坏话，然后还逃跑了。秦始皇为了惩治"诸生"妖言惑众，下令把四百六十多名方士活埋在咸阳。这就是后世影响深远、争论不休的"坑儒"事件。对秦始皇"皆坑之"的处理方式，公子扶苏不认同，他劝谏说："诸生都是读孔子书的儒者。如今皇上一概用重罚惩治，我担心天下人惊恐不安。"秦始皇勃然大怒，让他去上郡蒙恬军中做监军。

秦始皇派扶苏去监管三十万大军。这意味着什么？有人说这说明公子扶苏失宠了。因为扶苏从此远离权力中枢，而且历史记载中也没有任何他在北方前线建立功勋的记载。按照《资治通鉴》的记载，扶苏被派去蒙恬军中做监军发生在秦始皇三十五年，距秦始皇之死也就两年的时间。但司马迁还有不同的记载。在《史记·李斯列传》中记载胡亥赐公子扶苏自尽的诏书中又说"今扶苏与将军蒙恬将师数十万以屯边，十有余年矣"。秦始皇如果只是为了让公子扶苏加强历练，不大可能让他远离权力中枢十多年。可如果太子的人选没有考虑扶苏，又怎么放心让他做三十万重兵的监军呢？正如蒙恬所言："陛下居外，未立太子，使臣将三十万众守边，公子为监，此天下重任也。"（《史记·李斯列传》）看似矛盾的做法也许反映了秦始皇的矛盾心理：他不太满意扶苏的表现，可又举棋不定。那么，秦始皇在犹豫什么呢？

明朝杰出的政治家张居正一语道破天机："扶苏仁懦。"（《张文忠公全集·杂著》）秦始皇之所以一直不肯把嫡长子扶苏立为名正言顺的太子，最主要的原因不是因为扶苏的"仁厚"品行，而是因为其性格中的懦弱个性。仁厚的品行虽然与秦始皇的法家治国思想背道而驰，但这不是不立太子的最主要的原因，因为只要经过沙场历练，仁者同样可以无敌。但性格懦弱可是储君的大忌。秦始皇担心扶苏很难掌控大秦帝国的航向。事实上，秦始皇的担心很有道理，秦始皇死后的历史发展也证明，扶苏确实懦弱，抗压能力不够，手握三十万重兵，蒙恬又鼎力支持，却轻率地自杀而亡。活活坑死了蒙恬！所以宋代苏轼的儿子苏过就指出："昔秦之亡也，祸始于扶苏。"这个批评不无道理。宋代另一位诗人说得更直白："天下精兵掌握间，便宜长啸入秦关。奈何指剑区区死，不辨从来赵李奸。"（宋·孔武仲《吊扶苏》）重兵在手，居然坐以待毙，实在不多见，太怂包了。

扶苏死了，秦朝的统治也进入了倒计时。后世很多人对公子扶苏既满怀同情，又深感惋惜。唐代诗人陶翰的诗曰："扶苏秦帝子，举代称其贤。百万犹在握，可争天下权。束身就一剑，壮志皆弃捐。塞下有遗迹，千龄人共传。"（唐·陶翰《经杀子谷》）对公子扶苏之死充满了惋惜之情。清代思想家章太炎的观点很有代表性。他在《秦政论》中说："藉令秦始皇长世，易代以后，扶苏嗣之，虽四三皇、六五帝，曾不足比隆也，何有后世繁文饰礼之政乎！""假如秦始皇的寿命再长一些，那么秦王朝的政权在正常交接之后必然是公子扶苏即位，以公子扶苏仁厚的性格为政，其政绩一定可以比肩上古的三皇五帝，哪里还会有后世那些形式主义多多的庸君劣政啊！"历史毕竟不能假设，扶苏之死似乎也是必然注定的。

就这样，在重重危机与隐忧的伴随下，秦始皇踏上了他的第五次巡幸之路，也是他的人生末路。与许多人的想象不太一样，秦始皇的巡游之旅不能简单视为一次好大喜功的快乐之旅、平安之旅。事实上，秦始皇在途中面临着环境、气候、饮食之多变，大队人马出巡过程中所遇到的灰尘、花粉、冷空气，或所食的鱼、虾、蟹、蛋之类以及情绪波动等，均可引起哮喘之类疾病的发作，很容易导致病情的恶化，直至危及生命。历经长途跋山涉水，终于，走到平原津的时候，疾病彻底击垮了秦始皇。

可是，"**始皇恶言死，群臣莫敢言死事**"（《资治通鉴》卷七），秦始皇忌讳别人谈论他的身后事，群臣都闭口不敢提及。结果，等他终于想起给公子扶苏写信让他赶紧到咸阳办理自己后事的时候，一切似乎都晚了，他的身后事已经不是自己能左右的了。

秦始皇是韩非子的忠实信徒。《韩非子·亡征》中列举了很多可以引起国亡

秦始皇陵跪式兵马俑

的表征，其中特别强调："轻其适正，庶子称衡，太子未定而主即世者，可亡也。"意思是说，一国的君王，不明确嫡长子的名分，让别的儿子与嫡长子尊卑不分，到最后太子没有明确下来而人君又去世，那就是亡国的征兆。秦始皇的身后事不就是韩非学说的绝好印证吗？秦始皇当年在读到韩非的著作时曾经大发感慨："嗟乎！寡人得见此人与之游，死不恨矣！"不知这位千古一帝最后作出将帝位传给扶苏的决定时，有没有想起韩非子的话呢？历史事实是，他的临终遗诏尚未发出，就去世了。

那么，盖棺论定，秦始皇的功过得失又该怎么评价呢？

第七讲

千古一帝：百代都行秦政法

秦始皇是秦朝的缔造者，盖棺论定，该怎么评价他呢？

一、盖棺论定，千古一帝是非多

秦始皇自视甚高，"自以为德兼三皇，功过五帝"，而不愿与三皇五帝相提并论。但后人对其的评价却言人人殊。清人袁枚有一首广为流传的诗痛骂秦始皇，他在诗中说：

生则张良椎之荆轲刀，死则黄巢掘之项羽烧。
居然一抔尚在临潼郊，隆然黄土浮而高。
祖龙邯郸儿，奇货居大贾。鸢目而豺声，横绝万万古。
既灭周家八百年，更扫三皇五帝如灰土。
长城一带中华墙，金人闪烁青铜光。
虎视六合内，自非天崩地坼何所妨，只恐悠悠白日沉扶桑。
高登泰岱山，大呼海船来。童男童女三千人，寻花采药金银台。
赭山鞭石鼋鼍走，惟有蓬莱宫阙无人开。
归来不作神仙游，转身翻为白骨愁。
上象三山，下锢三泉，凿之空空如下天。
百夫运石千夫舂，鱼膏蠡炭楠梆封。
美人如花埋白日，黄泉再起阿房宫。
水银为海卷身泻，依然鲍鱼之臭吹腥风。

骊山之徒一火焚，犁耙榍杆来纷纷。

珠襦玉匣取已尽，至今空卧牛羊群。

乾隆壬申岁五月，诏遣牲牢祀百王。

大官骑马踏冢过，不掷天家一炷香。

（清·袁枚《始皇陵咏》）

袁枚的诗确实写得酣畅淋漓，揭示了秦始皇骄奢淫逸的生前死后巨大的反差，但这只是文学家的情绪宣泄，骂骂可以，却缺乏理性批判。

汉代贾谊咒骂秦始皇"以暴虐为天下始"（《新书·过秦论》），说他是暴君。唐太宗从统治效果的角度评价说"始皇暴虐，至子而亡"（《贞观政要》卷八）。也有人对秦始皇高度推崇，唐代大诗人李白歌颂秦始皇的统一事业："秦王扫六合，虎视何雄哉！"（《秦王扫六合》）明代最特立独行的思想家李贽盛赞他是"千古一帝"（《藏书卷二·目录》）。清末国学大师章太炎说秦始皇"虽四三皇、六五帝，曾不足比隆也"（《秦政记》）。但无论是高度评价秦始皇的功绩，肯定其对历史的作用，说他是一个伟大的历史人物，还是指斥秦始皇统治的残酷，说他是暴君，无论如何，谈论中国历史绕不开秦始皇。

评价历史人物首先要有历史意识，从历史影响来看，司马迁的评价最有代表性。司马迁说："秦取天下多暴，然世异变，成功大。"（《史记·六国年表》）很显然，史圣司马迁认为，尽管秦夺取天下使用了过多的暴力手段，但是时移世易，秦王朝的建立推动了历史的发展进步，所以说历史影响和历史功绩巨大。

但是司马光不同意司马迁的看法。司马光对秦始皇的统治很不以为然。对如此重要的一位历史人物，司马光在《资治通鉴》中没有用专门评价重要历史人物和重大历史事件的"臣光曰"予以评价。仅在评价蒙恬之死时捎带脚点评说"秦始皇方毒天下"，也就是认为秦始皇的统治是荼毒天下。对整个大秦帝国的覆灭，司马光也没有直接评价，仅是引用了贾谊《过秦论》中的观点，认为秦奋六世之余烈，历经一百多年七代君王前赴后继的努力，终于"以六合为家，殽、函为宫"，但是"一夫作难而七庙隳，身死人手，为天下笑者"，为什么会导致这样的结局呢？因为没有及时调整治国方略，一味以严刑峻法治天下，不明白创业立国用法家思想固然能够取得疾风暴雨般的效果，但守成治国却需要及时调整治国方略，要施行仁政，这就是所谓"仁义不施而攻守之势异也"。

很显然，司马光是从资治的角度评价秦始皇的。所以更着眼于秦始皇统治的实际效果来评价他。司马光的观点在一首自己写的诗中倒是表达得淋漓尽致：

> 楚旗猎猎盖山红，
> 回首咸阳一炬空。
> 惆怅秦人虚用意，
> 几年辛苦得山东。
>
> （《司马温公集编年笺注》卷十）

声势浩大，费尽心机，到头来都是白忙活，是一场空，说一千道一万，还有什么意义呢？司马光认为秦的统治不具有资治的正面借鉴作用。

司马光的这种观点很具有代表性，应该说这就是很多人对秦始皇历史地位评价不高的原因。但是，我们常说，历史问题要历史地看待。我们不能因为秦的统治时间过短就忽略或者漠视秦始皇的历史功绩。司马迁指出："学者牵于所闻，见秦在帝位日浅，不察其终始，因举而笑之，不敢道，此与以耳食无异。悲夫！"（《史记·六国年表》）学者们往往受固有思维的限制，只看到秦王朝的短命，不详加考察其功过得失，全都想当然地一味嘲笑谩骂，不能凭着学者的良知予以剖析，司马迁说，这样徒信传闻，就像用耳朵吃饭一样，不能分辨省察其是非。对于这些想当然的人云亦云，鲁迅先生就曾经一针见血地指出："秦始皇实在冤枉得很，他的吃亏是在二世而亡，一班帮闲们都替新主子去讲他的坏话了。"（《准风月谈·华德焚书异同论》）秦王朝的短命确实影响了后世对其历史影响的评价，但秦的影响不仅仅局限于当时，更在于对后世历代王朝乃至整个中国历史的深远影响。

二、典章立制，千古基业万世功

那么，基于这样的视角，实事求是地讲，该如何看待秦始皇的功过得失呢？

秦始皇在位三十七年，可以分为三个阶段。第一个阶段头九年，吕不韦身为仲父，替秦始皇打理朝政；第二个阶段从秦始皇二十二岁亲政算起，到他三十九岁，即秦始皇二十六年，用了十七年的时间统一了天下；第三个阶段从他统一天下之后算起，历时十一年，直到秦始皇五十岁死去。盖棺论定，秦始皇的功过以统一天下为标志，可以从"初并天下"和"天下已定"两个方面讲。

所谓"初并天下"，一般指的就是杜牧所说的"六王毕，四海一"，也就是我们常说的秦并六国。客观地讲，秦并六国并不算秦始皇最大的历史功绩。因为这只是自秦孝公以来秦七代君王（秦孝公、秦惠文王、秦武王、秦昭襄王、秦孝文王、秦庄襄王、秦始皇），以及包括商鞅、张仪、范雎、吕不韦等一大批杰出的政治家前赴后继持续努力的结果。有一个事实我们要清楚，公元前247年秦始皇即位时，秦的疆域已接近其他六国疆域的总和，其国力已经相当于甚至超过六国国力的总和。所以身为仲父，又在当时执政的相邦吕不韦已经跃跃欲试，"欲以并天下"，并且开始着手描绘统一之后的治国蓝图。秦始皇为政时期吞并六国，客观上是由于秦国长期以来积累的总体优势所致，属于水到渠成之举。当然，说是水到渠成，并不等于举手之劳，也不应抹杀秦始皇的努力。郭沫若对秦始皇在统一中国的事业中所起的作用说得比较客观公允："中国自春秋以来，由十二诸侯而成七国，无论在政治上与思想上所走的都是趋向统一的路线，而始皇承六世的余威，处居高临下的战略地位，益之以六国诸侯的腐败，故他收到了水到渠成的大功。"（《十批判书·吕不韦与秦王政的批判》）

秦始皇"初并天下"最大的功绩不在于统一六国，而在于把战国七雄中的其余六国相继消灭兼并以后的典章立制。换句话说，秦始皇不仅亲手打破了一个旧世界，更重要的是亲手缔造出了一个新王朝。他的开创性的典章立制，实在是影响深远。正如我们的开国领袖毛泽东所讲："百代都行秦政法。"（毛泽东《七律·读〈封建论〉呈郭老》："劝君少骂秦始皇，焚坑事业要商量。祖龙魂死秦犹在，孔学名高实秕糠。百代都行秦政法，十批不是好文章。熟读唐人封建论，莫从子厚返文王。"）

秦始皇的典章立制都做出了哪些成绩呢？主要有以下四个方面。

首先，确立了皇帝制度。

秦朝以前，夏商周三代的最高统治者都称王。秦始皇"自以为德兼三皇，功过五帝"（《资治通鉴》卷七），将自己的名号定为"皇帝"，从此这个名号一直沿用了两千一百多年。秦始皇建立的以皇帝为中心的中央专制集权主义官僚政治体制也一直使用了两千一百多年，直至清朝灭亡。秦始皇建立的皇帝制度拥有至高无上的权力，在秦始皇的设计理想中，"天下事无小大皆决于上"，都由皇帝说了算，而且即便皇帝死了都不许臣子妄议。以往包括汉以来君王死后，臣子们根据其生前的品行功过，拟定一个谥号。某种意义上，这也是对君王权力的一种制约。秦始皇为了杜绝臣子在自己百年之后的品评，便废除了谥法制度，改以数字为序，规定自己为始皇帝，子孙后代按照二世、三世一直传承，"**至于万世，传之无穷**"。这就是秦始皇这一名号的由来。秦始皇还规定，皇帝自称"朕"，皇帝的命令称为"制""诏"，皇帝的印信称为"玺"，这些称谓归皇帝专用，其他任何人使用都被视为僭越，要被处以极刑。

与皇帝制度相配套的，应该还有皇后制度、后宫制度、太子的选拔等一系列制度，但秦朝关于这方面的记载存世很少，我们知之甚少。很可能这些制度还不健全。我们所知道的，最起码，秦始皇没有明确太子的身份，而这就为赵高乱秦埋下了隐患。

其次，确立了中央官僚机构和文官制度。

后世影响深远的中央官制三公九卿制度已经基本确立。秦以丞相为最高行政长官；御史大夫为丞相的副贰，掌管文书档案并负责监察百官；太尉执掌军事。丞相、御史大夫和太尉合称为"三公"。丞相之下，分设执掌具体政务的诸多卿大夫，比如我们常说的奉常、郎中令、卫尉、太仆、廷尉、典客、宗正、治粟内史、少府等九卿，他们分别掌管司法、财政、戍卫、宫廷等具体政务。三公九卿制度的名称和职能后世还有许多演变。特别要注意的是，秦始皇废除了有悠久历史的世卿世禄制度，改行封建官僚制，朝廷中的大多数官吏都是靠功绩得到爵位和官职。

第三，确立了郡县制为地方行政体制。

废封建而确立郡县制，这是秦朝最影响深远的一项政治举措。这项制度的确立，还经历了两次惊心动魄的较量。第二次还成为影响深远的焚书浩劫的导火索。

　　公元前 221 年，即秦始皇二十六年，在研究确立地方行政体制的时候，丞相王绾建议分封诸侯王，他说："燕、齐、楚三国的故地距都城咸阳过于遥远，不在那里设置诸侯王，便不能镇抚。因此请分封诸位皇子为诸侯王。"始皇帝将王绾的建议交给大臣讨论。时任廷尉的李斯坚决反对再封诸侯王，他说："周文王、周武王分封子弟族人非常多，然而他们的后代彼此疏远，相互攻击如同仇敌，连周天子都无法加以制止。如今四海之内，仰仗陛下的英明神武而获得统一，全国都划分为郡和县，对各位皇子及有功之臣，用国家征收的赋税重重给予赏赐，这样即可以非常容易地进行控制，使天下人对秦朝廷不怀二心，才是安定国家的方略。分封诸侯已经不合时宜了。"秦始皇说："天下人都吃尽了无休止的战争之苦，全是因为有诸侯王存在的缘故。今日依赖祖先的在天之灵，使天下初步安定，假若又重新封侯建国，便是自己招引兵事、培植战乱，这样一来还想求得国泰民安，岂不太困难了吗！廷尉的主张是对的。"（丞相绾等言："燕、齐、荆地远，不为置王，无以镇之。请立诸子。"始皇下其议。廷尉斯曰："周文、武所封子弟同姓甚众，然后属疏远，相攻击如仇雠，周天子弗能禁止。今海内赖陛下神灵一统，皆为郡、县，诸子功臣以公赋税重赏赐之，甚足易制，天下无异意，则安宁之术也。置诸侯不便。"始皇曰："天下共

秦陶玄武纹空心砖，2005 年陕西省咸阳宫殿遗址出土（陕西省考古研究院藏）

苦战斗不休，以有侯王。赖宗庙，天下初定，又复立国，是树兵也；而求其宁息，岂不难哉！廷尉议是。"《资治通鉴》卷七）于是设置天下为三十六郡，郡置郡守、郡尉和郡监三个主要领导。郡下设县，万户以上的县设县令，万户以下的县设县长。县里还设县尉主管军事，设县丞辅助县令、县长。县以下设乡，乡下设里。乡为最低一级行政机构。郡县制是中国传统社会地方行政的基本制度，为后来两千年的行政定式确定了基本格局。

　　这里我们需要说明的还有两点：一是郡县制在秦统一之前就已经存在了。秦统一之后一共设有多少郡？目前学术界的争议很大。一般认为，秦先后设立的郡一共可能有五十多个。2002 年湖北龙山里耶秦简的发掘就发现了一个传世文献没有记载的"洞庭郡"，里耶秦简的发现，使我们有机会得以了解秦朝地方行政组织的运行详情。二是秦代郡制这种地方行政管理方式，说实话可能确实不利于皇帝"家天下"的长久统治，所以秦以后历代王朝的统治时间都不如商周时期长。但是，实行郡县制的弊病远不如封建泛滥的危害严重，这一点也是毋庸置疑的。正因为如此，所以大思想家王夫之就感慨万千。他说："呜呼！秦以私天下之心而罢侯置守，而天假其私以行其大公，存乎神者之不测，有如是夫！"（王夫之《读通鉴论》）秦始皇本来是为了君临天下的私心而废封诸侯建置郡县，但是老天却用其私心而大行公道，客观上把天下还归于天下人之天下，这才有后世所谓"士大夫与皇帝共治天下"的可能。事情的发展往往就连神鬼都无法预测，这不就是一个例子嘛！王夫之的这个观点很有见地。

　　第四，奠定了大一统的制度基础和文化基础。

　　大一统思想是中华文化的核心理念之一。在中国历史上，大一统思想深入人心。无论帝王将相还是平民百姓都有追求国家统一的心声。陆游的诗句"死去元知万事空，但悲不见九州同"，正是中华民族盼望和守护国家统一的心理写照。这种文化上的认同，促成了中华民族持久强大的凝聚力，造就了中国大一统思想的内在驱动力。几千年来，大一统思想的形成和演变一直贯穿于整个中华民族的历史发展进程，对中华文化产生深远而巨大的影响。大一统是中华民族文化发展的基因。秦始皇统一六国之后，实行书同文、车同轨、行同伦、度同制，也就是我们常说的统一文字、统一货币、统一度量衡、统一管理规范，加强民族融合，倡导文明风俗，这些做法夯实了大一统的制度基础和文化基础，居功至伟。

三、开疆拓土，民族与文化双融合

在典章立制之外，秦始皇还有开疆拓土之功。"天下已定"不仅是统一六国之功。秦汉史专家王子今教授认为：秦始皇二十六年（公元前 221 年）"天下初定"，兼并六国，实现了统一的第一层次；秦始皇三十三年（公元前 214 年）在"天下已定"，国内统治安定之后，又开启了征服北河和南海的工作，实现了统一的第二层次，那就是进一步开疆拓土，以北河和南海为方向的军事进攻的成就，使秦帝国的版图因此空前扩张。这一历史变化，可以理解为规模更为宏大，意义更为深远的统一。

秦始皇"灭六国"之后的军事成功，就连抨击秦始皇的贾谊在《过秦论》中也指出，秦始皇使蒙恬北筑长城而守藩篱，退却匈奴七百余里。以至于北方的游牧民族"胡人不敢南下而牧马，士不敢弯弓而报怨"。秦始皇的开疆拓土还包括对岭南的征服。战争的结局，是《史记·秦始皇本纪》和《史记·南越列传》所记载的桂林、南海、象郡的设立。秦始皇统一岭南，命五十万有罪的民众迁徙到岭南地区，与当地人一起生活，客观上促进了岭南文化与中原文化的融合。晋朝人江统曾经高度评价秦始皇在民族融合和文化融合方面的功绩："始皇之并天下也，南兼百越，北走匈奴，五岭长城，戍卒亿计。虽师役烦殷，寇贼横暴，然一世之功，戎虏奔却，当时中国无复四夷也。"(《晋书·江统传》)

四、文化浩劫，人间犹有未烧书

秦始皇的典章立制和开疆拓土之功很少有争议。既然如此，为什么还有人要大肆抨击他呢？问题出在焚书坑儒这两件大事上。

先说焚书。

关于焚书，《资治通鉴》是这样记载的：

秦始皇三十四年，丞相李斯上书曰："异时诸侯并争，厚招游学。今天下已定，法令出一，百姓当家则力农工，士则学习法令。今诸生不师今而学古，以非当世，惑乱黔首，相与非法教人。闻令下，则各以其学议之，入则心非，出则巷议，夸主以为名，异趣以为高，率群下以造谤。如此弗禁，则主势降乎上，党与成乎下。禁之便！臣请史官非秦记皆烧之；非博士官所职，天下有藏《诗》、《书》、百家语者，皆诣守、尉杂烧之。有敢偶语《诗》《书》弃市；以古非今者族；吏见知不举，与同罪。令下三十日，不烧，黔为城旦。所不去者，医药、卜筮、种树之书。若欲有学法令，以吏为师。"制曰："可。"(《资治通鉴》卷七)

秦始皇三十四年，即公元前 213 年，这一年的一天，秦始皇在咸阳宫设筵席祝寿。皇帝的侍从官仆射周青臣献祝寿词时说："陛下废分封而设置郡县，人人得以安居乐业，而天下再无战争隐患，秦朝得以传之万世。这份功德，自上古以来所有的君王都不如陛下的威德。"周青臣只是在溜须拍马，但身为博士的齐国人淳于越却提出了不同意见。

他说："微臣听说殷周两代的君王传承了一千多年，靠的就是分封宗室子弟和功臣为诸侯，让这些人拱卫辅佐。如今陛下拥有海内社稷，但您的子弟却都是普通人，一旦再出现像当年齐国的田常、晋国的六卿那样尾大不掉的权臣，国君没有嫡系诸侯支持，拿什么拯救江山社稷呢？"淳于越又说，"凡是不鉴借古代的经验而能长治久安的，闻所未闻啊。如今周青臣又当面阿谀奉承以强化陛下废封诸侯而建置郡县的过失，他不是忠臣。"秦始皇命臣子们就淳于越的意见展开讨论，没想到由周青臣和淳于越之间引发的是否应当以历史传统为师、修正全面实行郡县制的政策争论，被一贯坚决主张全面郡县制的丞相李斯导向了强调薄古厚今，加强文化专制统治的方向，李斯由此提出了焚书的建议。李斯的建议，被秦始皇采纳，规定除医药、卜筮、农书以外，民间所收藏的诗书和诸子百家书一律上缴焚毁。有敢谈论《诗经》《尚书》的处死，以古非今者灭族。这就是焚书事件，史书记载明确，应该是确有其事。

那么该如何评价焚书这件事呢？焚书是毋庸置疑的文化浩劫。这一点没有争议。我们需要注意的有三点。其一，焚书是法家思想的体现，秦国自从商鞅变法以来一直有这样的政策。其二，秦的焚书只是不允许民间私藏诗书，正如《资治通鉴》的研究大家胡三省指出的："秦之焚书，焚天下之人所藏之书耳，其博士官所藏则故在；项羽烧秦宫室，始并博士所藏者焚之。此所以后之学者咎萧何不能于收秦图书之日并收之也。"中华诗书文明的第一次大劫难肇端于此。其三，从执政视角审视，以行政权力强力控制意识形态领域有其历史的必然性。正如有的学者所言，秦王朝既然选择"以法为教""以吏为师"的思想文化政策，实行文化专制主义就成为其必然选择。后世明清两代的大兴"文字狱"和极端的文化专制，更是登峰造极。尽管焚书确有其事，但后人不也说"枉把六经灰火底，桥边犹有未烧书"（袁宏道《经下邳》）。还有人用"夜半桥边呼孺子，人间犹有未烧书"（陈恭尹《读〈秦纪〉》）咏张良事迹。

五、坑儒事件，扑朔迷离有争议

再说坑儒。

秦始皇晚年惧怕死亡，为追求长生不老，召集大量的方士四处寻仙问药。其中，最有名的有徐市、侯生、卢生和韩众等，这些人都受到秦始皇的礼遇厚赏。卢生和侯生等一帮方士们求不来仙药，眼看纸里包不住火了，他们聚在一起讽刺挖苦秦始皇，然后又一起逃跑了。这是坑儒事件的背景。秦始皇知道之后，感觉自己受了骗，恼羞成怒，命令御史详加审察诸生。《资治通鉴》记载："**诸生传相告引，乃自除犯禁者四百六十余人，皆坑之咸阳。**"结果被审察的这些人互相告发，彼此牵扯，一举牵连出来四百六十多人，都被坑杀在咸阳城外。这就是所谓坑儒事件。发生在秦始皇三十五年（公元前 212 年）。

如何看待"坑儒"这件事？从文化史的视角，许多学者认为是"中国文化的浩劫"，对"皆诵法孔子"的"儒生"不该"皆重法绳之"；"焚书坑儒"形成的以行政权力强化思想文化控制的方式，在之后的历史发展进程中演变为帝制时代的政治文化传统。但政治家可能有不同意见。毛泽东就说："**劝君少骂秦始皇，焚坑事业要商量。**""商量"什么？"诸生"是不是就是指儒生？明明由方士引起的祸端，怎么最后坑的是儒生？而且这件事的始作俑者侯生、卢生并不在被坑之列。所以这件事争议比较大。中国社会科学院历史研究所卜宪群教授主编的新的《中国通史》指出："**历史上将这一事件习称为'坑儒'。但是，从事件的原委来看，被坑杀的儒生可能只占一小部分，更多的应是方士。**"日本讲谈社编写的《始皇帝的遗产：秦汉帝国》也指出：

"就所坑的对象来说，与其说'坑儒'，不如说'坑诸生'更为确切。将坑儒特定为坑杀儒生的说法，是东汉以后的事了。"

为什么说"坑儒特定为坑杀儒生的说法，是东汉以后的事了"？

有学者从词源流变的视角做了考证，指出，从现有的文献典籍来看，焚书坑儒是东汉以来的用语和观念。《汉书·五行志》数落秦始皇的暴行说："遂自贤圣，燔诗书，坑儒士。"已经将"杀术士"，改为"坑儒士"了。《汉书·地理志》又向前进了一步，数说秦始皇："称皇帝，负力怙威，燔书坑儒，自任私智。"不但改了词，而且将"燔书坑儒"连接成一四字词汇，从此成为汉语的常用词汇，成为数落秦始皇文化暴行的标签用语。

学者李开元教授研究提出，焚书是可靠的史实，史料来源于《奏事》。坑儒是三重伪造的历史，其第一个版本是收入于《说苑·反质》的历史故事，第二个版本是《史记·秦始皇本纪》，第三个版本即最后定本是《诏定古文尚书序》。李开元教授的研究结论是：焚书坑儒，是一个用真实的焚书和虚假的坑儒巧妙合成的伪史。编造者，是儒家的经师，编造的时间，在东汉初年，编造的目的，在于将儒家的经典抬举为圣经，将儒生们塑造为殉教的圣徒，为儒学的国教化制造舆论。

总而言之，无论是功也罢，过也罢，"俱往矣"！那么，成就和破坏秦始皇功业的都有哪些人和哪些群体呢？

第八讲

赵高乱秦：权臣为乱多如此

公元前 210 年 8 月，五十岁的秦始皇走到了人生的尽头。他死后，赵高、李斯等人决定秘不发丧，用辒辌车载着秦始皇，按照既定的巡行路线继续前行，在此期间，一场颠覆秦帝国的阴谋已经发动，而主导这个阴谋的正是我们今天要讲的主角——赵高。

　　赵高是秦二世而亡的罪魁祸首。是中国历史上邪恶人物的典型代表。两千多年来，无论是在历史著作当中，还是在戏剧小说里面，赵高都被视为一个十恶不赦、断子绝孙的宦阉，被许多人认作是中国历史上宦官擅权乱国的始祖。中国戏曲的传统剧目《宇宙锋》讲的就是奸臣赵高祸害同僚的故事。

　　赵高是个什么人？他到底是不是宦官？他是怎么得到干预皇位继承人的机会的？拥立二世胡亥之后他都干了些什么？赵高乱秦给后世什么启示？《资治通鉴》是怎样记载这个人的？司马光为什么要这么记载？这就是这一讲要关注的问题。

一、是宦非宦，赵高究竟是不是阉宦

　　《资治通鉴》中说："赵高者，生而隐宫。"（《资治通鉴》卷七）什么叫"隐宫"？过去传统的说法认为隐宫就是惩治并关押受宫刑犯人的场所。"生而隐宫"，司马光的意思是赵高生在隐宫，接受了宫刑。司马迁在《史记·蒙恬列传》中说，赵高是赵氏的远房宗亲，和赵国的君王是本家，赵高和他的几个弟弟都生长在隐宫。这就有一个问题无法解释：赵高的父亲因犯罪被处以宫刑，那赵高兄弟几个是谁的孩子？《史记·蒙恬列传》的索隐中有人解释说，赵高的父亲处以宫刑，母亲被罚没为官府的奴婢，赵高的母亲与别的男人野合，所生的孩子都秉承了赵高父亲的姓，并且赵高兄弟几人都接受了宫刑，所以赵高是宦官。这是一种传统的说法。

近年来也有学者根据新发现的史料记载提出不同的看法。已故的著名先秦史专家马非百先生和秦汉史专家陈直先生都认为，"隐宫"是"隐官"相沿之误。马非百先生认为"赵高兄弟皆生隐宫"的"隐宫"一词，是"隐官"的误写，根据则是二十世纪七十年代末出土的睡虎地云梦秦简。所谓"隐官"，意思是收容受过刑罚而后又因功被赦免罪行的人的机关，其性质与后世的劳动教养所大致相同。张家山汉墓竹简出土以后，隐官的意义更加清楚明白。在秦汉时代，隐官，是指刑满人员工作的地方，也用来指称刑满人员的身份，与宫刑和去势完全没有关系。在隐官劳动生活的人，地位在普通庶民之下。赵高的母亲曾受过刑罚，后来因功获释，就生活在隐官，所以赵高兄弟都生长在隐官。由于隐官毕竟属于劳动教养性质，是惩戒犯人的场所，所以赵高他们家世代地位卑贱。马非百先生和陈直先生的结论就是赵高只是出身于隐官，而非后世所说的宦官。

但是我们也要注意到，秦二世胡亥曾经言之凿凿说赵高是"故宦人也"，意思就是原来是个宦官。这怎么解释？

《礼记·曲礼》中有一句名言："宦学事师，非礼不亲。"这里的"宦"有学习的意思。"宦"还有"奉养"的意思。过去的门客舍人都称之为"宦"。我们要知道有一个历史事实，在东汉之前，宦官并不一定都用阉割过的人。史学家吕思勉先生指出："宦字的意思，本来并非指阉割。而宦官二字，亦本非指阉割的人所做的官。"鉴于东汉宦官专权危害巨大，《后汉书》第一次给阉割过的宦官专门写了列传。《后汉书·宦者列传序》中就指出：一直到光武中兴之初，宦官才开始都用阉人。所以，胡亥说赵高是"故宦人"，意思是说赵高也算为宫里服务的老资格了，有为赵高开脱的意思，并不等于说赵高就是阉宦。说赵高不是阉宦还有一个例证：史书上都提到了赵高有个女婿叫阎乐，说明赵高至少有女儿。能生育至少可以反证赵高曾经不是阉宦。所以，赵高是宦官但不一定就是阉宦。

这就又有一个问题需要了解：是什么时候的人开始把赵高认定为阉宦的呢？

"古史辨"学派创始人史学家顾颉刚先生有一个著名的学说，叫作"层累地造成的中国古史"观。他的学说以为，今天我们所见到的古代史，经过了历代不断地改造重写，已不是原汁原味，而是根据现实的需要进行了重塑。秦国在秦始皇亲政之前虽然有嫪毐之乱，但并没有改变历史大势。史书明确记载的第一个亡于宦官之乱的王朝是东汉。所以第一部将阉宦专门列传写入正史的是南朝人范晔编写的《后汉书》。《后汉书》的《宦者列传》中列举了古往今来的阉宦，但没有说赵高是阉宦。范晔概括历代亡国的祸因，说夏商周三代毁灭于近幸女色；秦帝国毁灭于酷法暴政；西汉王朝毁灭于外戚专权；东汉王朝毁灭于阉宦乱政；根本没有提及秦有阉宦之祸。现在我们能够看到的第一次说赵高是阉宦的史书是《史记集解》中刘氏的观点。《史记集解》的作者裴骃是南朝宋人，这个刘氏，或许是汉晋以来旧皇室刘姓一族的后代，痛恨东汉阉宦专权乱国，故有此极端的臆断肆言。刘氏的曲解投合了当时人痛恨阉宦的心情，大家都愿意传布亡国祸首皆是阉宦的流言。后世唐代又是宦官专权乱政，到了明代，阉宦之祸愈演愈烈，晚近至于清末，大太监李莲英还在慈禧宫中肆意擅权。古来阉宦亡国的阴魂一直未散，如此代代层累之下，曲解的历史也就一直被作为信史流传下来，陈陈相因，赵高是阉宦遂成不刊定论。

二、枉法惜才，一念之间埋祸胎

那么，赵高又是怎么得到秦始皇赏识的？他是怎么得到干预皇位继承人的机会的呢？司马光在《资治通鉴》中是怎么记载的呢？

司马光在《资治通鉴》中记载："始皇闻其强力，通于狱法，举以为中车府令，使教胡亥决狱；胡亥幸之。"（《资治通鉴》卷七）赵高精明强干，精通狱政法律，由此经过层层选拔进入秦始皇的视野，并被任命为中车府令。这个官职就是皇家车队队长。秦朝以法治国，以吏为师。秦国文法官吏的子弟往往通过选考出任官吏。据考证，赵高的父亲是文法官吏，赵高兄弟大概从小就在父亲的督促下学习读写和法律，打下了相当扎实的文法基础。李开元教授考证，赵高进入宫廷时，大概在二十三岁，时间大概是在秦王政十三年（公元前234年）。这一年，秦王政二十六岁，是他亲政后的第五年，正是意气风发，开始在政治上大展宏图的时候。赵高得到当时的秦王政的赏识，被任命为中车府令，负责秦王政出行的车马管理和驾驭警备。

赵高不仅精通法律，而且是一流的书法家。赵高的书法成就在当时仅次于丞相李斯。赵高在文字小学方面的造诣也极为高深。他著有《爱历篇》六章，是秦帝国官定启蒙识字课本的一部分，是有名的文字学著作。正因为赵高博学多才，文字、书法和法学造诣都很高，秦始皇特意将小儿子胡亥的教育委托于他。赵高教胡亥法律判决方面的知识，和胡亥的关系很好，他在胡亥的心目中分量很重。

事情发展到这里，本来挺好。但是，不知什么原因，赵高犯了大罪。当时的秦始皇还是秦王，他命令近臣蒙毅按照法律处置赵高。蒙毅不敢徇私枉法，按照法律规定判决赵高死罪，革除公职。但是秦始皇看到判决结果以后又有点惜才。秦始皇怎么办？"始皇以高敏于事，赦之，复其官。"（《资治通鉴》卷七）他以赵高行事果敢干练为由，决定赦免赵高，并官复原职。我们前边讲过，秦始皇还是很爱惜人才的。只可惜，他这一次的枉法惜才用错了对象。秦始皇本以为自己法外施恩，赵高会感激涕零，自己则不动声色间收服一个死心塌地的爪牙。这就是所谓的帝王心术。殊不知赵高此人犹如动物界的"平头哥"蜜獾——报复心极强！赵高迁怒于负责判决自己死罪的蒙毅，在内心深处深深埋下了仇恨蒙氏兄弟的种子。秦朝的以法治国和我们现在所说的依法治国是完全不同的两种治国方式。现代的法治是天下之公器，不是任人左右的工具，当秦始皇把法律仅仅作为一种治理工具而任意拨弄的时候，他绝不会想到这么做会给秦王朝的覆灭埋下了致命的隐患。

三、沙丘之谋，行符玺事定方向

秦始皇一死。这个隐患立马就爆发了。

公元前 210 年，秦始皇在第五次巡游天下的旅途中死于沙丘平台，就是今天的河北广宗县西北大平台。始皇帝突然病死，丞相李斯为了稳定大局，决定秘不发丧，赵高得以上下其手，伪造遗诏，扶持胡亥即位，成功夺取了秦帝国政权。这件事，史称"沙丘之谋"。

皇帝驾崩是惊天动地的大事，要想发生政变，需要满足三个条件：接班人不明确；皇帝死讯能够保密；身边的近臣和朝廷掌权的大臣沆瀣一气。"沙丘之谋"之所以发生，得益于这三个条件的同时满足。

秦始皇希望长生不老，忌讳谈论身后事，更没有及早明确帝位继承人，直到临死重病才命扶苏到咸阳处理后事，这就埋下了第一个隐患；秦始皇晚年迷信神仙事，自称"真人"，不允许下属随便接近，能够随时接近他的只有包括赵高在内的五六名宦官。所以很容易瞒住随行百官。这就满足了能够保密的条件；这次出巡，赵高除了继续担任中车府令之外还多了一项极其重要的职务——兼"行符玺事"，就是兼掌皇帝印玺事宜。这才是沙丘之变的关键！始皇帝出行主要活动在车中，而中车府令赵高是掌握车马乘舆的直接负责人，又是掌管用印玺的负责人，他的这种双重身份独一无二，他掌握的皇帝动态，连丞相李斯都不如他。而他又有报复蒙氏兄弟的强烈动机。所以，三个发动政变的条件和动机都具备了。沙丘之谋已经是箭在弦上。

条件具备了并不等于政变就能成功。秦帝国的政变要想成功，只需要搞定三个人。首先是胡亥得愿意篡权继位；其次是丞相李斯愿意配合；第三，也是最关键的，被剥夺继位权的公子扶苏能接受现实。对老师赵高而言，搞定自己的学生胡亥相对容易。具体怎么说服胡亥我们下一讲细讲。搞定李斯费点事。毕竟李斯要比赵高更精明强干。问题是赵高抓住了李斯过于贪图权位的命门，胁迫李斯俯首听命也就不在话下。前面专门讲李斯的时候已经详细讲过了。这其中最不可思议的就是公子扶苏，一纸诏书就放弃抵抗，自杀而亡。蒙恬拦都拦不住，秦始皇地下有知，也得再次被他气死——扶苏死得太窝囊了！

沙丘之谋，在这种意义上可以说是一次车轮上的政变，其之所以能够成功，制度上的原因就是秦的中车府令权势太大了。1980年冬，秦代考古有一个重大发现，在秦始皇陵封土西侧，发掘出土了两乘大型彩绘铜车马，大小约为真马、真车、真人的二分之一。一号车又称立车或高车，二号车又称安车。运送秦始皇尸体的辒辌车很可能就是类似于二号安车这样的车驾。

四、子系中山狼，得志便猖狂

那么，拥立二世胡亥称帝之后，赵高都干了些什么呢？

　　《资治通鉴》通过四伡事情的记录，告诉我们赵高这一时期的行事轨迹。哪四件事情呢？这四件事情可以总结为四个词：复仇，专权，乱政，弑君。

　　先说复仇。公元前209年，二十一岁的秦二世胡亥登基称帝。刚一称帝，他马上把赵高任命为郎中令。郎中令是九卿之一，负责统领宫廷的警卫、侍从人员。赵高把当年自己犯了大罪按律当处死迁怒于秉公执法的蒙毅。所以他得势以后干的第一件事就是向蒙毅、蒙恬兄弟复仇。赵高对胡亥讲："先帝当年早就想把您立为太子，但是蒙毅坚决反对。他明明知道您贤明却一再阻止立您为太子、这样的人对君主不忠啊。依我之见，不如杀了他。"于是二世就下令把蒙毅就近囚禁在代郡，就是今天河北省蔚县的代王城。为什么囚禁在这个地方？因为在秦始皇还重病期间蒙毅就受命去祭祀山川，执行完祭祀任务之后，蒙毅沿着秦始皇辒辌车前行的路线准备经过代郡，然后由九原再南折返回咸阳。这个时候蒙毅正好走到代郡，所以就把他囚禁在那里了。在此之前，蒙恬已经被调离三十万大军的驻地，异地安置在咸阳附近的阳周（今陕西子长县西北）。蒙氏兄弟是重臣，也是赵高的眼中钉肉中刺，必欲除之而后快。所以赵高不停地在胡亥面前诋毁弹劾他们兄弟二人。最终胡亥派御史去代郡把蒙毅给杀了。胡亥又派使者到囚禁蒙恬的阳周，强迫蒙恬吞药自杀。秦始皇非常倚重的两位肱股重臣就这样含冤而去。

　　再说专权。赵高要专权，身居丞相高位的李斯就成了绊脚石。要收拾比狐狸还精明的李斯，就没那么容易。赵高处心积虑，一步一步给李斯设局。赵高收拾李斯的第一步首先是割断李斯与胡亥之间的联系。赵高跟胡亥说："如今陛下太年轻，刚刚即位，许多朝政还搞不太清楚，怎么能够与公卿大夫当众处理朝政？一旦做错事，那就是在群臣面前露怯了，影响陛下在臣民面前英明神武的形象。陛下不如深居宫禁之内，遇事让微臣和懂法律的侍中一起商量，提出解决方案。这样一来，大臣们不敢糊弄陛下，陛下就成了圣明的君主了。"二世胡亥居然采纳了赵高的建议。这样一来，胡亥每天只能见到赵高，"**事皆决于赵高**"，李斯想见胡亥一面都很难了。

赵高收拾李斯的第二步是让胡亥对李斯产生恶感。二世胡亥当政以后一味严刑峻法，继续大兴土木。国内矛盾越发尖锐，从陈胜吴广揭竿而起之后，各地纷纷响应，郡县不断向朝廷汇报"盗贼益多"。面对这种局面，胡亥不反思自己的失政之处，反而讽刺挖苦李斯："你身居三公高位，怎么能让强盗如此猖狂！"而李斯苦于轻易见不着二世胡亥，纵然想有所作为，也无从下手。赵高知道李斯想急着面见胡亥，继续给李斯下套。他主动找到李斯，一番慷慨陈词，说："关东地区群盗越来越多，而咱们的皇帝却一味督促强征徭役，兴建阿房宫，积聚声色犬马等没用的玩物。我有心进谏，无奈人微言轻。这正是君侯您的分内之事啊，您怎么不去进谏劝止二世呢？"李斯说："你说得对，我早就想对二世进谏了。问题是当今陛下不上朝，常居深宫。我想进谏，没人敢传话。想见二世，他总说没空。"赵高说："君侯您要真想进谏，请允许我为君侯趁陛下闲暇时替您传个话。"结果赵高专门等到二世正和宫女玩在兴头上的时候派人告诉李斯："现在皇上正得闲，可以进去奏事。"李斯闻讯赶紧到宫门求见。连续几次都这样，二世发怒说："我平常闲的时候那么多，丞相也不来谈事。怎么总是我刚想娱乐娱乐的时候，丞相就来请示汇报！难道是丞相看我年轻，以为我不懂他这么做什么意思？还是认为我没见识没他高明？"赵高一看二世已经对李斯心存恶感，认为时机到了，趁机火上浇油，说："李斯参与了沙丘之谋。如今陛下已经贵为皇帝，而李斯还是丞相，并没有更显贵，他的意图是巴望着裂土封王呢。"这么说赵高觉得还不够狠，紧接着他又补了两刀，他说："本来陛下不开口，我还不敢说。丞相的大儿子李由是三川郡守，揭竿首义的陈胜就是李斯老家上蔡邻近县的人，这些地方倚仗丞相的威势，所以楚地的强盗越来越猖獗。盗贼经过三川郡，郡守李由不肯主动攻击群盗。我还听说李由与盗贼之间有书信往来。因为还没有得到确凿的证据，所以没敢向陛下汇报。况且丞相身居外朝，他的权力重于陛下。"二世认为赵高说得有理，想抓李斯，又担心证据不足，于是先让人立案审查三川郡守李由与盗贼勾结的详情。赵高这一招确实阴毒无比。要扳倒位高权重的丞相不容易。赵高旁敲侧击，釜底抽薪，先诬陷李斯的儿子通敌，但又不把话说死，只说是传言这么说。传言本来可信可不信，但赵高不动声色补了一句，"**丞相居外，权重于陛下**"（《资治通鉴》卷八），丞相之权已经对皇权构成了潜在的威胁，现在他的儿子又有通敌的传言，二世再二，也绝不会无动于衷了。

儿子被诬陷身陷囹圄，李斯至此才彻底看清了赵高的险恶用心。他上书二世，弹劾赵高。然而赵高与二世的关系远迕于李斯。李斯根本撼不动赵高。鉴于关东群盗风起云涌，右丞相冯去疾、左丞相李斯、将军冯劫联合进谏，劝二世改弦更张。结果二世胡亥不但不纳谏，反而倒打一耙，把这三位重臣都下狱治罪。冯去疾、冯劫不堪受辱，自杀身亡。唯独李斯还心存侥幸，被关进了牢狱。

我们常说，百足之虫死而不僵。李斯虽然已经锒铛入狱，赵高仍然不敢掉以轻心。他继续实施了收拾李斯的第三步，用酷刑和权诈之术把李斯"谋反"做成"铁案"。李斯受刑不过只得承认谋反。但李斯在狱中费尽心机给二世上书替自己辩诬，问题是李斯的上书根本送不到二世的面前。这还不算，赵高又命自己的门客十多人先后假装是御史、皇帝的使者谒者、皇帝的近臣侍中等翻来覆去地提审李斯。李斯一旦据实不认罪，就被暴打一顿。等到后来二世胡亥真的派人复审李斯的时候，李斯以为又是赵高派的假使者，再也不敢翻供了。李斯认罪，等待他的是具五刑，夷三族。

然后是乱政。李斯死了，丞相的位置被赵高取而代之。《资治通鉴》记载，二世任命赵高做了丞相。赵高被任命的丞相叫"中丞相"。这个官职前所未闻，以后也没有，应该与赵高的宦官身份有关。通鉴研究大家胡三省说："史记，李斯既死，二世拜赵高为中丞相，盖以其宦人，得入禁中。"《史记》还记载赵高被封为安武侯。

五、赵高乱政，没有最坏只有更坏

赵高乱政都干了些什么呢？有三件事情很典型，很"赵高"。

第一件，专恣枉杀。《资治通鉴》记载说："郎中令赵高恃恩专恣，以私怨诛杀人众多。"（《资治通鉴》卷八）赵高出身卑微，想必当年没少受辱，现在小人得志，迫不及待大开杀戒。

第二件，肆意妄言。二世即位以后曾经问过赵高一个极其荒诞的问题：我已经当了皇帝了，做一个一辈子极尽声色犬马之欲、想干什么就干什么、享受一生的人，"可乎？"身为老师兼重臣的赵高怎么回答？他说："陛下严法而刻刑，令有罪者相坐，诛灭大臣及宗室；然后收举遗民，贫者富之，贱者贵之。尽除先帝之故臣，更置陛下之所亲信者，此则阴德归陛下，害除而奸谋塞，群臣莫不被润泽，蒙厚德，陛下则高枕肆志宠乐矣。计莫出于此！"（《资治通鉴》卷七）赵高说，陛下用更严酷的严刑峻法，有罪之人要株连，诛杀朝中的大臣和宗室显贵，然后把穷人变富，贱的变贵。再把先帝时期的老臣都除掉，全部换成陛下信得过的人，这样做陛下积阴德，潜在的祸害都没有了，再也没有人敢乱出馊主意，群臣都沐浴天恩，享受陛下的德泽，陛下就可以高枕无忧想干什么就干什么了。赵高说这就是最后的解决方案。除了赵高，恐怕再没有第二个人好意思把这种丧心病狂的话堂而皇之说出来。

第三件，指鹿为马。关于指鹿为马这件事，《资治通鉴》是这样记载的："初，中丞相赵高欲专秦权，恐群臣不听，乃先设验，持鹿献于二世曰：'马也。'二世笑曰：'丞相误邪，谓鹿为马！'问左右，左右或默，或言马以阿顺赵高，或言鹿者。高因阴中诸言鹿者以法。后群臣皆畏高，莫敢言其过。"（《资治通鉴》卷八）赵高想专权，又担心群臣不听命。于是他设计了一出指鹿为马的权力游戏。赵高献给二世胡亥一头鹿，说这是一匹马。二世笑着说："丞相你错了，这是一头鹿，怎么能说成是马呢？"赵高说："这就是马！"问当时在场的大臣，有的人沉默不语，有的人为了迎合赵高就说是马，也有人说是鹿。赵高暗中记下说鹿者，然后收拾他们。从此以后，群臣都畏惧赵高，再无人敢指出他的过失。正如王子今教授所言，指鹿为马就像一个反映秦王朝文化败势的政治寓言，成为秦末政治生活荒诞式黑暗的典型标志。唐代诗人周昙专门有一首诗写这件事的意义："鹿马何难辨是非，宁劳卜筮问安危。权臣为乱多如此，亡国时君不自知。"（周昙《秦门·胡亥》）自古以来，黑白颠倒、飞扬跋扈就是乱政的风向标，这些预警一出现，国家危亡就迫在眉睫了。

紧接着就是弑君。赵高是弄权高手，但要说治国，他可就没脾气了。眼看各地起义烽火连天，赵高束手无策，只知一味粉饰太平。最终纸里包不住火了，赵高怕二世迁怒诛杀自己，干脆装病不再上朝。

这时候，深感不妙的二世胡亥做了一个怪梦。他梦见一只白色的老虎把自己座驾左边的骖马给咬死了。胡亥感觉怏怏不乐，就去占卜。占卜说是因为泾水作祟的缘故。于是二世胡亥决定入住望夷宫斋戒，准备祭祀泾水。同时命人去找赵高，督责他镇压盗贼的相关事宜。赵高害怕了，偷偷与他的女婿咸阳令阎乐和弟弟赵成商量对策，准备废掉二世胡亥，拥立子婴为帝。赵高指使阎乐轻而易举就闯入望夷宫，逼迫二世胡亥自杀身亡（关于二世之死我们下一讲细讲）。

二世已死，这个时候关东已经是群雄逐鹿的失控局面了。所以赵高决定拥立子婴为秦王。子婴是什么人？有三种观点。一种说他是胡亥哥哥的儿子；一种说他是秦始皇的弟弟；还有一种观点认为子婴是和秦庄襄王争王位的公子子傒的曾孙。总之，子婴为秦宗室之后，而且德高望重，胡亥都不敢跟他翻脸，连赵高都说"子婴仁俭"。子婴不像胡亥昏聩，他当然不想任赵高摆布，做赵高的傀儡，他和自己的两个儿子商量，决定在称王之前的祭祀宗庙仪式之前假装称病。赵高只好上门敦请，结果被子婴刺杀在斋戒的宫内。赵高的三族也被子婴灭掉了。关于赵高之死，还有另一种说法。近年来发现的北大汉简中有一篇《赵正书》，这篇地下新近发现的文献记载，赵高是被秦将章邯所杀。据李开元教授考证，赵高生于秦昭襄王五十一年（公元前256年），死于秦二世三年（公元前207年），时年四十九岁。

司马光在《资治通鉴》中记载的赵高事件，多是取材于前代史料，那么他为什么突出记载赵高的这四件事情呢？他想通过赵高乱秦给我们提供什么样的借鉴呢？

从"鉴前世之兴衰"的角度而言，国力强大、影响深远的大秦帝国仅仅统一十五年就崩溃了，秦始皇、秦二世固然要负领导者的责任。但从国家体制建设的层面看，越是高度专制集权，越容易出现关键位置的小人物决定国家败亡的现象。

从"嘉善矜恶"的角度而言，蒙毅秉公执法，无意间得罪了赵高。宁得罪君子，不得罪小人。这恐怕应该是蒙毅杀身之祸的根源吧。秦始皇惜才枉法，本想收获一个忠心耿耿的奴才，没想到却给子孙留下了一匹典型的中山狼。结果由赵高一手导演了一出末世王朝的黑色荒诞剧，足为后世警鉴。

从知人论世的角度而言，举贤要不拘一格，除恶要务尽。识人用人是永恒的话题，用对人，事业蒸蒸日上；用错人，赵高的教训不可谓不深刻。

后人总结秦灭亡的历史有诗云："大贾灭嬴凭女子，奇谋兴汉诩萧曹。留侯椎铁荆卿匕，不及秦宫一赵高。"（钱锺书:《管锥编》引《阅〈古逸史〉》）赵高只能算是乱秦亡秦的导演者，秦二世而亡的主角是胡亥。对胡亥这个中国历史上最短命王朝的亡国之君，我们又该怎么看呢？

第九讲

二世胡亥：赶鸭子上架坏了事

　　大文豪托尔斯泰曾经讲过，幸福的家庭有着同样的幸福，不幸的家庭有着不同的不幸。家庭如此，国家又何尝不是这样。秦二世而亡，秦始皇固然要负主要责任，但作为亡国之君的二世胡亥毕竟是直接责任人。

胡亥究竟是一个什么样的人？胡亥可以说是一个奇葩，也可以说是专制集权体制下最不着调的皇帝。那么，他都干了些什么事呢？

一、少子胡亥，少习刻薄之教

有一个小故事颇能说明胡亥究竟是一个什么样的人。

汉文帝时代的思想家贾谊在他的著作中，记录了秦二世胡亥童年生活中的一则故事。秦始皇有一次宴请群臣（有说为诸侯），秦始皇的儿子们作陪。秦始皇给儿子们赐食之后命令他们先行退下。按照秦汉时期礼制的规定，群臣上殿要把鞋子脱在大殿外面台阶之下。结果胡亥发坏，他一看大臣们的鞋子放置得整整齐齐，就把这些鞋子都给弄坏了。看到他恶作剧的哥哥们都摇头叹息，被捉弄的大臣们哭笑不得。

贾谊记载说"诸侯闻之，莫不太息"，说明这件事应该发生在秦始皇二十六年前。这个时候的胡亥应该不超过九岁，正是调皮捣蛋的年龄。从史书的记载我们可以推测，秦始皇家教森严，其他儿子们唯唯诺诺，是绝不敢像胡亥这样捣乱的。问题是秦始皇恰恰最喜欢这个调皮捣蛋甚至有点混不吝的小儿子。据《资治通鉴》记载："始皇二十余子，少子胡亥最爱"（《资治通鉴》卷七）。"少子"指的是小儿子，但不一定是最小的儿子。这里有两个问题需要讲一讲。

第一个问题，胡亥究竟是不是秦始皇最小的儿子呢？关于这个问题是有争议的。胡亥在秦始皇二十余子中按年龄排第十八，非最小。秦始皇三十岁时生的胡亥。从常理而言，三十岁的秦始皇仍然有生育能力。我们前面讲过，有学者甚至认为秦始皇有可能有三十个儿子。

胡亥继位时究竟有多大？关于这个问题，目前史学界主要有两种不同说法。一说认为，秦二世即位时二十一岁；另一说则认为，秦二世即位时十二岁。这两种说法其实都源于司马迁。司马迁在《史记·秦始皇本纪》中明确说："二世皇帝元年，年二十一。"而就在这篇文章中，其后排列秦历代国君在位年限时又记载说："二世生十二年而立。"综合各种史料，我们认为，二世即位时虽然是"少子"，但应该已经成年了。现在还有学者研究认为，胡亥出生于秦王政十九年（公元前229年），继位时应该是二十岁。

第二个问题，在这么多儿子中秦始皇为什么最喜欢胡亥呢？

首先，"秦人爱小儿"是当时秦国人的普遍心理。其实直到今天，民间还有"小儿子、大孙子，老奶奶的命根子"的说法。

其次，老大公子扶苏与秦始皇的治国理念有分歧，而其他儿子们普遍比较老实，甚至懦弱，雄才大略的秦始皇自然不太喜欢这样的孩子。

第三，胡亥调皮捣蛋，有点混不吝的性格与其他诸公子截然相反，这与自幼出生成长在赵国的秦始皇可能有更多的相似之处，自然能够赢得秦始皇的好感。

正是基于以上三个原因，秦始皇做最后一次出巡的时候，那么多儿子只带着胡亥作陪。

胡亥这个时候已年满二十，以今天的标准来看是个成年人了。难道始皇带着一个成年的儿子出巡，仅仅是为了让他去游玩吗？合理的推测，秦始皇带胡亥出游是为了对胡亥做进一步的考察，观察其能力，同时进行政务训练。应该说这才是一个比较合情合理的解释。

二、顺水推舟，请立子胡亥为代后

尽管司马迁、司马光在《史记》和《资治通鉴》中明白无误记载了胡亥篡位的详情，但沙丘之变的发生很难讲就是赵高、胡亥、李斯三个人完完全全的一场阴谋政变。秦始皇的犹豫不决甚至最后的首肯才是关键。之所以这样讲也不是没有依据。近年来考古发现的北大汉简《赵正书》中就记载，秦始皇第五次出巡到了沙丘身染重病，自己觉得不行了，请大臣们一起商量继承人问题，"其议所立"，《赵正书》中是这样记载的：相臣斯、御史臣去疾昧死顿首言曰："今道远而诏期群臣，恐大臣之有谋，请立子胡亥为代后。"王曰："可。"（《赵正书》）这个记载表明，丞相李斯和御史大夫冯去疾鉴于皇帝出巡在外，害怕一旦秦始皇驾崩之后没有明确皇帝继承人，容易发生意外，所以建议立跟随在秦始皇身边的胡亥为代理接班人。秦始皇予以认可。北大汉简应该是西汉早期的文献，与司马迁在《史记》中的记载很不一样，不一定就比司马迁的记载准确，但至少是可以参考的一家之言，有此一说。

关于胡亥继位合法性的证据还有一例。2013 年考古发现的"秦二世元年文告"进一步佐证了秦二世即位的"正当性"。2013 年，全国十大考古发现之一的"湖南益阳兔子山遗址"发掘出土的简牍中有一枚秦二世元年的文告。这份诏书文中刻意强调"朕奉遗诏"，表明二世继位的合法性。这一考古发现的"秦二世元年文告"可与北京大学藏西汉简牍中的《赵正书》互相印证，为我们提供了与《史记》《资治通鉴》的记载不同的史料来源。

胡亥究竟是怎么继位的，我们只能根据现有史料加以推测。问题是这些史料记载并非实录，甚至还有可能"作伪"，史学家吕思勉先生就认为，这都是讨厌法家的学者们添油加醋的说法。所以，我们更应该关注的是胡亥对越过大哥公子扶苏当皇帝什么态度。

按照《史记》的记载，秦始皇驾崩，赵高出于一己之私心，扣留了秦始皇临死前要发给公子扶苏的玺书，然后问胡亥："当今皇上已经驾崩，没有诏书分封诸王子，而仅仅单独赐给长子扶苏一份书信。很显然，公子扶苏一到咸阳，就会立即继位登基称帝，而你没有一点封地，你有什么打算？"（"为之奈何？"）胡亥怎么回答？他说"固也。吾闻之，明君知臣，明父知子。父捐命，不封诸子，何可言者！"（《史记·李斯列传》）本来就应该这样。我听说高明的君主了解大臣，高明的父亲了解儿子。如今我的父亲去世，没有分封儿子，这有什么可以抱怨的呢！这番话表明，这个时候的胡亥是没有觊觎皇位之心的。也许这一点也正是秦始皇最喜欢他的原因之一。赵高一再劝他不要甘于身居人下，胡亥却说："废兄而立弟是不义之举；仅仅是出于畏惧扶苏继位有可能对自己不利而不尊奉父亲的遗命，是不孝之举；明明能力小而素质差，非要勉强去抢夺别人的功业，是缺乏自知之明之举。不义、不孝、不智是忤逆之德，这样做天下人不敬服，会导致身死国亡的结局。"这个记载表明，胡亥还是有自知之明的。问题是胡亥经不起赵高的一再鼓动。赵高跟他说：狐疑犹豫，后必有悔。坚决果断，连神鬼都得为你让路，所谓神挡杀神佛挡杀佛，这样的人一定能够成功。你就别犹豫啦！野心家往往都是蛊惑人心的能手。赵高说："机不可失，时不再来！策马扬鞭还怕追不上，过了这个村就没有这个店了！"（"时乎时乎，间不及谋！赢粮跃马，唯恐后时！"）胡亥喟然叹曰："今大行未发，丧礼未终，岂宜以此事干丞相哉！"（《史记·李斯列传》）就这样，半推半就中，懵懵懂懂的胡亥授意赵高去游说李斯。

接下来的故事情节我们很熟悉了，赵高说服李斯，然后矫诏逼迫公子扶苏自杀，胡亥继位，是为秦二世。问题是历史的真相真的就是这样的吗？史学大师吕思勉先生就认为：秦始皇在位时间那么长，一直没有明确确立储君，正是因为他打算立小儿子的缘故。根据情理推测，"史所传李斯、赵高废立之事，必非其实也"（吕思勉《秦汉史》）。吕思勉先生甚至指出："《李斯列传》所载赵高之谋，二世之诏，李斯之书，皆非当时实录也。"这也算是一家之言。

三、变本加厉，为政务益刻深

我们常说，英雄不问出处。后世唐太宗李世民通过玄武门之变登基称帝，但他励精图治，还是以明君的形象名垂千古。明成祖朱棣通过靖难之役夺权上位，同样并不妨碍他成为一代英主。所以，不管胡亥继位合不合法，司马光所著的《资治通鉴》更关心的是，胡亥为政都干了些什么？干得怎么样？

公元前 210 年，二十一岁的胡亥继位为秦二世。其实胡亥也很想把父亲秦始皇未竟的事业做好，可在这一大堆繁难险重的事业中，他的选择却一个比一个糟糕。

《资治通鉴》记载胡亥主要干了三件大事。

第一件，东巡万里。

胡亥继位之后首先就花了三个多月的时间，效方他的父亲出巡。秦二世元年春天，胡亥东巡，丞相李斯陪同。二世胡亥的这次出巡，似乎在沿着父亲秦始皇当年的出巡路线行进。著名的秦汉交通史研究专家王子今教授考证，二世胡亥的东巡应该是从咸阳出发，然后北行到渤海边的碣石，然后沿着海岸线巡幸泰山—芝罘—琅邪—朐（今江苏省连云港市西南锦屏山侧秦县名），一直到了今天的会稽山，然后又折返辽东，再回咸阳。《资治通鉴》记载说他这一路之上，凡是秦始皇当年出巡时所刻石碑，二世胡亥都做了续接补刻，目的是为了彰显先帝的盛德，当然更是为了彰显自己执政的合法性。王子今教授推算，秦二世胡亥的这一趟总行程可能超过一万零八十公里，至少也有八千八百公里以上。二世的出巡不足四个月，如果按照一百天来算，胡亥出巡每天要走将近九十公里，甚至超过一百公里！这是一个相当惊人的数字。胡亥的这一趟行程可谓风尘仆仆，历经辛苦。他明白了，看来当皇帝一点都不好玩。

第二件，诛杀宗亲。

二世胡亥东巡一回到咸阳就问赵高："人生在世，如白驹过隙。我既然如今已经君临天下了，就想要尽情享受，满足我喜闻乐见的全部东西，享尽我所思所想的一切，而且我也想永保祖宗的江山社稷，让天下万民都开心，我长长久久永居帝位，直到我的寿命终结，我这么想行吗？"（"夫人生居世间也，譬犹骋六骥过决隙也。吾既已临天下矣，欲悉耳目之所好，穷心志之所乐，以安宗庙而乐万姓，长有天下，终吾年寿，其道可乎？"《史记·李斯列传》）赵高的回答我们在上一讲已经讲过，他告诉二世当然可以呀！只要你大开杀戒，把不服的人都杀了就行。二世居然认为赵高说得有理，于是把法律修订得更加严苛，凡大臣、各位公子犯了罪，一律交给赵高严加惩处。

胡亥接下来就真的大开杀戒了。《资治通鉴》记载："于是公子十二人僇死咸阳市，十公主矺死于杜，财物入于县官，相连逮者不可胜数。"（《资治通鉴》卷七）有十二位皇子在咸阳街市上被斩首示众，十名公主在杜县被分裂肢体而死，他们的财产全部充公收归国库，受牵连身陷囹圄的人更是不可胜数。

司马光在《资治通鉴》中还详细记载了公子将闾兄弟三人和公子高的不同死法。公子将闾兄弟三人被囚禁在内宫，单单搁置到最后才议定罪过。二世派使臣去责令将闾说："你不尽臣子的职责，罪该处死！由行刑官执法吧！"将闾说："我既没有违反宫廷的礼仪，也不曾敢不听从司仪人员的指挥；我既没有僭越朝廷的位次，也不曾违背礼节；应对皇命质询，我未曾言辞失当说过什么错话，这怎么叫作不尽为臣子的职责啊？希望听你们说说我的罪过然后再去死！"言外之意就是死也要死个明白。使臣说："我不与你作什么商量，只奉诏书行事！"将闾于是便仰天大呼三声"天"，说："我没有罪！"兄弟三人都痛哭流涕，随即拔剑自杀。消息传开，整个皇室为此震恐。秦始皇的另一个儿子公子高打算逃亡，但又害怕株连族人，因此上书说："先帝未患病时，我入宫便赐给我饮食，外出便赐给我乘车，先帝内府的衣服，我得到赏赐，宫中马厩里的宝马，我也得到赏赐。我本应跟随先帝去死，却没能这样做。似此作为儿子便是不孝，作为臣子便是不忠。不孝不忠的人是没有资格生存在世上的。因此我请求随同先帝去死，愿被葬在骊山脚下。希望陛下垂怜。"二世阅后，高兴异常，便召见赵高，给他看公子高的上书，说："这可以算是急迫无奈了吧？"赵高道："作为臣子担心死亡还来不及呢，哪里能有空闲图谋什么造反的事呀！"二世随即允准了公子高的上书，并赐给他十万钱作为安葬费。

胡亥很可能也觉得自己继位缺乏正当性，所以视十七位哥哥，还有至少十个姐姐为眼中钉肉中刺，必欲除之而后快。惜墨如金的司马光在《资治通鉴》里详细记载胡亥残杀宗亲的历史，就是想告诉后来者，政变的延续往往意味着大开杀戒，骨肉相残。胡亥的所作所为就印证了这一规律。正因为如此，后世皇帝选择接班人的时候才格外看重继位者对弟兄姐妹的态度。唐太宗之所以最终选择李治继位，就是因为李治仁孝，李治立，其余兄弟才可能得善终，其他儿子继位，很可能还要上演骨肉相残的悲剧。

第三件，为政"务益刻深"。

东巡之后，胡亥下令继续修建阿房宫。此外，还征集五万人屯卫咸阳，让这些人教习射御。考虑到这批人和狗马禽兽要消耗的粮食很多，估计会供不应求，二世胡亥下令从其他郡县中调拨，转运输送豆类、谷物、饲草、禾秆到都城。为了防止咸阳物价上涨，二世胡亥还规定押运民夫都必须自带口粮，同时还下令咸阳城三百里之内不准给这些人提供谷物。只能说暴政变本加厉、升级了。

胡亥这么干的结果就是各地农民起义风起云涌。二世继位当年秋七月，陈胜吴广起义就爆发了。各地的百姓苦于秦法的残酷苛刻，纷纷争相诛杀地方郡县长官，响应陈胜起义。朝廷派到各地的使者把反叛的情况奏报给二世。二世胡亥居然勃然大怒，将奏报下情的官员谒者交给司法官吏审问治罪。于是，以后回来的使者，二世向他们询问情况，他们便回答说：**"群盗鼠窃狗偷，郡守、尉方逐捕，今尽得，不足忧也。"**（《资治通鉴》卷七）"不过是一群鼠窃狗偷的盗贼之辈，郡守、郡尉正在追捕他们，现在已经全部抓获，不值得为此忧虑了。"二世听了之后非常高兴。

面对无法掩盖的起义乱局，胡亥不但不反思悔改，反而多次谴责李斯："身居三公高位，如何使盗贼猖狂到这种地步！"李斯感到胆战心惊，但他又贪恋官爵利禄，为了迎合二世的心意，便昧着良心向二世进言所谓的督责之术。二世听了李斯的话居然十分高兴，变本加厉、更加为所欲为，把向百姓征收重税的人当作有才干的官吏，把杀人多的官员当作忠臣，结果导致"刑者相半于道，而死人日成积于市"，路上的行人有一半是受过刑罚的罪犯，死人的尸体天天成堆地积陈在街市中，秦朝的百姓因此愈加惊骇恐惧，随时准备发动变乱。

眼看各地农民起义风起云涌，而朝廷除了不停地征发关中士兵去东方镇压弹劾所谓的盗贼之外，再无良方善策。针对这种状况，右丞相冯去疾、左丞相李斯、将军冯劫等重臣要求二世调整政策改弦更张。二世胡亥对他们说："凡所为贵有天下者，得肆意极欲，主重明法，下不敢为非，以制御海内矣。夫虞、夏之主，贵为天子，亲处穷苦之实以徇百姓，尚何于法！且先帝起诸侯，兼天下，天下已定，外攘四夷以安边境，作宫室以章得意，而君观先帝功业有绪。今朕即位，二年之间，群盗并起，君不能禁，又欲罢先帝之所为，是上无以报先帝，次不为朕尽忠力，何以在位！"（《资治通鉴》卷八）什么意思？胡亥居然有他自己的一套理论！他说："但凡能至尊至贵拥有天下的君王，就是要为所欲为穷奢极欲，为君者严明法纪，臣下便不敢胡作非为，就凭这一条就足以驾驭天下了。过去虞、夏时期那些圣明的君王，虽然贵为天子，实际上身处穷苦之境，为了百姓勤于政事，那有什么值得效法的呢！况且先帝由诸侯起家，兼并天下。天下平定以后，就对外安抚四方蛮族以安定边境，对内兴修宫室以彰显功德，而你们这些人是目睹了先帝开创的丰功伟绩的。如今朕即位才两年时间，盗贼就蜂拥而起，你们不能加以禁止，又想要废弃先帝创立的事业，这便是上不能报答先帝，下不能为朕尽忠效力，凭什么你们还身居其位呢？"于是就将冯去疾、李斯、冯劫交给司法部门问罪。冯去疾、冯劫相继自杀，只有李斯被下至狱中。二世把李斯交给赵高处理，最终李斯也被赵高枉杀。

李斯一死，二世便任命赵高为中丞相，事无巨细，全由赵高胡作非为。而二世胡亥自己，不临朝视事，不接见大臣，常居禁中。

紧接着，中国历史上最奇葩的事发生了，那就是指鹿为马。

四、指鹿为马，真相和解读

指鹿为马的故事《资治通鉴》和《史记》的记载一样。说赵高为了专权，拉来一头鹿，告诉秦二世胡亥说这是一匹马。然后赵高把凡是说鹿的臣子都收拾了。这里有两个问题要讲。

第一，"指鹿为马"的出处。这个故事源出陆贾《新语·辨惑》。

《新语》作者陆贾，秦汉之际人，早于司马迁一百余年。陆贾曾为秦臣，故其说或近真；司马迁的记载，则有可能得自民间"放失旧闻"而走调。按照陆贾的记载，秦二世之时，赵高驾鹿而从行，二世胡亥问："丞相你为什么用鹿驾车？"赵高回答说："这是马。"胡亥说："丞相你错了，怎么能以鹿为马呢。"赵高说："这确实是一匹马。陛下如果认为我说得不对，您可以问问其他大臣。"于是乃问群臣，群臣有说是马有说是鹿，莫衷一是。二世胡亥自己分不清到底是马还是鹿。陆贾的记载告诉我们，也许赵高一开始并没有想着用指鹿为马作为他弄权的一种手段。

第二，指鹿为马的政治寓意背后还有更深层次的文化思考。古人有一种说法，叫作"良马似鹿"，意思就是好马长得像鹿一样。赵高曾经为中车府令，是驾驭高手，所以他找到长得像鹿的良马为自己的座驾是有可能的。当然这样的好马一定非常稀少，而且名贵。所以《韩非子·外储说右上》中说："夫马似鹿者而题之千金。"这是说确实有长得"马似鹿"者的良马，宋人也有"鹿似马"者的记载。如果从这一历史认知出发理解"指鹿为马"的故事，也许就不能说是赵高在处心积虑颠倒黑白，相反指鹿为马反倒是暴露了二世胡亥的认知缺失。之所以这么讲，是因为胡亥与赵高之间除"指鹿为马"这件事之外，还有"束蒲为脯"的故事发生。"束蒲为脯"说的是二世胡亥将捆束的蒲柳说成肉脯。而且，史传所见赵高愚弄胡亥之端还不止于此。郑玄注《礼记》说："秦二世时，赵高欲作乱，或以青为黑，黑为黄。"这些所谓"玄黄改色，马鹿易形"之类的故事说明什么？说明二世胡亥缺乏生活常识，缺乏基本的教育。王子今教授就指出：胡亥在师从赵高时，除了学习"书及狱律令法事"之外，其他方面很可能所知甚少。说明他与后世"何不食肉糜"的晋惠帝是一丘之貉，一路货色。

秦朝一味强调"以吏为师"，导致皇子的教育都存在严重的缺陷，二世胡亥于"《诗》、《书》、百家语"文化体系相对无知。二世胡亥这种在知识结构上严重贫乏的弊病，秦政极端崇尚法家的文化偏执导向应该才是主要原因。唐朝诗人元稹早就发现了胡亥的教育缺失问题，他指出："胡亥之生也，《诗》《书》不得闻，圣贤不得近。"（唐人元稹《论教本书》，《旧唐书》卷一六六《元稹传》，《文苑英华》卷六七六）说胡亥没有接受系统的文化教育，所以连基本的生活常识都不具备，行事古怪也就不足为奇了。三国时期的曹冏说"胡亥少习刻薄之教，长遵凶父之业"（曹冏：《六代论》），指的就是秦始皇用赵高为胡亥的老师，导致胡亥接受的教育存在严重的缺陷。胡亥的教训告诫后世，不仅要加强执政者的行政理念教育和行政能力培训，更要重视文化的熏陶感染，这是培养健全人格的重要方式方法，而且这种教育应该自"少"而始，胡亥二世而亡之后，后世历代都引以为戒，越来越注重王子王孙的教育。

五、德不配位，必有余殃

二世胡亥最后的结局是被迫自杀。二世胡亥在穷途末路之时做了一个奇怪的梦，他梦见一只白虎咬了自己车驾左边的骖马，胡亥觉得这是不祥之兆，于是去占卜。卜辞说这是泾水在作祟，于是胡亥决定在望夷宫实行斋戒，然后准备祭祀泾水。赵高命他的女婿咸阳县令阎乐带兵径直闯望夷宫。射杀了几个守宫的郎官和宦官。其他郎官、宦官惊恐万状，凡反抗者即被杀死，这样死了几十人，其余的纷纷逃跑了。二世胡亥怒不可遏，召唤侍从左右的卫士，但近侍卫士们都惊慌失措，不敢上前格斗。到最后，二世身旁只有一名宦官服侍着，不敢离去。二世入内对这个宦官说："你为什么不早告诉我呀，竟至于到了这个地步！"宦官道："我不敢说，所以才能保全性命；倘若我早说了，已经被杀掉了，哪里还能活到今日！"阎乐这时走到二世面前，数落他说："您骄横放纵，滥杀无辜，天下人都背叛了您，您还是自己打算一下吧！"二世说："我可以见到丞相吗？"阎乐道："不行！"二世说："我希望得到一个郡来称王。"阎乐不准许。二世又道："我愿意做万户侯。"阎乐仍不答应。二世于是说："那么我甘愿与妻子儿女去做平民百姓，像各位公子的结局那样。"阎乐道："我奉丞相的命令，为天下百姓诛杀你，你再多说，我也不敢禀告！"随即指挥他的兵士上前逼迫。二世只得自杀了。胡亥死后，最后是用平民百姓的礼仪葬在了杜县南面的宜春苑中。

《资治通鉴》详细记载了二世胡亥的末日情状，读来让人感慨良多。其文如下：

郎中令与乐俱入，射上幄坐帏。二世怒，召左右，左右皆惶扰不斗。旁有宦者一人侍，不敢去。二世入内，谓曰："公何不早告我，乃至于此！"宦者曰："臣不敢言，故得全。使臣早言，皆已诛，安得至今！"阎乐前即二世，数曰："足下骄恣，诛杀无道，天下共畔足下，足下其自为计！"二世曰："丞相可得见否？"乐曰："不可！"二世曰："吾愿得一郡为王。"弗许。又曰："愿为万户侯。"弗许。曰："愿与妻子为黔首，比诸公子。"阎乐曰："臣受命于丞相，为天下诛足下，足下虽多言，臣不敢报！"麾其兵进。二世自杀。阎乐归报赵高。赵高乃悉召诸大臣、公子，告以诛二世之状，曰："秦故王国，始皇君天下，故称帝。今六国复自立，秦地益小，乃以空名为帝，不可。宜为王如故，便。"乃立子婴为秦王。以黔首葬二世杜南宜春苑中。（《资治通鉴》卷八）

一个不着调的亡国之君最后的死相都这么难看，一点骨气都没有。胡亥二世而亡，给后世留下了黑色的政治寓言和二世而亡的惨痛教训。需要指出的是，二世而亡或二世动乱是后世统一帝国谁都无法回避的陷阱。秦以外，唯一一个二世而亡的王朝是隋朝。此外，自秦以后，汉朝高祖之后有吕后专权之乱，唐朝高祖之后有玄武门之变，宋朝有烛影斧声之惑，明朝有靖难之役，清顺治也有弃帝之举。看来，在第二代权力交接之时都发生了意外，这就不能不引人深思。其中的教训足以为鉴。我以为至少有两点教训需要引以为戒：

教训一，杜绝"私其所爱"。也就是说不能让自己的感情因素左右继承人的选择。后世唐太宗有十四个儿子，最后他没有选择自己最喜欢的李泰做太子，而选择了更仁孝的李治，就是后来的唐高宗。唐太宗能够超越自己的好恶选择接班人，所以司马光就在《资治通鉴》里评价说："唐太宗不以天下大器私其所爱，以杜祸乱之原，可谓能远谋矣！"

教训二，德位要相配。《朱子治家格言》中说："德不配位，必有余殃。"意思就是说德行和权位不相匹配，一定会遭殃。按照司马迁的说法，胡亥一开始并无觊觎皇位之心，但是禁不住赵高的蛊惑。司马光不写这一段，就是要告诉我们，没有金刚钻别揽瓷器活。揽来瓷器活，没有金刚钻，带来的是什么？是身败名裂。对帝王而言，就是身死国亡。司马光为什么用很大的篇幅写胡亥的乱政·值得后人深思。家国一体，每个人的能力和德行都不一样，不是谁都能做一个合格的领导者，干自己适合干的，才是做事之道。司马光在《资治通鉴》中浓墨重彩记载这件事，我以为深意也在这里。

那么，秦朝的灭亡除了统治者自身的原因，又有哪些人起了决定性的作用呢？

附录：

三国·曹冏·《六代论》（节选）

臣闻古之王者，必建同姓以明亲亲，必树异姓以明贤贤。故传曰："庸勋亲亲，昵近尊贤。"《书》曰："克明俊德，以亲九族。"

《诗》云："怀德维宁，宗子维城。"由是观之，非贤无与兴功，非亲无与辅治。夫亲亲之道专用，则其渐也微弱；贤贤之道偏任，则其弊也劫夺。先圣知其然也，故博求亲疏而并用之：近则有宗盟藩卫之固，远则有仁贤辅弼之助；盛则有与共其治，衰则有与守其土；安则有与享其福，危则有与同其祸。夫然，故能有其国家，保其社稷，历纪长久，本枝百世也。今魏尊尊之法虽明，亲亲之道未备。《诗》不云乎："鹡鸰在原，兄弟急难。"以斯言之，明兄弟相求于丧乱之际，同心于忧祸之间，虽有阋墙之忿，不忘御侮之事。何则？忧患同也。今则不然。或任而不重，或释而不任。一旦疆场称警，关门反拒，股肱不扶，胸心无卫。臣窃惟此寝不安席，思献丹诚，贡策朱阙，谨撰合所闻，叙论成败。

论曰：昔夏、殷、周历世数十，而秦二世而亡。何则？三代之君，与天下共其民，故天下同其忧。秦王独制其民，故倾危而莫救。夫与民共其乐者，人必忧其忧；与民同其安者，人必拯其危。先王知独治之不能久也。故与人共治之；知独守之不能固也，故与人共守之。兼亲疏而两用，参同异而并建。是以轻重足以相镇，亲疏足以相卫。并兼路塞，逆节不生。及其衰也，桓文帅礼，苞茅不贡；齐师伐楚，宋不城周。晋戮其宰，王纲弛而复张，诸侯慑而复肃。二霸之后，浸以陵迟，吴楚凭江，负固方城。虽心希九鼎，而畏迫宗姬。奸情散于胸怀，逆谋消于唇吻。斯岂非信重亲戚，任用贤能？枝叶硕茂，本根赖之与。自此之后，转相攻伐。吴并于越，晋分为三，鲁灭于楚，郑兼于韩。暨于战国，诸姬微矣，惟燕卫独存，然皆弱小。西迫强秦，南畏齐楚，忧惧灭亡，匪遑相恤。至于王赧，降为庶人，犹枝干相持，得居虚位。海内无主，四十余年。

秦据势胜之地，骋谲诈之术，征伐关东，蚕食九国。至于始皇，乃定天位，旷日若彼，用力若此，岂非深固根蒂，不拔之道乎？《易》曰："其亡其亡，系于苞桑。"周德其可谓当之矣。秦观周之弊，将以为小弱见夺。于是废五等之爵，立郡县之官，弃礼乐之教，任苛刻之政。子弟无尺寸之封，功臣无立锥之地，内无宗子以自毗辅，外无诸侯以为藩卫。仁心不加于亲戚，惠泽不流于枝叶。譬犹芟刈股肱，独任胸腹；浮舟江海，捐弃楫棹。观者为之寒心，而始皇晏然，自以为关中之固，金域千里，子孙帝王万世之业也。岂不悖哉！是时淳于越谏曰："臣闻殷周之王，分子弟功臣千有余城。"（《文选》作人）今陛下君有海内，而子弟为匹夫，卒有田常六卿之臣，而无辅弼，何以相救？事，不师古而能长久者，非所闻也。始皇听李斯偏说，而绌其议，至于身死之日，无所寄付。委天下之重于凡夫之手，托废立之命于奸臣之口，至令赵高之徒，诛锄宗室。胡亥少习刻薄之教，长遵凶父之业，不能改制易法，宠任兄弟，而乃师谟申商，谄谋赵高，自幽深宫，委政谗贼，身残望夷，求为黔首，岂可得哉！遂乃郡国离心，众庶溃叛，胜广倡之于前，刘项弊之于后，向使始皇纳淳于之策，抑李斯之论，割裂州国，分王子弟，封三代之后，报功臣之劳，士有常君，民有定主，枝叶相扶，首尾为用，虽使子孙有失道之行，时人无汤武之贤，奸谋未发而身已屠戮，何区区之陈项，而复得措其手足哉！

第十讲

项羽脸谱：黑白分明一言难尽

　　项羽在中国历史文化中是一个独特的存在。作为失败的英雄，他输了决战丢了性命，却保留了失败者的尊严，赢得了身后千古令名。

项羽京剧脸谱

项羽究竟是个什么样的人？在文学、历史和民间的口碑中众说纷纭，很不一样。在京剧里，项羽的脸谱只用黑白两色，属于"三块瓦脸"。按照戏剧脸谱的说法，三块瓦脸是以一种主要颜色作底色，然后用黑色高度夸张地勾画出眉、眼和鼻窝，使额部和两颊呈现出三块明显的主色，平整得像三块瓦片，因此而得名。项羽是黑色花三块瓦脸，白眉中有花纹，鼻窝中有鼻孔，两颊白色，黑脑门中有花纹。黑色在脸谱中往往代表的是勇猛、直爽的性情品格。项羽的戏剧脸谱只用黑白两种颜色，而且黑白分明，看上去威严肃穆，脸谱上把他画成寿字眉，面带哭丧，表现的是一个拔山盖世、刚愎自用、有勇无谋的失败了的英雄形象。

京剧中为什么要这样塑造项羽？历史上真实的项羽究竟是一个什么样的人呢？我想用四个词可以概括。

一、贵族家风，有所不为彰显高贵

第一，贵族。

项羽出身于贵族世家。项羽，芈姓项氏，名籍，字羽，是楚国名将世家之后。项羽的祖父项燕统率楚国近六十万大军与王翦统率的六十万秦军进行大决战，最后项燕兵败自杀。项羽的父亲早亡，随叔父项梁长大成人。《资治通鉴》记载说，项羽小时候叔父让他去读书，他不好好学，半途而废；让他去学剑习武，又半途而废。项梁非常生气。项羽辩解说："读书识字，能够写出自己的名姓就可以了；学剑习武，学的只是一人敌，不值得学；我要学万人敌！"于是项梁开始教他兵法，项羽大喜；但是好景不长，项羽只是大体上了解了兵法的含义就又不肯再用功学了。项羽长大成人，身高八尺余，即身高一米八四以上，力能扛鼎，勇武有力。自古以来，能够把鼎举起来的人少之又少。秦武王就是因为举鼎绝膑而死的。这个记载说明项羽孔武有力，文化程度却较低，见识和格局受限。这为他以后的人生悲剧埋下了隐患。（籍少时学书，不成，去；学剑，又不成。项梁怒之。籍曰："书，足以记名姓而已！剑，一人敌，不足学。学万人敌！"于是项梁乃教籍兵法，籍大喜；略知其意，又不肯竟学。籍长八尺余，力能扛鼎，才器过人。《资治通鉴》卷七）

不过项羽毕竟出生在贵族家庭，家风家教很好。所以项羽的为人还是很有贵族风度的。曾经做过项羽手下的陈平就对项羽的贵族风度有很中肯的评价。他说："项王为人，恭敬爱人，士之廉节好礼者多归之。"（《史记·陈丞相世家》）项羽对人恭敬有礼，所以有操守讲礼节的士人都云集到他的麾下。陈平对项羽的这个评价是针对刘邦"慢而少礼"而言的。刘邦爱耍流氓，动辄侮辱士人，待人接物缺乏礼节。汉初的开国元勋高起、王陵也曾当面对刘邦讲："陛下慢而侮人。"不但慢待，还侮辱人。两厢对照，更可见项羽贵族风度的可贵。

但是司马光对项羽的这种贵族风度并不在意，所以在《资治通鉴》中他只记载了陈平对项羽的另一句评价："项王为人，意忌信谗，必内相诛。"(《资治通鉴》卷十)意思是说项羽对人不信任，猜忌心理很重，而且容易听信谗言，一旦认定对方有负于己，一定杀无赦。这又体现了贵族的另一面——自我而冷酷。陈平正是抓住了项羽的这个弱点，成功实施反间计，离间了项羽和他最得力的智囊范增以及得力大将钟离眜之间的关系。

贵族的特性不仅仅体现在项羽的贵族风度上，更体现在他的有所不为上。有两件事能够很好地体现项羽的有所不为。

一是对刘邦父亲和妻子的处置。彭城之战，项羽用三万精兵快速突击打败了统领五十六万各路诸侯联军的刘邦。刘邦自己也差一点死在彭城。但是阴差阳错，刘邦侥幸逃脱，刘邦的父亲刘太公和妻子吕雉、哥哥刘喜却成了项羽的阶下囚，而且一直被项羽拘押了三年多。楚汉在广武对峙期间，由于敖仓这个大粮仓被汉军战领，项羽六军形势不利。项羽为了改变不利的局面，意图胁迫刘邦。于是项羽公开在两军阵前摆上屠宰用的案板，然后把刘邦的老爹刘太公放置在上面，并且给刘邦下了最后通牒："如果不立即投降，我现在就把你爹活活煮了！"老爹受制于人，身为儿子的刘邦按常理只能答应对方的条件，否则自己将无法做人。问题是刘邦是什么人？刘邦是公认的江湖小混混出身，是个流氓。老流氓刘邦一看贵族出身的愣头青项羽要和自己玩儿流氓手段，马上应声回应："我和你都属于楚怀王的臣子，我们曾结拜为兄弟，我的爹就是你的爹，一定要活煮了咱爹，记得到时候分给我一杯煮好的老爹肉羹！"项羽勃然大怒，就想宰了太公。项伯劝他说："如今天下的事情怎么发展还不一定；况且刘邦为了争夺天下根本不会顾及家人，就是杀了太公也没用，只会更招来灾祸罢了！"项羽也就放弃了杀太公的打算。（羽亦军广武，与汉相守。数月，楚军食少。项王患之，乃为俎，置太公其上，告汉王曰："今不急下，吾烹太公！"汉王曰："吾与羽俱北面受命怀王，约为兄弟，吾翁即若翁；必欲烹而翁，幸分我一杯羹！"项

王怒，欲杀之。项伯曰："天下事未可知；且为天下者不顾家，虽杀之无益，只益祸耳！"项王从之。（《资治通鉴》卷十）

要跟流氓耍流氓，就得比流氓还要流氓。项羽毕竟是贵族出身，大庭广众之下真让他耍流氓，他还真耍不了。

二是项羽宁死不回江东。垓下之败，项羽一败涂地。但他本来还是有安然退却，甚至东山再起的机会的，正如古人所言："江东子弟多才俊，卷土重来未可知。"但是，项羽骨子里与生俱来的贵族风度不容许他忍辱含羞苟且偷生。"至今思项羽，不肯过江东"，易安居士的名诗讴歌的就是项羽这种有所不为的高贵品格。正是项羽的这种有所不为，成就了他在生命最后一刻选择了向死而生。项羽死了，但他获得了永生。《资治通鉴》详细记载了项羽的最后时刻：

> 于是项王欲东渡乌江，乌江亭长舣船待，谓项王曰："江东虽小，地方千里，众数十万人，亦足王也。愿大王急渡！今独臣有船，汉军至，无以渡。"项王笑曰："天之亡我，我何渡为！且籍与江东子弟八千人渡江而西，今无一人还；纵江东父兄怜而王我，我何面目见之！纵彼不言，籍独不愧于心乎！"乃以所乘骓马赐亭长，令骑皆下马步行，持短兵接战。独籍所杀汉军数百人，身亦被十余创。顾见汉骑司马吕马童，曰："若非吾故人乎？"马童面之，指示中郎骑王翳曰："此项王也！"项王乃曰："吾闻汉购我头千金，邑万户，吾为若德。"乃刎而死。（《资治通鉴》卷十一）

二、暖男本色，赢得美人失却霸业

第二，暖男。

在世人的印象中，项羽是一个粗线条的霸王，是一个力拔山兮气盖世的英雄。但实际上，生活中的项羽根本不是这样的，用今天的话来说，他就是一个暖男。为什么这么讲？曾经在项羽身边做了多时执戟郎中的韩信曾经对刘邦说："项王见人恭敬慈爱，言语呕呕，人有疾病，涕泣分食饮。"（《资治通鉴》卷九）恭敬慈爱，这是贵族教养的体现。说话和颜悦色，极尽体贴关怀，别人生病了，会眼含热泪端汤送水，给予足够的关怀和同情，这是多么有亲和力的表现啊！用今天的标准来衡量，这不是暖男是什么？不但韩信这么认为，高起、王陵也曾说："项羽仁而爱人。"陈平也说他"恭敬爱人"。所以，项羽是一枚标准的暖男。

暖男当然要情感细腻，有体贴入微的属性。六年的功业毁于一旦，这个时候的项羽不去想眼看就要灰飞烟灭的霸王事业，反而最惦记的是自己的爱姬和胯下的乌骓马。"力拔山兮气盖世，时不利兮骓不逝。骓不逝兮可奈何！虞兮虞兮奈若何！"人生在世，何者为大？人心口碑往往不同于千秋史评，两千年来，打动人心的不是汉家王朝的快意大捷，而是项羽生离死别时的无限惦念和决绝。唐代胡曾的《咏史诗·垓下》诗曰："拔山力尽霸图隳，倚剑空歌不逝骓。明月满营天似水，那堪回首别虞姬。"表达的就是对项羽这份款款深情深深的惋惜和悲悯情怀。

三、暴戾本性，杀人如麻人心尽失

第三，暴戾。

公元前 210 年，二十三岁的项羽在会稽目睹了最后一次出巡的秦始皇。当项羽看到秦始皇风光无限的出行排场和威仪时，情不自禁地脱口而出："彼可取而代也！"这个人的权位我可以取而代之！当时的始皇帝可是万人敬仰膜拜的对象。在此之前，刘邦在咸阳服徭役的时候也曾经一睹秦始皇的威仪，他什么感想？刘邦喟然感叹说："**嗟乎，大丈夫当如是也！**"哎呀，男子汉大丈夫就应该像始皇帝这么威风凛凛，才不枉在世上走一遭。面对至高无上的始皇帝，刘邦豪气全无，有的只是一股津津乐道艳羡不已的世俗气。还不如率先揭竿而起的陈胜，陈胜说："王侯将相宁有种乎！"这才是不甘向命运低头，掷地有声的英雄意气。回过头来再品项羽的话，在他的眼里，高高在上的秦始皇没有丝毫值得敬畏之处。一个"彼"字，道尽了项羽对他的不屑。"可取而代也"，说得似乎如探囊取物一般轻松容易。清代乾嘉学派的大师王鸣盛就评价说，项羽的这句话"**悍而戾**"，彪悍而又充满了暴戾之气。

项羽黑白分明的脸谱总是给人一种阴森森的感觉。事实上，项羽的暴戾颇有点人神共愤的意味。这么讲的理由有三个。

其一，项羽动辄杀人。项羽杀人如麻。项羽与他的叔父项梁叔侄二人一边在会稽郡躲避仇家避难，一边暗中积蓄力量，成为当地不可忽视的一股势力。眼看各地纷纷揭竿而起，会稽郡守殷通主动联系项梁叔侄二人商议起兵反秦。结果项梁指使项羽突然袭击，项羽一人就杀死殷通和郡守府数十百人，一下子树起来威风。叔侄二人的这一手很不仗义，有点"黑吃黑"的味道。项梁命令项羽独自带兵攻打襄城。襄城誓死坚守，结果项羽攻下城后就把城中所有的人都坑杀了。因为项羽过于能杀人，所以他的老同事们楚怀王诸老将对他形成了"**项羽为人，慓悍猾贼**"的印象。慓悍就是说他彪悍，能打仗；"猾贼"可就不是个好词了，意思是说他狡诈而且心狠手辣。

其二，项羽杀人手段恶劣。沛县的地方豪强王陵聚集了几千人马，一开始摇摆不定，后来投靠了刘邦。项羽为了胁迫王陵归顺自己，把王陵的母亲抓到军中为人质。王陵派使者找项羽斡旋，试图解救自己的母亲。王陵的母亲偷偷哭着对使者说："希望你替我告诉王陵：好好为汉王效命，汉王是长者，最终会赢得天下；不要因为我的缘故三心二意。我要以死送别使者！"说完就伏剑而死。结果项羽恼羞成怒，把王陵母亲的尸体还烹之。又煮了一遍！这件事干得太没有人味儿！（王陵者，沛人也，先聚党数千人，居南阳，至是始以兵属汉。项王取陵母置军中，陵使至，则东乡坐陵母，欲以招陵。陵母私送使者，泣曰："愿为老妾语陵：善事汉王，汉王长者，终得天下，毋以老妾故持二心。妾以死送使者！"遂伏剑而死。项王怒，烹陵母。《资治通鉴》卷九）

项羽干的缺德事儿还有很多。刘邦身陷荥阳之围，纪信假冒刘邦投降，引开项羽的注意力，刘邦趁机突围。纪信被抓后，被项羽活活烧死。项羽抓住刘邦的手下周苛以后，封官许愿希望周苛投降，周苛破口大骂，不投降，"羽烹周苛"，项羽又烹之。项羽入关中，大肆烧杀劫掠之后，决定回老家彭城定都。有个儒生韩生劝他定都关中，项羽不听，韩生讽刺他"沐猴而冠"，项羽又把韩生烹之。两军对战，各为其主。即便是对手，也需要起码的尊重。常言说杀人不过头点地，肆意虐杀就过了。

其三，项羽杀人规模空前。《资治通鉴》记载：项羽既定河北，率诸侯兵欲西入关。先是，诸侯吏卒、繇使、屯戍过秦中者，秦中吏卒遇之多无状。及章邯以秦军降诸侯，诸侯吏卒乘胜多奴虏使之，轻折辱秦吏卒。秦吏卒多怨，窃言曰："章将军等诈吾属降诸侯。今能入关破秦，大善；即不能，诸侯虏吾属而东，秦又尽诛吾父母妻子，奈何？"诸将微闻其计，以告项羽。项羽召黥布、蒲将军计曰："秦吏卒尚众，其心不服，至关不听，事必危。不如击杀之，而独与章邯、长史欣、都尉翳入秦。"于是楚军夜击坑秦卒二十余万人新安城南。（《资治通鉴》卷九）项羽经过巨鹿之战等一系列战役之后，平定了黄河以北的地区，打算率领各路诸侯军向关中西进。在此之前，诸侯军中的官兵有的曾因服徭役或屯戍经过关中一带，秦地的官兵对待他们多有无礼之处。待到章邯率秦军投降了诸侯军后，诸侯军的官兵便凭借胜势，把秦军官兵多当作奴隶和俘虏来使唤，随便侮辱已经投降的秦军官兵。这些故秦官兵大多因此而心生怨恨，他们暗地里议论说："章将军等人骗咱们投降诸侯军，如今若能攻入关中击灭秦朝，当是大好事；倘若不能，诸侯军将咱们掠持到东方去，而秦朝又尽杀咱们的父母妻子儿女，那可怎么办啊？"诸侯军的将领们暗中查探到了这些议论，当即报告给项羽。项羽于是召集黥布、蒲将军商量说："目前军中秦朝的官兵还很多，他们内心并不顺服，如果到了函谷关不听从调遣，情势必会危急。所以不如将他们除掉，而只留下降将章邯、长史司马欣、都尉董翳等一起进入关中。"项羽于是下令楚军，连夜在新安城南面袭击活埋了秦兵二十余万人。

项羽如此暴戾，自然不得人心。

四、勇猛无敌，为将之勇与匹夫之勇

第四，勇猛。

先说他的为将之勇。巨鹿之战是各路起义军与秦朝对决生死攸关的一战，也是项羽立威称霸的一战。项羽已经杀了"卿子冠军"宋义，项羽率领数万楚军以破釜沉舟的决绝勇气，率全军渡过黄河，下令凿沉船只，砸毁锅、甑，烧掉营舍，每人携带三天的口粮，与秦军接战。经九次交锋，大败秦名将章邯、王离所统率的四十万秦军主力。章邯领兵退却。各国的援兵这时才敢出击秦军。接下来杀了秦军将领苏角，俘获了王离。另一位秦军名将涉间不肯投降，自焚而死。经此一战，楚军雄冠诸侯军；之前，援救巨鹿的诸侯国的军队有营垒十多座，却都不敢发兵出击。待到楚军攻打秦军的时候，诸侯军的将领都在营垒上观战。见楚军士兵无不以一当十，喊杀声惊天动地，诸侯军人人都惊恐不已。打败了秦军后，项羽召见诸侯军将领。这些诸侯将领彻底宾服。他们什么表现？《资治通鉴》记载："诸侯将入辕门，无不膝行而前，莫敢仰视。项羽由是始为诸侯上将军，诸侯皆属焉。"（《资治通鉴》卷七）这些将领们进入辕门时，没有一个不是跪着前行的，谁也不敢仰视。项羽从此始成为诸侯军的上将军，各路诸侯都归他统率了。

再说说项羽的匹夫之勇。韩信评价说"项王喑恶叱咤，千人皆废"，项羽这个人确实勇猛无敌，他大吼一声，上千人都会被他吓破胆。韩信的这个说法不夸张。在楚汉战争后期，项羽颓势已现，竟然提出与刘邦单挑。项羽对刘邦说："天下沸沸扬扬地闹腾了好几年了，只是由于我们两个人相持不下的缘故。现在我愿意向你挑战，一决雌雄，不要再让天下的老百姓白白地忍受煎熬了！"刘邦笑着推辞道："我宁肯斗智，不肯斗力。"韩信说："此特匹夫之勇耳。"项羽多次命楚军壮士出阵挑战，但次次都被汉营中善于骑射的楼烦射杀了。项羽因此勃然大怒，就亲自披甲持戟上阵挑战。楼烦又想要射项羽，项羽"瞋目叱之，楼烦目不敢视，手不敢发"（《资治通鉴》卷十），项羽瞪大眼睛厉声呵斥，竟然吓得楼烦双眼不敢直视项羽，双手不敢张弓发箭，狼狈奔回营垒，不敢再露面了。匹夫之勇至少是个人英雄主义，对一般人而言，也算难能可贵，但对项羽而言，力能扛鼎，气势惊人，还远远不够成就他的西楚霸业。

项羽的贵族特性具有两面性，既有体现亲和力的一面，也有拘泥教条、自我冷酷的一面。他的暖男属性对虞姬和乌骓马而言是让人倍感温馨的一面，但暖男的另一面就是婆婆妈妈，再进一步就是拎不

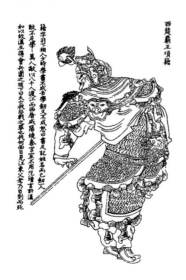

项羽题跋侧身像

清了。而暴戾既让项羽取得万人膜拜的恐惧，也给他造就了无数的敌人。至于勇猛，既可以成就项羽"一人敌"的英雄主义，也可以成就他"万人敌"的一往无前。但是，要成就大业，"万人敌"还不够，还需要有政治头脑和战略眼光。而这方面的缺陷对项羽而言最终铸成了致命的错误。

五、沐猴而冠，怀愿求援而终以孤立

项羽勇猛有余，品行修养却有严重缺陷。抛开战略战术不谈，就个人秉性而言，项羽的毛病主要有两个。

首先是"妇人之仁"。

韩信在评价项羽的时候说项羽有所谓"妇人之仁"。韩信说项羽在为人处世上有亲和力，但是只是表现在嘘寒问暖方面；至于用人为政方面，项羽舍不得用人为官，小家子气明显。明末清初的大思想家王夫之不同意韩信的这种说法。王夫之认为，韩信所说的妇人之仁不表现在舍不得授人以官这个方面，而表现在任人唯亲方面。项羽曾经的老下级陈平曾经说："项羽所喜欢任用的，不是项氏本家就是他的小舅子大兄哥，纵然有奇才也不能为其所用。"正因如此，所以王夫之说，项羽不是不知人，问题是他就是靠奸诈手段发迹上位的，身为楚怀王的臣子结果却杀了楚怀王，身为宋义的副将又手刃上司。项羽恃力逞威，恣意妄为。王夫之说，他自己这么干，还以小人之心，度君子之腹，疑神疑鬼，左顾右盼，谁也不敢相信，那他不用亲戚用谁？结果到头来周围尽是些为了一己之私利在蒙蔽他的人罢了。重要岗位用的都是三姑六戚，一般的士人焉能不被排斥？问题是不信任士人，亲戚就靠得住吗？为刘邦做心腹，吃里爬外的项伯，是他的堂叔；最后追得他走投无路的吕马童，是他的老部下；人生末路，追随他的三十余骑中，并没有他的兄弟姻亲。所以王夫之说："怀慝求援，而终以孤立。"（《读通鉴论》卷二）怀着一颗奸邪之心却想找到可靠的帮手，最终只能是众叛亲离孤立无援。

王夫之的评价很有见地。王夫之认为，一个人不愧于天，则苍天没有不护佑的；不愧于人，则人人可以为我所用。坚持正义，正道直行，则可居天下之广居；大公无私，不偏不倚，那么行使赏罚就会谨慎、公允而不徇私情；成败得失之奥妙，在此而不在蝇营狗苟，这是显而易见的道理。（不疚于天，则天无不祐；不愧于人，则人皆可驭。正义以行乎坦道，而居天下之广居；无所偏党，而赏罚可以致慎而无所徇；得失之几，在此而不在彼，明矣。不然，舍亲贤，行诱饵，贱名器，以徇游士贪夫之竞躁，固项羽之所不屑为者也。《读通鉴论》卷二）

其次是"文化局限"。

文化格局决定了一个人的结局。我们前面提到过，项羽不爱读书，文化程度不高，胸襟气度也不够，这成为他最大的短板。刘邦的文化程度也不高。但刘邦有见识，有胸怀，有海纳百川的气度，有知错能改的勇气，更有自知之明。所以刘项之争，最终三十一岁的项羽败给大他二十四岁的刘邦。

有两件事情最能体现刘、项二人的文化分野和格局。其一便是对入咸阳的态度和做法。

刘邦率军率先进入咸阳，看到秦王朝富丽堂皇的宫室、帷帐、各种狗马、贵重宝器等奢侈品和数以千计的后宫佳丽，便想留下来先在皇宫中好好享受一番。樊哙劝谏说："沛公欲有天下耶，将为富家翁耶？凡此奢丽之物，皆秦所以亡也，沛公何用焉！愿急还霸上，无留宫中！"（《资治通鉴》卷九）"您是想拥有天下，还是只想做一个富翁啊？这些奢侈华丽之物，都是招致秦朝覆灭的东西，您要它们有什么用呀！望您尽快返回霸上，不要滞留在宫里！"樊哙是刘邦的连襟，出身寒微。樊哙的这番话很有见地，可惜刘邦不以为然。张良一看刘邦不听樊哙的至理名言，说话了："秦朝就是因为不施行仁政，所以您才能够来到这里。而为天下人铲除残民之贼，应如同丧服在身，应该抱着对百姓同情的态度，以艰苦朴素为根本。如今刚刚进入秦的都城腹地，就要安享其乐，这即是人们所说的'助桀为虐'了。再说忠言逆耳利于行，良药苦口利于病，望您能接受樊哙的劝告！"刘邦对张良的话可以说是言听计从，张良一发话，刘邦当即率军返回霸上。

刘邦能够听得进别人的话，能够克制自己的欲望，这是他后来得以成功的基础。我们再看项羽的表现。项羽入关中之前就坑杀了二十万秦军归降的将士，这就失去了人和之利。进入咸阳项羽都干了什么？《资治通鉴》记载："居数日，项羽引兵西，屠咸阳，杀秦降王子婴，烧秦宫室，火三月不灭；收其货宝、妇女而东。秦民大失望。"（《资治通鉴》卷九）项羽引兵进入关中，下令洗劫屠戮咸阳城，杀了已投降的秦王子婴，放火焚烧秦朝宫室，大火燃烧三个月不熄灭。咸阳被付之一炬，项羽随即带着搜刮到的金银财宝和妇人女子向东退出关中。关中的老百姓大失所望。

另一件更能体现刘、项文化格局高下的事便是关于定都的决策。

项羽占据咸阳。有一位史书称之为韩生的读书人给项羽进谏道："关中有山河之险为屏障，是四面都有险要可守的地方，而且土地肥沃，可以在此建都称霸。"没想到项羽根本听不进去，而且说出了一番让人瞠目结舌的名言："富贵不归故乡，如衣绣夜行，谁知之者！"（《资治通鉴》卷九）项羽说："人富贵了而不归故乡显摆，就如同身穿锦绣华服在夜间行走，谁能看得到啊！"韩生退下去后给了项羽四个字的评价——沐猴而冠！项羽听到这话后，当即将韩生烹之。

一千八百多年后，另一位攻入都城的义军首领李自成也说过一句差不多的话。李自成说:"陕,吾之故乡也,富贵必归故乡,即十燕京未足易一西安!"这两位倒是有共同语言,见识相同。作为对比,我们再看刘邦对定都的态度。刘邦平定天下,就定都选址问题征求大臣们的意见,大臣们大多数是关东人,所以都希望定都洛阳。唯独刘敬力主定都咸阳。刘邦犹豫未决,征求张良的意见,张良说刘敬说得对,刘邦二话不再说,立马决定定都咸阳。刘敬本姓娄,因为选址定都建言有功,刘邦赐姓为刘。定都是一门涉及文化地理学和政治地理学的大学问,刘邦不懂情有可原。但他能接受别人的意见。项羽与刘邦两厢对照,高下立见。

那么,抛开个人的个性特质,项羽的功过是非又该怎么评说呢?

第十一讲

破釜沉舟：百二秦关终属楚

　　司马迁在总结秦汉王朝更迭的时候说："初作难，发于陈涉；
虐戾灭秦，自项氏；拨乱诛暴，平定海内，卒践帝祚，成于汉家。
五年之间，号令三嬗。"（《史记·秦楚之际月表》）在司马迁看来，
秦的灭亡始于陈涉的揭竿而起，但真正给秦王朝以毁灭性打击的
却是项羽。

项羽二十四岁时随着叔父项梁起兵于吴中。项梁叔侄很快聚集起来六七万人，声势已经很大。然而读到《资治通鉴》在此处的记载，我们发现，项羽出道以来遇到了两个难题。

一、迎立怀王，范增出了个馊主意

第一个难题就是项梁迎立楚怀王。

项梁、项羽驻军下邳，准备西渡淮河与秦军作战。这个时候陈涉已经战死。东阳人宁君和秦嘉闻听陈涉兵败，便拥立景驹为楚王。楚王景驹、将领秦嘉驻军彭城东面，想要抵抗项梁。项梁对军官们说："陈胜首先起事，作战不利，不知去向。现在秦嘉背叛楚王陈胜而拥立景驹，实属大逆不道！"便进军攻打秦嘉，秦嘉的军队大败而逃。项梁领兵追击到胡陵，秦嘉回师对战了一天，秦嘉战死，他的军队即归降了。景驹逃跑，死在了梁地。项梁兼并了秦嘉的部队。

这个时候项梁得到了陈涉已死的确切消息。项梁召集原属陈涉的各路人马到薛地（在今天山东省藤县东南），一起商量大伙该立谁为王。刘邦也是与会者之一。这次会议项梁其实是想确立自己的首领地位。结果跳出来一个自命不凡的居鄛人范增，这个已经七十岁的老头是一位隐士，好奇计，喜欢给人出谋划策，他对项梁说："陈胜的失败是必然的。秦灭六国，楚国之亡最冤枉。且自从楚怀王被诱骗到秦国并被秦昭王扣留至死，楚人直至今日都一直怀念他。因此阴阳家楚南公说：'楚虽三户，亡秦必楚。'陈胜率先反秦，不拥立楚王的后裔而自立为王，这才导致他不能长久。如今您从江东起兵，楚地蜂拥而起的将领都争相归附您，正是因为您家世世代代是楚国的将领，故而希望您能重新拥立楚王的后代啊！"项梁当时认为他说得有道理，就从民间寻找到楚怀王的孙子熊心——正在为人家放羊的牧羊娃，拥立他为楚怀王。起义军的首领是确定了，可项梁怎么办？给个什么位置呢？《资治通鉴》记载："项梁则自号为武信君。""自号"就是项梁自己给自己加封了一个叫"武信君"的封号。《资治通鉴》特意这么记载，很是耐人寻味。我们知道，"武信君"是之前陈胜的手下武臣的封号。楚怀王熊心能够从一个放羊娃当上楚王，范增的倡议固然重要，可如果实权派项梁不同意，熊心只能接着放羊去。按照我们常人的理解，项梁拥立熊心为楚王，熊心该投桃报李，加封项梁一个显赫的官爵。现在项梁自己加封自己，只有两种解释：其一，正如范增所言，熊心只把项梁当作"世世楚将"不愿意进一步加封项梁，以防止其尾大不掉；其二，项梁只是把熊心视为傀儡，不屑于熊心加封。无论哪一种解释，这个"自号"突显了楚怀王君臣关系的尴尬，为以后项氏与楚怀王的决裂埋下了伏笔。

从项氏叔侄的角度而言，在事业还没有做大之前，楚怀王的拥立也许确实有一点点号召力。但是，楚怀王再有号召力也只能在楚国范围内得到一点同情心，其他六国遗民会买楚怀王的账吗？清代乾嘉学派大家王鸣盛就指出："六国亡久矣，起兵诛暴秦，不患无名，何必立楚后？"（王鸣盛《十七史商榷》）项梁他们很显然没有考虑到这一点，这就为项羽此后的发展埋下了隐患。项羽后来诛杀义帝，"自号为西楚霸王"，其在政治上的被动都由此而来。追根溯源，这是范增出的致命的馊主意。

二、项梁战死，项羽没了主心骨

第二个难题就是项梁战死。

秦二世二年七月，天降连绵大雨，武信君项梁率军攻打亢父。章邯围攻齐国的起义军，项梁听说齐国田荣义军危急，领兵前往营救，在东阿城下击败了章邯的军队。章邯向西逃跑。项梁独自引兵追击败逃的秦军，在濮阳又打败了章邯统领的秦军，在定陶再次击败秦军。这个时候项羽与刘邦并肩作战，在雍丘（今汴州县）大败秦军，斩杀了李斯的长子三川郡守李由。面对节节胜利，项梁滋长了轻敌自傲的心理。宋义发现项梁有骄傲的情绪，便规劝道："打了胜仗以后，如若将领骄傲自满、士兵懈怠懒惰，接下来必败。如今士兵已有了怠惰的苗头，而秦兵却在一天天地增多，我都替您担心啊！"（"**战胜而将骄卒惰者，败。今卒少惰矣，秦兵日益，臣为君畏之！**"）项梁根本听不进宋义的劝告。这一年八月，"**二世悉起兵益章邯击楚军**"（《资治通鉴》卷八）。二世调动全部军队增援章邯攻打楚军，据学者们考证，这其中就包括名将王离统领的此前蒙恬统率的三十万北部边防军。章邯、王离军合起来差不多有五十万之巨，居于绝对优势地位的兵力，再加上项梁轻敌，结果定陶之战楚军大败，项梁战死。

项梁一死，项羽失去了最大的依靠，两个月后，楚怀王就把项羽和当时另一位将领吕臣的军队收归自己直接掌管。紧接着，楚怀王任命刘邦为砀郡长，封为武安侯，统领砀郡兵马；封项羽为长安侯，号称鲁公。封吕臣为司徒，吕臣的父亲被封为令尹，说明吕氏父子才是楚怀王最为倚重的人。这个时候的项羽原本和刘邦并肩作战，但刘邦封为郡长，有实权，而项羽虽然也被封侯，但却只有鲁县一地为封邑，而且没有独当一面。很显然，楚怀王在防范项羽。项梁一死，项羽一下子失去了主心骨，楚怀王也有点小看项羽。项羽的前途并不明朗。需要强调的是，这个时候的项羽只有二十五岁。一个涉世未深的年轻人该如何摆脱困境、脱颖而出呢？

《资治通鉴》到此，一直都在着墨于跌宕起伏、波澜壮阔的历史过程，对项羽的这种微妙处境只是点到为止，但接下来，却浓墨重彩记载了两次大战。很显然，它要塑造项羽的英雄气概，来反衬项羽日后的失败，通过这种对比，让人们深思，真正的大勇应该做什么？勇冠三军是勇，但这种勇，不能让一个人走向更高的层级。

三、诛杀宋义，打破怀王之约的紧箍咒

我们先回到秦末，看一看项羽的勇。项羽一生的辉煌，是通过两次大战确立的，第一次就是巨鹿之战。

巨鹿在今天河北邢台平乡北面偏东，巨鹿之战的旧址在今天平乡县的西南，并不在今天的巨鹿县。章邯击败楚军并杀死项梁之后，以为黄河南岸的起义军已经不足为虑，于是他把镇压起义军的兵锋直指黄河北岸以赵歇为王的赵国起义军。章邯渡黄河北上，张耳携赵歇等逃入巨鹿城。章邯派王离统率二十万重兵包围巨鹿。

从起义军方面而言，这个时候的军事形势是楚、齐、赵、燕四方反秦同盟军互相呼应，共同应对秦军。其中势力最大的楚系义军控制着彭城东南的局势；田荣挟田市为齐王，控制着齐鲁地区；韩广号称燕王，控制着广阳郡以北的燕国旧地；由陈余、张耳支持的赵王控制着赵国故地。现在章邯兵锋直指赵地，赵系义军势力一旦被消灭，章邯必然进击燕地，进而再消灭齐、楚。就这样，巨鹿成为起义军与秦军决战的风暴眼。巨鹿之战的成败决定双方的命运。

为了解救赵系义军，楚怀王任命宋义为上将军，项羽为次将，范

增为末将，各路部队的将领也都归宋义统领，号宋义为"卿子冠军"。

宋义为什么能够被楚怀王任命为上将军呢？

我们前边提到过，宋义发现项梁有骄色，及时进谏，可惜项梁不听。不但不听，项梁竟又派宋义出使齐国。宋义在途中遇到齐国的使者高陵君显，宋义对高陵君显说："您将要去会见武信君吗？"显回答说："是啊。"宋义说："我料定武信君必会失败。您慢点去当可免遭一死，快步赶去就一起遭殃。"高陵君显听了他的话，幸免一死。高陵君显到了楚怀王的驻地，正赶上楚怀王调集人马准备救赵。高陵君显就进见楚怀王说："宋义预言武信君的军队必败，过了不几天，项军果然失败。军队尚未开战就预见到了败亡的征兆，这可以说是颇懂得兵法了！"楚怀王即召宋义与他一起商议军国大事，相谈之后，《资治通鉴》记载说："**王召宋义与计事而大说之。**"（《资治通鉴》卷八）楚怀王惊喜异常，当即任命宋义为上将军。

楚怀王熊心虽然曾经沦落为放牛娃，但这个人绝不甘心做项氏的傀儡。所以他一直处心积虑想摆脱项氏的控制。这就是他一发现宋义有见识，就惊喜异常并且委以重任的原因。项羽仅仅被任命为次将，更是楚怀王妄图控制项羽的直接反映。我们这么分析，应该符合司马光的看法，因为司马光在《资治通鉴》中紧接着就说：**初，楚怀王与诸将约："先入定关中者王之。"**（《资治通鉴》卷八）

这就是有名的怀王之约。楚怀王与诸位将领约定："谁先攻入平定关中谁就是关中王。"问题是楚怀王及他身边的那些人冠冕堂皇地说项羽太残暴了，因此不如改派敦厚老成的长者前往，可以不战而胜。总之，项羽不可派遣，只有刘邦向来宽宏大量，有长者气度，可以派遣。楚怀王派刘邦西进，而项羽被委任为宋义的副手，楚怀王试图让宋义节制项羽之心昭然若揭。

秦二世三年，冬十月，宋义带领军队到达安阳，却停留了四十六天不进兵。项羽建议说："秦军围困赵军形势紧急，应火速领兵渡黄河，如此由楚军在外攻击，赵军在内接应，打败秦军就唾手可得了！"宋义回答说："你说得不对。要想拍打叮咬牛身的虻虫，那就不可以先消灭牛毛中的小虮虱。现在秦军攻赵，打胜了，军队就会疲惫，我们即可乘秦军疲惫之机发起进攻；打不胜，我们就率军擂鼓西进，这样便必定能够攻克秦了。所以不如先让秦、赵两军相斗。身披铠甲、手持锐利的武器冲锋陷阵，我不如您；但运筹帷幄、制定策略，您却不如我。"因此在军中下达命令说："凡是猛如虎、狠如羊、贪如狼，倔强不服从指挥的人，一律处斩！"这个命令很显然就是专门针对项羽而下的。宋义想坐山观虎斗，但他忘了唇亡齿寒的道理，忽略了义军是一荣俱荣一损俱损的利益共同体。

为了跟齐国义军搞好关系，宋义把他的儿子宋襄派去齐地为相，并亲自把他送到无盐（在今天山东东平东南），在当地大摆宴席招待宾客。当时天气寒冷，大雨不停，义军士兵饥寒交迫，怨声载道。项羽便对留在安阳的将领们说道："咱们本来应该携手攻秦，却长久地滞留不前。如今年成荒歉，百姓贫困，士兵吃的是蔬菜拌杂豆子，军中没有存粮，上将军竟还大宴宾客，不想着领兵渡黄河，取用赵地的粮食作军粮，与赵军合力击秦，却说什么'乘秦军疲惫之机发动进攻'。以秦的强盛攻打新建立的赵，势必战胜。赵被攻占，秦军便将更加强大，哪里还会有疲惫的机会可乘！况且我军新近刚刚吃了败仗，楚王坐立不安，集中起全国的兵力交付给将军，国家安危，在此一举。现在不体恤士兵，而去屈从于一己私利，这可不是以国家为重的忠臣啊！"

这段话能够反映出项羽也是一个有一定谋略的人，他在做了这些舆论准备工作之后，一大早就去进见上将军宋义，就在营帐中斩了宋义的头。出帐后即向军中发布号令说："宋义与齐合谋反楚，楚王密令我杀了他！"事已至此，众将领既畏惧又从心里认同项羽这么做，无人敢于抗拒，一致说："率先拥立楚王的是将军您家中的人，如今又是您诛除了乱臣贼子。"于是就共同推立项羽为代理上将军。项羽随即派人去追赶宋义的儿子宋襄，追至齐将他杀了。然后项羽派遣手下桓楚向怀王报告情况。事已至此，怀王只能接受既成事实，让项羽担任了上将军。

四、巨鹿之战，破釜沉舟霸王崛起

项羽这时统领部队的人数有多少呢？史书没有明确记载，但根据《资治通鉴》引用的各种史料可以看出，绝不会超过十万人。此外，困守巨鹿城的张耳应该有数万人，由陈余、张敖等人统领的常山、代郡两地赵军几万人，加上燕国的援军，总数也就十万人左右。也就是说楚、赵、燕、齐的军队一共不到二十万人。而秦军有多少人呢？仅直接参战的王离一军就超过二十万，再加上章邯统率的负责王离后勤保障的二十多万人，秦军的总参战人数应该在四十万人以上！

我们知道，战争的首要问题是后勤保障。秦王朝在敖仓囤积了巨量的粮食。事实上，在整个秦末战争包括其后的楚汉相争过程中，敖仓的地位举足轻重。谁控制了敖仓，谁就赢得了主动。为了应对巨鹿之战，章邯从敖仓调集军粮，利用黄河漕运是最经济便利的运输通道，粮船卸载的地点选在了黄河边上最接近巨鹿城的棘原。棘原在什么地方？根据北京大学辛德勇教授的考证，这个地方应该在今天的河北馆陶、大名附近。章邯修筑连接黄河从棘原到巨鹿的甬道，为王离供应军粮。王离军中粮草充足，有底气加紧攻打巨鹿。王离统率的是当年蒙恬防御匈奴的秦军主力野战部队，战斗力惊人。一般起义军根本不是对手。

《资治通鉴》记载，巨鹿城内粮尽兵少，张耳便几次派人去叫陈余前来营救。陈余估计自己兵力不足，打不过秦军，故不敢到巨鹿来。如此过了几个月，张耳勃然大怒，埋怨陈余，派遣张黡、陈泽前去责备陈余说："当初我和你结为生死之交，而今赵王和我很快就要死了，你拥兵数万，却不肯出手救援，赴难同死的精神在哪里啊！如果真守信用，何不攻击秦军而与我们一同战死，似此还有十分之一二能打败秦军保全性命的希望。"陈余道："我揣测自己前去终究不能救赵，只会白白地使全军覆没。何况我之所以不和张耳同归于尽，是想为赵王、张耳向秦军报仇啊。现在一定要共同赴死，就如同把肉送给饿虎，有什么好处呢！"但张黡、陈泽要挟陈余一同去死，陈余于是便派张黡、陈泽率五千人先去试试秦军的力量，结果到了那里就全军覆没了。当时，齐军、燕军都来救赵，张敖也到北面收集代地的士兵，得到一万多人，但是来后却都在陈余军队的旁边安营扎寨，不敢进攻秦军。

项羽该怎么解巨鹿之围呢？

项羽从山东东平一带的安阳出发，北上渡过黄河著名的渡口平原津，然后再渡过漳河，与王离大军展开殊死决战。

项羽采取了两个步骤。

首先，项羽派当阳君黥布和蒲将军领兵两万渡黄河截断章邯所修的甬道，使王离的军队粮食短缺。

其次，项羽以破釜沉舟的勇气断绝了自己的退路。项羽率全军渡过黄河，把渡河乘坐的船只全部凿沉，砸毁锅、甑，烧掉营舍，只携带三天的口粮，以此表示军队将决一死战，毫无退还之意。楚军一到巨鹿就包围了王离，与秦军接战，经九次交锋，大败秦军。章邯领兵退却。各国的援兵这时才敢出击秦军。项羽率义军杀了王离的副将苏角，俘获了王离。另一名秦军副将涉间不肯投降，自焚而死。通过巨鹿之战，项羽创造了破釜沉舟的典故。后人还把这个典故编成励志的对联，其中上联说"有志者，事竟成，破釜沉舟，百二秦关终属楚"，讴歌的就是项羽这种不成力便成仁的精神。

《资治通鉴》关于项羽破釜沉舟的记载非常精彩：

> 项羽乃悉引兵渡河，皆沈船，破釜、甑，烧庐舍，持三日粮，以示士卒必死，无一还心。于是至则围王离，与秦军遇，九战，大破之；章邯引兵却。诸侯兵乃敢进击秦军，遂杀苏角，虏王离；涉间不降，自烧杀。当是时，楚兵冠诸侯；军救钜鹿者十余壁，莫敢纵兵。乃及楚击秦，诸侯将从壁上观。楚战士无不一当十，呼声动天地，诸侯军无不人人惴恐。于是已破秦军，项羽召见诸侯将；诸侯将入辕门，无不膝行而前，莫敢仰视。项羽由是始为诸侯上将军，诸侯皆属焉。(《资治通鉴》卷八)

关于巨鹿之战，有两个问题需要说明。

一是项羽率军救赵的出发地"安阳"究竟指哪里？"宋义行至安阳，留四十六日不进。"这个安阳是不是现在我们常说的安阳？很显然不是。历史上史书明确记载的安阳就有十几处。辛德勇教授考证项羽救赵是从今天山东东平以西的安山，古称安民山南面的安阳出发的。这个地方在济水的西面。

二是项羽破釜沉舟究竟渡的是哪条河？

"河"在古代特指黄河。因此一般认为项羽破釜沉舟渡的是黄河。但我们详加考察项羽救赵的行军路线就会发现，项羽实际上要渡过黄河和漳河两条河。著名的历史地理学家谭其骧先生认为，黄河故道也可以称之为"河"，当时流进巨鹿的漳河水道过去曾经是黄河故道，自然沿用了"河"的旧称。项羽首先派当阳君黥布和蒲将军领兵两万渡黄河截断章邯所修的甬道，随后自己统率全部人马渡过黄河，然后在渡漳河时破釜沉舟。这是一种观点。

还有一种观点认为，项羽第二次所渡过的漳河只有一段属于黄河故道，不能把所有与黄河有联系的河都称其为黄河。所以，项羽破釜沉舟所渡之河就是黄河，地点就是平原津。辛德勇教授就持这种观点。

巨鹿之战一战奠定了项羽锐不可当的威慑力。这种震慑，通过《资治通鉴》的记载，我们可以看到它体现在三个方面：

一是项羽杀"卿子冠军"宋义，威震楚国，楚怀王只能被迫接受项羽自任上将军的既成事实。

二是项羽率军与秦军作战，"楚战士无不一当十，呼声动天地，诸侯军无不人人惴恐"。楚军战斗力爆表，给诸侯军好好上了一课，人人诚惶诚恐。

三是诸侯将领都对项羽佩服至极。打败了秦军后，项羽便召见诸侯军将领。这些将领们进入辕门时，没有一个不是跪着前行的，谁也不敢仰视。"项羽由是始为诸侯上将军，诸侯皆属焉。"从此，项羽不仅仅是楚国的上将军，而且成为诸侯上将军。其他诸侯都服从他的指挥。

巨鹿之战项羽以不到五六万人的军队击败数倍于己的王离二十万大军，创造了军事史上以少胜多的辉煌战例。但翻开《资治通鉴》的记载，还有一个疑问：章邯的二十万大军为什么不投入战斗？

原因可能有三个：

首先是现实考量。章邯从敖仓调集了大量的军粮囤积在棘原。一旦棘原失守，会导致灾难性的后果，起义军不再缺粮少食，敌我双方势力将此消彼长。所以章邯不敢轻举妄动。

其次是对王离军队的绝对信赖。王离统率的是秦朝最能打仗的主力部队，这支军队长期戍守边疆，久经沙场，战功显赫，战斗力不容置疑。

　　再次是章邯的政治考量。章邯是李斯的得意门徒，位列九卿之少府。秦二世三年，项羽"将楚卒往救巨鹿"时，秦王朝人事发生重大变动，查看《史记·秦楚之际月表》可知，章邯破邯郸正是在秦二世三年十月，这时秦朝局剧变，赵高杀李斯之后任丞相。章邯最倚重的朝廷靠山倒了，他派去朝廷联络的亲信司马欣根本见不到赵高，不仅见不到，回来的路上还差一点被赵高追杀。司马欣告诉章邯："赵高用事于中，下无可为者。今战能胜，高必疾妒吾功；不能胜，不免于死。愿将军孰计之！"（《资治通鉴》卷八）"如今的朝廷赵高说了算，底下的人什么也干不成。如今我们如果打了胜仗，赵高必定嫉妒我们的功劳；打不了胜仗，那就不能幸免死罪。希望将军深思熟虑。"就在这时，陈余的劝降书也送到了章邯面前，陈余告诫章邯，为秦朝继续效命的结局是"有功亦诛，无功亦诛"。章邯亲信司马欣的意思与义军陈余的劝降书信不约而同，细思极恐啊！

　　巨鹿大战在即，章邯竟然面临打赢打不赢自己都是输的结果，经过痛苦抉择，章邯决定避战自保以观风向。

　　问题是树欲静而风不止。巨鹿之战后，项羽与章邯形成直接对峙。经过几次交战，"项羽悉引兵击秦军汙水上，大破之"（《资治通鉴》卷八）。据《水经注》记载，污（汙）水出武安山东南、迳污（汙）城北入漳。"汙水"在漳河北岸，是漳河以北的一条支流。胡三省在《资治通鉴音注》中就此指出，"此时章邯与项羽相持于邢、相之间"。这个时候项羽与章邯交战的战场应该在漳河以南。辛德勇教授认为，"汙水"应该是"洹水"的讹误，所以不可能是这条汙水流域。章邯最后是在洹水南岸的殷墟投降项羽的。项羽分封章邯为雍王，把他安置在楚军中。

　　项羽接受了章邯及其二十多万部属的投降，力量空前强大。

　　俗话说，没有金刚钻别揽瓷器活，项羽敢擅杀上将，取而代之，事实证明他确实与众不同。巨鹿之战凸显了项羽"虽千万人吾往矣"的盖世英雄气概，"作壁上观"的诸侯军反衬出"破釜沉舟"的大无畏勇气，项羽由此一战被千古传颂。

五、彭城之战，不可沽名学霸王

项羽让人顶礼膜拜的第二次大战便是彭城之战。

项羽入关中之后，分封十八路诸侯为王，自封为西楚霸王。由于分封不公平，各方政治势力失衡。这其中率先向项羽发难的是田荣、彭越和陈余这三个没有被封王的枭雄。

齐国的田荣率先发难，兼并了齐、济北、胶东三齐的土地，自立为齐王。他还给了彭越一颗将军大印，彭越随即攻打楚国。项羽命萧公角率军迎击彭越，彭越大败楚军。紧接着，没有受到分封的陈余也开始联合田荣支持赵歇重建赵国。

刘邦趁机从汉中明修栈道，暗度陈仓，重新占领了关中重地。

这个时候，项羽犯了一个致命的错误，项羽没有去应对占领关中的刘邦，反而把战略矛头指向北边田荣的叛乱。项羽为什么会忽视刘邦重入关中？因为受了张良的误导。张良写信给项羽说："汉王失去应得的封职，所以想要得到关中，一实现先前的约定就会停止作战，不敢东进了。"接着又把齐国田荣、梁地彭越反叛楚国的文书送给项羽，说："齐国想要同赵国一起灭掉楚国。"项羽于是无西进之意，转而决定北进去攻打齐国。

问题是项羽在齐地又应对失当，田荣虽然被杀，可按下葫芦起了瓢。

项羽干了什么事情？《资治通鉴》记载，公元前 205 年："项王北至城阳。齐王荣将兵会战，败，走平原，平原民杀之。项王复立田假为齐王。遂北至北海，烧夷城郭、室屋，坑田荣降卒，系虏其老弱、妇女，所过多所残灭。齐民相聚叛之。"（《资治通鉴》卷九）项羽横扫齐国国境，所到之处把城郭、房屋都烧毁了，把田荣投降过来的降兵都坑杀了，把老弱病残及妇女都捆绑俘虏，所过之处大部分都被他烧光杀光，由于过于残暴，齐国的百姓纷纷聚集起来反叛项羽。项羽身陷齐地不能轻易自拔。

刘邦趁机纠集起各路诸侯军共约五十六万人讨伐楚国。汉军抵达外黄时，彭越率领他的部队三万多人也归顺了汉王。刘邦任命彭越为魏国的相国，让他独自率领自己的部队去攻夺、平定梁地。刘邦率大军攻入彭城，搜罗财宝美女，天天设置酒宴，大会部将宾朋。

刘邦难道得意忘形了吗？有一点，但不全是。攻占彭城之后，刘邦将重兵布置在彭城东北方向，准备迎头痛击从齐地回师的项羽。在刘邦看来，这等于给项羽布下了天罗地网，他的纵情狂欢，一半是高兴，一半是表演而已。

项羽如何应对？

"项王闻之，令诸将击齐，而自以精兵三万人南，从鲁出胡陵于萧。晨，击汉军而东至彭城，日中，大破汉军。"（《资治通鉴》卷九）项羽来了个出其不意，他一方面留下一些将领继续攻打齐国，一方面自己亲自率领精兵三万人南进，从鲁地出胡陵，抵达萧地。清晨，楚军从萧地袭击汉军，向东直打到彭城，至中午时分，大败汉军。

《资治通鉴》的这段记载极其简洁。但事实上，身在齐地的项羽，身陷城阳四面包围之中，其实处境极其险恶。城阳郡的位置在今天山东临沂、日照地区，郡治在莒县。按照常规的行军路线，项羽最便捷的行程应该沿着沂水河谷南下走启阳—兰陵—傅阳直扑彭城，刘邦就是这么想的。项羽当然明白刘邦给自己布下了陷阱，自然不会轻易跳进刘邦精心设置的陷阱之中。项羽统领三万精兵从鲁县—胡陵一线插入彭城地区，如同一头迅捷无比的猎豹，专找猎物最薄弱的地方发起攻击。项羽三万精兵很可能以骑兵为主，他率领的部队走了一个 S 形行军路线，三万大军进入启阳之后，突然转向西北，进入浚河河谷，走费城—鲁县—胡陵，然后迂回到彭城西面的萧县，一下子插到刘邦彭城防线的身后，切断了联军由彭城西去回家的退路。大军的退路和补给线被切断，刘邦猝不及防，一下乱了阵脚。项羽统率三万精锐大开杀戒，联军被分割开来，指挥失灵，十几万人争相逃命，纷纷涌入睢水、泗水，有十多万士兵落入睢水，致使河水都阻塞得流不动了。汉军仓皇退却，楚军穷追不舍，一共死了十几万人。

彭城之战，项羽以三万精兵大败近六十万诸侯军，重新夺回了楚汉相争的主导权。项羽也凭借这一战铸就了不朽的战神传奇。项羽能够做到别人做不到的事，打赢别人打不赢的仗，这就是他能够成为西楚霸王的原因。

项羽就是项羽，面对不利形势，彭城之战以少胜多，一举扭转了局势。"诸侯皆背汉，复与楚。"（《资治通鉴》卷九）诸侯们见风使舵，又都背叛刘邦，归顺了项羽。问题是彭城之战留下了巨大的遗憾，那就是项羽没有乘胜追击，给刘邦赢得了喘息的机会。所以开国领袖毛泽东有诗曰："宜将剩勇追穷寇，不可沽名学霸王。"

项羽犯了一般人不会犯的错，这才导致了自己的悲剧结局。

彭城之战后，楚汉相争进入相持阶段。那么，项羽又是如何一步步走上败亡之路的呢？司马光在《资治通鉴》中，又是怎样记载的呢？

第十二讲

霸王失策：天道如何拟力争

项羽通过巨鹿之战一战奠定了自己的地位，然而他却没有抓住这个有利时机，建立属于自己的王朝，反倒是不断犯错，一步一步把自己置于不利的境遇。但他仍然没有吸取教训，继续失策，此消彼长，项羽的处境每况愈下，而他的对手刘邦逐渐占据了上风。这个过程，从公元前207年十月刘邦入关中算起，到公元前203年九月楚汉鸿沟媾和告一段落，历时四年，史称"楚汉相争"。

根据司马光在《资治通鉴》中的记载，我们可以看到，在楚汉相争的过程中，项羽犯了很多错误。项羽的勇是毋庸置疑的，但我们说一个成大事的人，需要的是智勇双全，勇不仅是战场上冲锋陷阵，还是担当精神，是责任意识。而智不仅是智慧，还有顺应时势的决策，而项羽在一系列决策上的失败，决定了他的结局，也决定了他的高度。他的勇是匹夫之勇，无关大局，而他的失策，累加起来，则构成了全局的失败。项羽的失策是多方面的失策，司马光用详尽的笔触描写楚汉战争，我以为意义正在为后人提供这样的借鉴。

一、五伦俱失，焉能不败

战争残酷无情，但战争也要遵循必要的伦理道德，一旦伦常失范，必然失去人心。项羽是贵族，生活中"恭敬慈爱"，但在战争中，他却是不折不扣的杀人狂魔，毫无人性，仁义礼智信五伦俱失。

其一，坑杀降卒不义。

上一讲在讲项羽为人的时候已经详细列举了他滥杀无辜、大开杀戒的种种劣迹。这里只讲他这么做的后果。自从襄城之战杀红眼之后，项羽每到一个地方都是赶尽杀绝，所以当楚怀王和部下讨论究竟该派谁带兵攻打关中的时候，诸老将都说："项羽为人，慓悍猾贼。尝攻襄城，襄城无遗类，皆坑之，诸所过无不残灭。"（《资治通鉴》卷八）明明约定了先入关中者王，但因为项羽太能滥杀无辜了，所以绝不同意让他去攻打关中，这就是项羽的现世报。前面我们也讲过，项羽最令人发指的就是坑杀秦军二十余万降卒。楚军连夜在新安城南面袭击活埋了秦兵二十余万人。新安故城在今天河南省义马市千秋乡，在千秋乡的二十里铺村西，曾经发掘出一点五万平方米的"楚坑"，这里出土了铜镞，发现一批人骨，应该就是当年项羽坑秦卒之处。

杀降历来不祥。项羽的这个决定极其草率，不仅残忍，而且不得人心。二十多万士卒的背后还有二十多万的家庭。项羽这么做，一下子使自己失去了关中老百姓的人心。且不说他不想在关中称王，即便想，关中他还能待得住吗？

其二，放虎归山不智。

鸿门宴是中国历史上最富有戏剧性的一段传奇，司马迁在《项羽本纪》中的记载堪称经典中的经典，惜墨如金的《资治通鉴》用了全书罕见的极大篇幅记载这件事，足见这件事在司马光心目中的分量。司马光为什么浓墨重彩记载鸿门宴，因为从刘邦的角度讲，它体现了刘邦的智。从项羽的角度讲，它体现了项羽的不智。而这智与不智的对比，体现的正是一个领导者真正的素质。什么是战略眼光？什么叫有大局观？什么叫不拘小节？一进一退、一成一败，让人深思，引人联想。

司马光在《资治通鉴》中记载，当项羽和章邯苦斗之时，刘邦趁机先入关中。有人劝说刘邦据关中为王，刘邦认为此计可行，就照着办了。刘邦这么做，与项羽分庭抗礼之心已经昭然若揭。

项羽"闻沛公已定关中，大怒"（《资治通鉴》卷九），下令准备与刘邦兵戎相见。这个时候刘邦拥兵十万，号称二十万，驻军霸上。项羽拥兵四十万，号称百万大军，驻扎在新丰县的鸿门。刘、项双方剑拔弩张，战争一触即发。

这个时候还有人不嫌事大，又有两个人各添了一把火。刘邦的左司马曹无伤派人向项羽告密说："沛公欲王关中，令子婴为相，珍宝尽有之。"（《资治通鉴》卷九）他告诉项羽："沛公想要在关中称王，任命秦王子婴为相，奇珍异宝全都被他占有了。"项羽的重要智囊范增趁机进言项羽说："沛公居山东时，贪财，好色；今入关，财物无所取，妇女无所幸，此其志不在小。吾令人望其气，皆为龙虎，成五采，此天子气也。急击勿失！"（《资治通鉴》卷九）"刘邦没入关之前，既贪财又好色。如今入关，却既不搜刮财物，又不宠幸女色，很显然表明他的志向不小哇。我曾命人观望他那边的云气，都显示出龙虎的形状，出现五彩，这是天子之气啊！应该赶紧灭了他，不要错过了时机！"

然而这个时候戏剧性的一幕出现了。大战前夜，项羽的堂叔项伯出于个人情谊，跑到刘邦大营向对自己有救命之恩的张良通风报信。张良当然要向刘邦汇报。而老江湖出身的刘邦抓住这个稍纵即逝的机会，与项伯结为儿女亲家，成功使项伯站在自己一方。项伯于是给刘邦安排了鸿门宴，以便刘邦向项羽当面消除误会。

所以在整个鸿门宴上，其实真正起主导作用的人是项伯，是他一手促成了鸿门宴这段传奇历史。

项伯先是回去替刘邦说情："沛公不先破关中，公岂敢入乎！今人有大功而击之，不义也；不如因善遇之。"（《资治通鉴》卷九）"要不是刘邦先攻下关中，您又怎么敢这么大摇大摆进来呀？如今人家建立了大功却还要去攻打人家，是不义的；不如就势好好地安抚他。"项羽竟然答应了项伯的请求。紧接着在鸿门宴上范增指使项庄拔剑起舞。项伯见状也起身拔剑起舞，并时时用身子遮护刘邦，使得项庄行刺未遂。

在鸿门宴上，真正打破僵局的人其实是樊哙。樊哙带剑拥盾闯进鸿门宴上，对项羽义正词严地说："臣死且不避，卮酒安足辞！夫秦有虎狼之心，杀人如不能举，刑人如恐不胜；天下皆叛之。怀王与诸将约曰：'先破秦入咸阳者，王之。'今沛公先破秦，入咸阳，毫毛不敢有所近，还军霸上以待将军。劳苦而功高如此，未有封爵之赏，而听细人之说，欲诛有功之人，此亡秦之续耳，窃为将军不取也！"（《资治通鉴》卷九）樊哙说："为臣连死都不逃避，喝一卮酒又有什么可推辞的！秦王朝有狠如虎狼的心肠，杀人唯恐杀不完，用刑惩罚人唯恐用不够，致使天下的人都揭竿而起。怀王曾与各路将领约定：'先打败秦军进入咸阳城的人，在关中为王。'如今沛公最先击溃秦军，进入咸阳，秋毫无犯，就率军返回霸上等待您的到来。这样劳苦功高，您非但不给予封地、爵位的奖赏，还听信小人的谗言，要杀有功之人。这是在重蹈秦朝灭亡的覆辙呀，我私下认为您的这种做法是不可取的！"这番冠冕堂皇俨然受了天大委屈的话，由一个屠夫出身的粗人樊哙说出来，项羽什么反应？司马光在《资治通鉴》中记载，项羽无言以对，只说："坐！"他为什么只说这一个字？司马光在这里没有评论，但我们可以想到，项羽说到底是一个贵族出身的人，在决定天下大势的关键时刻，他的贵族身份，在恪守传统道德文化方面的优势反而成为一种负累，显得有点不合时宜。

这是什么，这是忽略了成大事不拘小节。其实刘邦和项羽在这场战争中都想占领道德的制高点，都想扮演"道德君子"的正面形象，都想以此来博取人心的拥戴。只不过在具体实施的过程中，刘邦一方非常明确要借"道德"之名为自己赢得回旋余地；而项羽却拘泥于"道德"之道义威力，瞻前顾后，既想享有"道德"的优越感，又想掩盖赤裸裸的权力之争，结果让刘邦钻了空子。

司马光的《资治通鉴》描写项伯，也是很冷静，没有评论，但项伯在大战前夕跑到对方大营通风报信，这是什么性质的问题？项羽为什么能接受？项伯一句我要知恩图报就让项羽不能质疑。张良正是看透了项羽叔侄俩的这个软肋，先是对项伯说刘邦对我很好，我不能不辞而别，把项伯诓到刘邦面前。然后在鸿门宴上眼看形成了僵局，张良赶紧出来让樊哙进去说那番义正词严的话搅局。为什么张良自己不说？张良是文人，那番话张良自己说出来绝对不如由一个粗人口中说出来效果好。樊哙的那番话正中项羽的要害。刘邦是"真小人"，项羽也不能说有"真道德"，但他想做"伪君子"。结果在鸿门宴上反倒把自己的手脚给束缚住了。放刘邦回去，无异于放虎归山。对项羽而言，贻害无穷。

其三，屠咸阳不仁。

鸿门宴风波过了没几天，项羽进入咸阳。他都干了些什么呢？《资治通鉴》是这样记载的："居数日，项羽引兵西，屠咸阳，杀秦降王子婴，烧秦宫室，火三月不灭；收其货宝、妇女而东。秦民大失望。"（《资治通鉴》卷九）项羽领兵西进，洗劫屠戮咸阳城，杀了已投降的秦王子婴，放火焚烧秦朝宫室，大火燃烧三个月不熄。随即搜刮秦朝的金银财宝和妇女向东而去。秦地的百姓为此大失所望。项羽这一把火，自己倒是出了一口恶气，可这把火也把他的霸王梦想烧掉了一大半。关中此后只能为其对手所用了。项羽在关中只是留下了"衣绣夜行"和"沐猴而冠"两个典故。可怜不开眼的韩生，还被项羽活活烹之。我们在前面第十讲的时候专门讲到过，《资治通鉴》详细记述了刘邦入关中如何秋毫无犯，如何约法三章，如何深得民心。关中的老百姓对刘邦的态度是"秦民大喜"，与对项羽"秦民大失望"的态度两厢对照，楚汉相争的走向司马光已经揭示得淋漓尽致了。司马光在这里想告诉我们，得民心者得天下，简单的道理，千古皆然。

其四，废义帝不道。

早在杀宋义抢夺上将军兵权之时，项羽已经与义帝撕破脸皮。既然如此，把他晾在一边任其自生自灭就可以了。项羽又犯了假仁假义的毛病，请示楚怀王：天下大势已定，该怎么安排善后事宜？楚怀王也不是个善茬儿，只说了两个字："如约。"如约就是照先前约定的办。这就是项羽自找打脸了。明明自己说了算，还要假模假样请示义帝，结果被义帝一把抓下了遮羞布。项羽这时候再也顾不上什么仁义道德，干脆宣布："怀王者，吾家所立耳，非有功伐，何以得专主约！天下初发难时，假立诸侯后以伐秦。然身被坚执锐首事，暴露于野三年，灭秦定天下者，皆将相诸君与籍之力也。怀王虽无功，固当分其地而王之。"（《资治通鉴》卷九）"怀王这个人是我们家扶立起来的，他哪建有什么功绩，凭什么由他来作主定约呢！天下起兵反秦伊始，为了便于讨伐秦王朝，暂时拥立过去各诸侯国国君的后裔为王。但是，披坚执锐首先起事，风餐露宿三年之久，终于灭亡秦朝平定天下，都是各位将相和我的功劳啊！不过怀王虽然没什么功劳，却还是应当分给他土地，尊他为王。"众将领都说："就这么办！"于是项羽便把怀王尊推升格为义帝，彻底架空，迁移到长江以南，定都在长沙郡的郴县。并且一个劲儿地催促他们赶紧去那里。结果惹得义帝周围的群臣很不满，有的人开始反抗项羽。到第二年十月，项羽秘密派遣九江王、衡山王、临江王在长江上杀死了义帝。义帝被杀后，在洛阳新城，一个地方三老董公向刘邦建议："项羽为无道，放杀其主，天下之贼也。夫仁不以勇，义不以力，大王宜率三军之众为之素服，以告诸侯而伐之，则四海之内莫不仰德，此三王之举也。"（《资治通鉴》卷九）董公说："项羽不守为臣之道，流放并杀害其君主，他就是天下的逆贼。仁厚之士不逞勇猛，正义之师不拼蛮力。大王您应当率领三军将士为义帝穿上丧服，并以此号召诸侯群起讨伐项羽。这样一来，四海之内没有人不仰慕您的德行，这可是成就圣君的善政啊！"刘邦于是大肆为义帝发丧，一下使自己站在道德高地，举起了为义帝讨说法的正义之师的大旗，置项羽于极其不利的舆论重压之下。

其五，封诸侯不平。

项羽分封十八路诸侯，凭借的标准就是论功行赏，以是否协助自己讨伐暴秦以及功劳大小决定受封的肥瘦轻重。项羽自立为西楚霸王，建都彭城。然后立刘邦为汉王。接着又把关中分割给秦朝的三位降将，借以抵御阻挡刘邦重返关中。姑且不说项羽分封是否属于逆历史潮流之举，十八路诸侯分封下来，刘邦之外，项羽还引起了三位枭雄的强烈不满。一个是田荣，一个是彭越，一个是陈余。率先发难的是田荣。彭越拥兵万人，无所属，田荣给了他一颗将军大印。田荣联手彭越发兵杀死了项羽分封的三个齐地之王，然后田荣自立为齐王。项羽就此陷于齐地无暇他顾。

对于项羽所犯的这诸多错误，唐代诗人汪遵有诗曰：

不修仁德合文明，天道如何拟力争？

隔岸故乡归不得，十年空负拔山名！

正是由于项羽一连犯了五个错误，导致自己越来越被动，这才给了刘邦重新占领关中，并统领诸侯五十六万人一举占领项羽根据地彭城的可乘之机。

二、战役得利，战略失势

项羽就是项羽，面对不利形势，彭城之战以少胜多，一举扭转了局势。诸侯们见风使舵，又都背叛刘邦，归顺了项羽。如果问彭城大捷之后项羽都干了些什么事？这个问题很好回答，司马光在《资治通鉴》中也告诉了我们，他一直在追着敌人打！

项羽到死也没想明白，明明是自己一直追着刘邦屁股后头进攻，可攻着攻着就攻不下去了，被迫反过来求着刘邦讲和。事情就是这么诡异！问题出在哪里呢？

司马光没有给我们一个明确的答案，但通过他的记载，我们可以回顾一下，楚汉双方在彭城大战之后三十四个月（含汉二年闰九月）的相持对抗，项羽完全被刘邦牵着鼻子走。项羽是战役得利，战略失势。刘邦是战役失利，战略得势。

攻守进退之间，主动权悄然易手。究其原因，《资治通鉴》并没有明说，但我们可以从司马光的记载中找到答案。正是项羽的恃勇轻智，缺乏从全局眼光去看问题，所以才失去战略主动，而彭城大战之后项羽又犯了三个错误，更加快了他失败的脚步。

第一，缺乏战略定力。

彭城大战之后，项羽和刘邦进入了长达两年零十个月的楚汉对峙期。范增为项羽确立的战略方案非常明确，就是要攻入关中，直捣刘邦的根据地。然而项羽的执行力和战略定力都不行，总是被刘邦牵着鼻子走。

项羽持续猛攻，刘邦受困荥阳主战场。求和不得，多亏了忠心耿耿的老部下纪信冒名顶替自己诈降，刘邦才逃出荥阳。刘邦从关中收集人马再战，他接受了辕生的建议，调虎离山，以自己为诱饵，南下宛（邓州县）、叶（汝州县），把项羽调离荥阳、成皋主战场。项羽果然中计，而刘邦坚守不出战，为荥阳、成皋防线减轻了压力。

第二，自断臂膀。

项羽本来有两大助手。一个是智囊范增，一个是战略合作伙伴九江王黥布。

范增是项羽的主心骨。在楚汉相争中的第一阶段，刘邦受困于荥阳，无计可施，请求讲和，割荥阳以西者为汉。结果范增力主项羽加紧进攻，范增的存在让刘邦非常难受。刘邦的对策是打不过对手就想办法让对手窝里斗，这样同样可以消耗对手。陈平对刘邦说："项王骨鲠之臣，亚父、钟离眜、龙且、周殷之属，不过数人耳。大王诚能捐数万斤金，行反间，间其君臣，以疑其心；项王为人，意忌信谗，必内相诛，汉因举兵而攻之，破楚必矣。"（《资治通鉴》卷十）陈平说："项王可以信赖的忠直大臣只有亚父范增、大将钟离眜、龙且、周殷这么几个人。大王您如果真的能拿出几万斤黄金，施用反间计，离间楚国君臣的关系，使他们内心互相猜疑，这样一来，他们内部必然会自相残杀。因为项羽这个人为人心性狭小，容易听信谗言，一旦他们自相残杀，汉军就可趁势攻破楚军了。"刘邦让陈平放手去做，项羽果然有所猜忌，不再信任钟离眜等人，甚至把项羽最倚重的智囊范增气得离开项羽，毒疮发作而死。

黥布原名英布，在秦始皇时期因为犯法受了黥刑被脸上刺字，干脆改名为黥布。黥布是项羽非常欣赏的战将。被封为九江王。成为一方诸侯的黥布就有点尾大不掉的意思，项羽讨伐田荣时让他一起出兵，黥布借口伤病在身，只派遣手下四千人随项羽出征，这让项羽大为不快。但因为项羽还希望对他委以重任，所以一直隐忍不发。汉军攻破楚国彭城时，黥布又托病不去援助楚军。所以黥布与项羽的关系已经非常微妙。刘邦派人成功策反了黥布，黥布杀掉了楚国使者，趁机起兵攻打楚国。项羽就此失去了一位重要的助手。

我们看司马光在《资治通鉴》中记载到这里的时候，一直是很冷静的，他没有评论，只是客观记载，但这些记载，还不能说明问题吗？项羽最后的失败，在这里已经埋下了隐患。说实话，两千多年前的成与败、得与失，和今人不相干，但得失成败的背后隐含的道理，我们应该借鉴。

第三，进退失据。

楚汉相持是项羽和刘邦势力此消彼长，由相持到转折的关键时期。在这段时间，双方一共投入了上百万兵力，仅在河南荥阳、成皋之间就"大战七十，小战四十"（《史记·刘敬叔孙通列传》）。刘邦的策略非常明确，在自己与项羽相抗衡的正面战场之外，还发展了南方战场和北方战场。三个战场分别是刘邦和项羽的荥阳、成皋正面战场，彭越、黥布等人的南方战场，以及韩信对项羽同盟军赵国、齐国的北方战场。项羽一直没有搞明白，刘邦的正面战场其实并不是主战场，决定胜负的战场其实是韩信开辟的北方战场。

彭城大战之后犯的三个错误，项羽到死也没想明白。明明在楚汉对峙过程中一直追着刘邦屁股后头进攻的是自己，到最后被迫反过来求着刘邦讲和的居然还是自己这个西楚霸王！

回顾楚汉双方二十九个月的相持对抗，项羽完全被刘邦牵着鼻子走。强者横冲直撞，弱者步步为营。项羽战役得利，刘邦战略得势，攻守进退之间，主动权悄然易手。究其原因，从彭城大战之后，项羽一再错失乘胜追击、置对方于死地的良机。问题是项羽丧失的绝不只是良机，他是战略失策、战役失机、人心失基、进退失计。

三、楚汉相争，实质是人才相争

彭城大捷之后项羽一直在追着敌人打！一直打而且没有打败仗！既然没有打败仗，为什么最后却被迫求和呢？这个问题必须要从刘邦那里找答案。所以必须了解刘邦都干了什么。

彭城大战之后，项羽和刘邦进入了长达两年零五个月的楚汉对峙期。这是项羽和刘邦势力此消彼长，由相持到转折的关键时期。这段纷繁复杂的战争可以概括为一句话：三个关键人在三个战场通过三个阶段决定了刘邦、项羽一英一雄的命运转折，这其中起到至关重要作用的还有三位名不见经传的小人物。三个关键人分别是黥布、彭越、韩信；三个战场分别是以刘邦为主的荥阳、成皋正面战场，以彭越为主的南方战场，以及以韩信为主的赵国、齐国北方战场；三个小人物分别是随何、辕生、郑忠。

人才是决定事业成败的关键。彭城大败之后，刘邦一口气退到自己的内兄吕泽的根据地下邑（今安徽砀山）才落稳脚跟。在下邑，刘邦问了群臣一个极其重要的问题："吾欲捐关以东等弃之，谁可与共功者？"（《资治通鉴》卷九）"我准备拿出函谷关以东地区作为封赏，你们看有谁可以与我共同建功立业呀？"被人家打得满地找牙，喘息未定，刘邦就提出人才的吸纳任用问题。这就是有名的下邑画策。下邑画策充分体现了刘邦败而不馁的帝王气派。张良回答说："九江王黥布，是楚国的一员猛将，他同项王之间有些隔阂；另外彭越正联合齐王田荣在梁地起兵反楚。这两个人可以立即使用。再就是汉王您的将领中，唯有韩信可以托付大事，独当一面。如果您要把关东的地方作为赏地，赏给这三个人，楚国即可以打败了！"黥布、彭越、韩信，这就是决定楚汉相争相持阶段胜利走向的三个关键人。

这三个人中，韩信已经是刘邦的部下，所以只需要考虑如何用的问题。彭越是个没有归属的人，所以只要给点阳光就灿烂。关键的关键是黥布，他是项羽的手下。九江王黥布是项羽非常器重并寄予厚望的人，可是当初项羽征调兵力攻打齐国时，黥布以生病为借口不亲自前往，汉军攻破楚国彭城时，黥布又托病不去援助楚军。楚王项羽因此非常怨恨黥布，多次派使者去责备他，并要召见他。黥布愈加害怕，不敢前往。项羽因为还想重用他，所以才没有攻打他。所以黥布与项羽的关系非常微妙。问题是谁能去说服黥布呢？正在刘邦苦于没有合适的人选身当此任时，一个小人物随何毛遂自荐前往劝说策反黥布。结果随何居然成功策反了黥布。

刘邦吸纳人才的思路是如此清晰，反观项羽，除了"自矜功伐"，就是任人唯亲。对于项羽用人方面的致命缺陷，大学者王夫之就曾经指出："故羽非尽不知人，有蔽之者也。琐琐姻娅，踽踽仕，持大权，而士恶得不蔽？"（王夫之《读通鉴论·卷二》）在王夫之看来，项羽不是不知道人才的重要性，问题是他被蒙蔽了。谁能蒙蔽项羽？就是他的那些姻亲本家故旧，这些人要掌握权位，有识之士焉能不被摒弃？！楚汉相争项羽究竟败在谁的手上？王夫之指出："为汉王之腹心者项伯也，其兄弟也；追而迫之到者吕马童也，其故人也。从之于大败之余者三十余骑，而兄弟姻娅不与焉。怀愿求援，而终以孤立。非刑印不与者慭己而贼之，其亲戚之叛已久矣。"（王夫之《读通鉴论·卷二》）给刘邦在鸿门宴上通风报信的心腹之人项伯，是项羽的本家兄弟；垓下苦苦追击并分尸项羽的吕马童，是项羽的故旧部下。到最后追随项羽的那三十多人，其中并没有他的兄弟姻亲之类。项羽的问题在于他自己小心眼儿，跟人玩儿心眼儿，到最后把自己玩儿进去了。不仅仅是像韩信所说舍不得封官许愿而已。在用人方面，那些唯利是图的亲戚早就背叛他了。

四、攻防有道，霸王被牵着鼻子走

楚汉相争，项羽居于绝对优势。刘邦如何以弱应强呢？就像一个小孩儿和一个成年人打架一样，先布好防线，然后把硬顶、侧击、反间、引诱、纠缠、袭扰等各种手段都用上了。

在张良的策划下，刘邦首先提出了一个三道布防战略。

刘邦彭城惨败之后，构筑了三条防线保卫关中。第一道防线以荥阳为中心，设置在敖仓—荥阳—索亭—京县一带；第二道防线以成皋为中心，设置在巩县—成皋一带；第三道防线以函谷关为中心，是关中的最后屏障。函谷关是关口与关东的分水岭。关中是刘邦的根据地，只要关中不丢，刘邦就有资本和项羽对抗。秦并六国的关键就是六国无论如何合纵，始终无法逾越函谷关，更谈不上染指关中了。所以，关中是重中之重。

先说硬顶。彭城之战刘邦败就败在项羽的三万骑兵身上。没有骑兵，根本无法与项羽对抗。所以刘邦便任命灌婴为中大夫，任用原秦军的骑兵将官李必、骆甲为左右校尉，率骑兵在荥阳东面迎击楚军骑兵，结果一战见效，大败楚军，楚军因此无法越过荥阳西进。刘邦驻军荥阳，修筑通向黄河的甬道作为补给线，靠它运取敖仓的粮食。前线形势稳定以后，刘邦腾出手来回关中整顿内政，使前线的后勤保障从此无忧。

与此同时，刘邦让韩信与张耳领兵攻击亲楚的诸侯国赵、代。韩信在北方战场给刘邦提供了重要的兵员以抗衡项羽。

再说侧击。侧击的关键就是策反黥布，动员彭越，开辟南面战场。随何成功策反了黥布，黥布杀掉了楚国使者，趁机起兵攻打楚国。项羽派项声、龙且进攻九江国，历时几个月才打败了九江的军队。项羽派项伯收编了九江军，并把黥布的妻子儿女都杀了。黥布这下死心塌地跟着刘邦对抗项羽了。

第三说反间。打不过对手就想办法让对手窝里斗，这样同样可以消耗对手。陈平建议施用反间计，离间楚国的君臣关系。刘邦让陈平放手去做，项羽果然有所猜忌，不再信任钟离眜等人，甚至把项羽最倚重的智囊范增气得离开项羽，毒疮发作而死。

第四说引诱。项羽持续猛攻，刘邦受困荥阳主战场。求和不得，多亏了忠心耿耿的老部下纪信冒名顶替自己诈降，刘邦才逃出荥阳。刘邦从关中收集人马再战，又一个小人物出现了，辕生建议刘邦调虎离山，以自己为诱饵，南下宛、叶，把项羽调离荥阳、成皋主战场。项羽果然中计，而刘邦坚守不出战，为荥阳、成皋防线减轻了压力。

第五说纠缠。在南方战场，彭越渡过睢水，与项声、薛公在下邳交战，打败了楚军，杀掉了荼公。项羽于是派终公守卫成皋，而自己率军向东去攻打彭越。刘邦乘机领兵北进，击垮了终公的防军，重又在成皋驻扎下来。这是楚汉相持的第一阶段，历时一年。

项羽已打跑了彭越。获悉汉军重又驻军成皋后，项羽就领兵西进，攻下荥阳，随即包围了成皋。刘邦逃跑，这一次更狼狈，只身与滕公夏侯婴共乘一辆车子出成皋城。但刘邦随即夺走韩信的印信兵符，派兵在巩县抵御楚军。巩，固也。巩县在洛水之间，四面有山，易守难攻，项羽无法西进。楚汉战争进入第二个阶段。

第六说袭扰。刘邦得到韩信的军队后，士气大振，想要与楚军再战。又一个小人物郑忠劝阻汉王，让他高筑营垒、深挖壕沟，不要与楚军交锋。汉王听从了他的计策，派将军刘贾、卢绾率步兵两万人马进入楚地，协助彭越，烧毁楚国积聚的粮草辎重，破坏楚国的后勤保障基础，使它无法再给前方项羽的军队供给粮草。楚军进攻刘贾，刘贾总是坚守营垒不肯与楚军接战，而与彭越相互呼应救援。彭越也不闲着，他一连攻夺故梁国十二个城邑。迫使项羽回师。

刘邦想放弃成皋以东地区，驻扎到巩县、洛阳，以抗拒楚军的西进。多亏了郦食其及时建议，随即重又去谋取敖仓。到汉四年十月，趁着项羽回师，刘邦"汉王引兵渡河，复取成皋，军广武，就敖仓食"（《资治通鉴》卷十）。刘邦领兵渡过黄河，收复成皋，驻扎到广武，取用敖仓的粮食作军粮。楚汉相争进入第三阶段。

五、进退失计，项羽也想用下三滥

到了这个时候，项羽的后勤补给已经难以为继。底气不足，项羽再也高贵不起来了。他把刘邦的父亲绑在两军阵前，试图胁迫刘邦。

项羽在广武两军阵前设置了一个大案板，把刘邦的父亲刘太公绑在上面，然后告诉汉王刘邦："今天你如果不俯首就擒，我就烹了你爹！"没想到刘邦却笑嘻嘻地对项羽说："*吾与羽俱北面受命怀王，约为兄弟，吾翁即若翁；必欲烹而翁，幸分我一杯羹！*"（《资治通鉴》卷十）"我和你当年都在楚怀王面前同朝为臣，我们盟约为兄弟，我爹就是你爹，如果一定要烹杀你爹，很荣幸希望能分我一杯羹！"没想到耍流氓的遇到了老流氓，刘邦根本不吃他这一套，项羽闹了个自讨没趣。

这是干什么？这是大街上两个人打架吗？谁力气大谁赢？司马光这里的记载，不是闲笔，它甚至是神来之笔。我们知道司马光的《资治通鉴》是给统治者提供资政借鉴的，他引用历史资料，不会什么都引用。宋朝以前的历史资料很多，什么该记，什么可以省略，司马光心里有杆秤。这里司马光为什么不省略，他想告诉我们什么？项羽能成大事吗？他有政治头脑吗？不言自明吧。引申开来，一个领导者没有全局观念，斤斤计较小事，他能把自己的事业做成功吗？宋代诗人张耒有一首诗说项羽："*沛公百战保咸阳，自古柔仁伏暴强。慷慨悲歌君勿恨，拔山盖世故应亡。*"（宋·张耒《项羽》）项羽确实是前车之鉴。

胁迫不成，项羽提出干脆与刘邦单打独斗。项羽说："*天下匈匈数岁者，徒以吾两人耳。愿与汉王挑战，决雌雄，毋徒苦天下之民父子为也！*"（《资治通鉴》卷十）"天下沸沸扬扬地闹腾了好几年了，只是由于我们两个人相持不下的缘故。现在我愿意向你挑战，一决雌雄，不要再让天下的老百姓白白地忍受煎熬了！"刘邦却嬉皮笑脸地推辞道："我宁肯斗智，不肯斗力。"

刘邦一口气列举了项羽十大罪状。说得项羽气急败坏又无可奈何。雪上加霜的是，项羽的大将龙且在北方战场全军覆灭。刘、项双方的势力就此逆转。

到了这个时候，项羽才想起派人试图拉拢韩信。使者碰了一鼻子灰而返。万般无奈之下，项羽同刘邦定下条约：二人平分天下，以战国时魏惠王所开的名为"鸿沟"的运河为界，鸿沟以西划归汉王，鸿沟以东划归楚王。这就是楚河汉界的由来。鸿沟和谈是项羽被迫而求得的一线转机。然而，刘邦不是项羽。楚河汉界划定之时，就是刘邦鲸吞项羽开启之日。宋代名臣王禹偁曾写过一首描述鸿沟约定之后项羽大势已去的诗：

> 侯生缓颊太公归，项籍何曾会战机？
> 只见鸿沟分中界，不知垓下有重围。
> 危桥带雨无人过，败叶随风傍马飞。
> 半日垂鞭念往事，露沙霜树映霞辉。

> （宋·王禹偁《鸿沟怀楚》）

那么，项羽结局又如何呢？

第十三讲

四面楚歌：卷土重来未可期

楚汉相争打到汉四年九月，双方都筋疲力尽，项羽率先提出媾和，双方各自撤兵。没想到刘邦却杀了个回马枪，项羽从此踏上了末路穷途。

一、鸿沟议和，绝不养虎自遗患

楚汉以鸿沟划定为界之后，项羽随即领兵东行向彭城老家而去。汉王刘邦原来也想西行回关中，结果张良、陈平站出来劝他："如今汉国已经拥有大半个天下，诸侯又都来归附，楚军却兵疲粮尽，这正是天亡楚国的大好时机啊。如果不抓住这个千载难逢的良机拿下项羽，这就叫作'养虎自遗患'呀。"汉王刘邦接受了他们的意见，随即撕毁停战约定，领兵追击撤退中的项羽。（张良、陈平说曰："汉有天下太半，而诸侯皆附；楚兵疲食尽，此天亡之时也。今释弗击，此所谓'养虎自遗患'也。"汉王从之。《资治通鉴》卷十）

一个月后，按照当时的历法记载，即汉五年十月（公元前202年），刘邦率部追击项羽到固陵。

刘邦本来约好韩信、彭越一起在固陵痛击项羽。韩信和彭越都没有如约而至，结果刘邦反而被项羽打得大败。但项羽也无法就此脱身，双方对峙在固陵。刘邦发现自己指挥不动韩信和彭越，向张良问计："诸侯不从，奈何？"张良为刘邦指点迷津：这两位都不是省油的灯，都想要封王，他们不见兔子不撒鹰，你得实打实满足了他们的心愿才会出兵帮你。刘邦接受了张良的建议，马上分封韩信和彭越为王，并且把他们想要的地方都给了他们做封地。这二人得遂所愿，这才领兵前来一起围剿项羽。（冬，十月，汉王追项羽至固陵，与齐王信、魏相国越期会击楚；信、越不至，楚击汉军，大破之。汉王复坚壁自守，谓张良曰："诸侯不从，奈何？"对曰："楚兵且破，二人未有分地，其不至固宜。君王能与共天下，可立致也。齐王信之立，非君王意，信亦不自坚；彭越本定梁地，始，君王以魏豹故拜越为相国，今豹死，越亦望王，而君王不早定。今能取睢阳以北至穀城皆以王彭越，从陈以东傅海与齐王信。信家在楚，其意欲复得故邑。能出捐此地以许两人，使各自为战，则楚易破也。"汉王从之。于是韩信、彭越皆引兵来。《资治通鉴》卷十一）

汉五年十一月，刘邦手下的大将刘贾南渡淮河，围攻项羽大后方重镇寿春。寿春又称郢，是楚国末期的都城，地位非常重要。负责镇守寿春的是项羽的重要部属大司马周殷。结果在这个关键时刻，周殷被刘贾策反了。曾经被项羽封为九江王的黥布也再次回到九江，召集人马屠灭了城父（今安徽省亳县东南），与刘贾一起会合。至此，项羽的后路其实已经没了。

二、垓下之围，一阵无功便杀身

汉五年十二月，项羽败退到了垓下。项羽的人生步入了倒计时。

关于垓下之战的战斗过程，《资治通鉴》的记载极其简略，只有区区二十六个字："项王至垓下，兵少，食尽，与汉战不胜，入壁；汉军及诸侯兵围之数重。"（《资治通鉴》卷十一）项羽到了垓下，部属越来越少，军中粮食也吃完了，与汉军打也打不过人家，被迫深沟高垒，坚守孤城；被汉军及诸侯军重重包围。

从汉四年九月到汉五年十二月，历经一年三个月的时间，关于这一段历史，《资治通鉴》的记载太过于简略，其实，这一年三个月的历史绝不如此简单。

关于这段历史有一个关键问题需要说明：项羽是如何落入重围的？

鸿沟盟约之前，韩信在齐地打败了龙且，项羽的二十万主力部队丧失殆尽。鸿沟盟约之后，项羽仍然有十万多部属，而且这些部队都是项羽的精锐部队，战斗力可想而知。刘邦及其诸侯军这时有多少人马呢？刘邦自己统率的直系部队有二十多万。诸侯军主要有齐王韩信、梁王彭越、淮南王黥布以及将军刘贾和楚降将周殷等人统率的总兵力三十二万。这个时候楚汉之间的兵力对比是一比五，项羽居于绝对的劣势。尽管如此，这时项羽还拥兵十万，从绝对数量来说怎么也不能用"兵少"来概括。所谓"兵少"，还可解释为损失惨重，也就是之前已经进行过决战。

记载楚汉战争最权威的史书就是《史记》。我们注意到，司马迁在《史记》中多处多次提到固陵之战后楚、汉两军会战于"陈"或"陈下"、"垓下"的记载。中国社会科学院的施丁教授专门统计过《史记》："所书'陈下'或'陈'者凡六处，书'垓下'者凡十三处。"所以现在有一些学者根据鸿沟盟约之后战役的进程，结合史书记载的蛛丝马迹研究认为，固陵之战后也许还另有不止一次战斗。至少有陈下之战和垓下之战两次大的战役。陈下指的是陈县附近，治所在今天河南淮阳，战国时曾经为楚国的都城，是项羽的重要战略基地。项羽东撤的目的地是他的都城彭城。所以最理想的回撤路线应该是沿着山川东海道，经大梁、开封、陈留、睢阳一线回彭城。问题是他到达陈留之时，东去的道路被彭越等阻截，而且楚核心地带淮南地区包括彭城都已经被韩信占领。项羽被迫改道南下，沿鸿沟直奔陈下。这个时候，汉军已对楚军形成大包围态势。所以，部分现代学者研究认为，陈下之战才是楚汉相争最后阶段的大决战。但也有更多的学者认为，还是要相信司马迁在《史记·高祖本纪》的记载，垓下之战才是决定楚汉成败兴亡的关键一战。

垓下之战怎么打的？司马光没有写。根据司马迁《史记·高祖本纪》的记载，刘邦吸取彭城之战的教训，他深知自己指挥不了五十多万大军，这一次他把指挥权交给了韩信。韩信亲自率领三十万大军正面与项羽对阵，自己统领十万军队居中，命令孔熙统领十万军队居左，命令陈贺统领十万军队居右，左右两军做侧翼支援。韩信让刘邦统领中军部署在自己的后面，在刘邦之后，命周勃统领十万人做右后军，命柴武统领十万人做左后军，这二十万人是总预备军。韩信的正面部队首先出击，假装打不过项羽，后撤，项羽驱兵追杀，孔熙、陈贺左右两军从两翼出击，将项伯统领的后军与项羽统领的前军分割开，韩信统领的中军转身又杀了回来。楚军大败，十万楚军，战死八万！

项羽至此已经元气尽失，失去了与刘邦对抗的资本。唐代诗人周昙评价项羽这一战说：

> 九垓垂定弃谋臣，一阵无功便杀身。
> 壮士诚知轻性命，不思辜负八千人。
> （唐·周昙《秦门·项籍》）

曾经百战百胜的西楚霸王，没想到垓下之战成为他的滑铁卢。

垓下之战如此重要，《资治通鉴》却并没有记载这段历史。《资治通鉴》似乎漏掉了这段记载，司马光为什么要这么做呢？他是无心之失，还是有意为之呢？我以为，司马光恐怕是有意为之。为什么这么认为？我想司马光更想警示后人的是，垓下之战，就战争本身并不重要，胜败乃兵家常事，刘邦在彭城和荥阳等地也经历了重大的失败，但没有演变成他的走投无路，关键是刘邦和项羽对待失败的态度不同。

刘邦是屡败屡战，而项羽呢？他是一蹶不振。所以《资治通鉴》接下来详细记载了项羽的英雄末路。

三、四面楚歌，向死而生为鬼雄

大战之后，项羽在垓下被严密包围，晚上听到重重包围自己的汉军四面都唱起楚歌，项羽大惊失色道："难道全部楚地都已经被汉军占领了吗？要不然为何汉军中楚人这么多呢！"四面楚歌，项羽夜不能寐，在大帐中一边饮酒，一边慷慨悲歌，泪下数行。都说男儿有泪不轻弹，只因未到伤心处。侍从人员目睹力能扛鼎的盖世英雄都哭成泪人，也都纷纷哭泣，"莫能仰视"，全不忍心抬头看他。五年之前，那破釜沉舟的一战之后，诸侯"无不膝行而前，莫敢仰视"。从"莫敢仰视"到"莫能仰视"，一个慑于项羽的强悍而不敢仰视，一个悯于项羽的狼狈而不忍仰视，短短五年，多么鲜明的对照啊！

垓下一战之后项羽到底有没有翻盘的机会呢？

我们知道，直到项羽战死了，都不能让鲁地的守军投降，直到带来项羽的人头，忠于项羽的鲁地守军才最终投降。可以说项羽就算在垓下战败，他并不是一无所有，他不仅有乌骓马陪伴，还有忠于他的鲁地。那么项羽究竟还有没有卷土重来的能力呢？后世很多人很替项羽惋惜，百战百胜的西楚霸王为什么一次败仗就一败涂地了呢？项羽有没有东山再起的机会呢？晚唐诗人杜牧的观点特别有代表性："胜败兵家事不期，包羞忍耻是男儿。江东子弟多才俊，卷土重来未可知。"杜牧是诗人，文学家总是悲天悯人，希望历史再给拔山盖世的西楚霸王一个机会。可惜这只能是诗人的看法。政治家不这么看。王安石就提出不同意见，他说："百战疲劳壮士哀，中原一败势难回。江东子弟今虽在，肯于君王卷土来？"非常残酷的事实是，项羽败势已定，已经是覆水难收了。卷土重来未可期，项羽再无翻盘的可能。

当年在巨鹿能以少胜多，打败章邯，为什么在垓下拥兵十万，却要哭成泪人，这说明什么？一个领导人，在关键时候缺少斗志，没有了克服困难的勇气，他就是再有力拔山兮气盖世的能力，他的失败也是注定的。司马光不记载垓下之战的具体战斗细节，而用大篇幅记载项羽的英雄末路，其实也是隐含对项羽做法的批评，给后人提供借鉴。

项羽已经是斗志全无。接下来，《资治通鉴》详细记载了项羽的最后生涯。项羽骑上他的名叫骓的骏马，丢下大队人马，只带了八百多骑兵随从，连夜往南边突围而去。直到天大亮时汉军才发觉项羽已经跑了，于是命令骑将灌婴率五千名骑兵加紧追赶。项羽渡过淮河之时，手下能跟得上他的骑兵只剩下一百多人了。到达阴陵后，项羽迷了路，就向一个农夫问路，农夫却骗他说"往左走"。但是往左走，项羽陷进了大沼泽地中。因为这个原因，汉军得以追上了项羽一行。

为了摆脱追兵，项羽又带着剩余的手下向东奔逃，到达东城时（今安徽省定远东南），相随项羽的只剩下二十八个骑兵了。而追逐前来的汉军骑兵有好几千人。项羽料定自己已经不可能脱身了，便对追随他的骑兵们说："吾起兵至今，八岁矣；身七十余战，未尝败北，遂霸有天下。然今卒困于此，此天之亡我，非战之罪也。今日固决死，愿为诸君快战，必溃围，斩将，刈旗，三胜之，令诸君知天亡我，非战之罪也。"（《资治通鉴》卷十一）"我从起兵到如今，已经八个年头了；身经七十多次战阵，不曾失败过，这才称霸天下。但是今天终于被困在这里，这是上天要灭亡我啊，并不是我用兵有什么过错！今天定要一决生死，愿为你们再痛快地打一仗，一定突破重围，斩杀敌将，砍倒汉旗，接连三次取胜，让你们明白是天要亡我，而不是我项某人用兵的过错。"项羽随即把二十八骑分为四小队，向四个方向冲杀。这个时候汉军已将他们重重包围。项羽便对手下的骑兵们说："看我为你们斩杀他一员将领！"于是命令四队骑兵从四面飞驰而下，约定在山的东边分三处会合。接着项羽便大声呼啸着策马从山坡上飞奔而下，汉军被冲击得七零八落，项羽趁机斩杀了一员汉将。就在这个时候，汉军的郎中骑将杨喜追击到项羽跟前，项羽对着他瞪大眼珠子厉声呵斥，杨喜自己包括他的坐骑都受到惊吓，一口气躲出去好几里地。项羽与手下的骑兵们顺利分三处会合，汉军不知道项羽究竟在哪一处，于是兵分三路，重又把他们包围起来。项羽再次飞驰冲杀，又斩杀了汉军一名都尉，到这个时候，项羽及其手下已经杀掉了近百名汉军。项羽重新召集部下，至此仅损失了两名骑兵而已。项羽于是问他的手下："怎么样？"剩下的手下都敬服地说："确实就像大王您所说的一样！"

这时项羽又燃起了求生的欲望，打算先东渡乌江。当地的乌江亭长把船停泊在岸边正等着他，他对项羽说："江东虽然狭小，好歹也方圆千里，人口有几十万，好好经营也足可以称王的了。希望大王您赶紧渡江！如今只有我有船，汉军即便到来，也无船渡江。"项羽却对亭长说："天之亡我，我何渡为！且籍与江东子弟八千人渡江而西，今无一人还；纵江东父兄怜而王我，我何面目见之！纵彼不言，籍独不愧于心乎！"（《资治通鉴》卷十一）项羽告诉乌江亭长说："这是上天要灭亡我，我渡江还能干什么呀！况且当年我与江东子弟八千人渡江西征，而今他们没有一个人归还故里，纵使江东父老怜爱我，仍然以我为王，我又有什么脸面去面对他们啊！即便他们不说什么，难道我就不感到心中有愧吗！"

项羽就把自己所骑的乌骓马送给了亭长，命令他的骑兵都下马步行，手持短兵器再次与汉军交战。仅项羽一人就杀死了几百名汉军，他自己也身受十多处创伤。这时项羽回头看见了汉军骑司马吕马童，就对他说："你不是我的旧友吗？"吕马童背过脸，指给中郎骑王翳说："这就是项王！"项羽对吕马童说道："我听说汉王悬赏千金买我的头颅，还分封万户的封地，我就留给你一些恩德吧！"随即拔剑自刎而死。汉军将领蜂拥而上，王翳取下了项羽的人头。其余的将领争相践踏着抢夺项羽的肢体，有几十个人因此自相残杀而死。到了最后，杨喜、吕马童和郎中吕胜、杨武各夺得项羽的一部分肢体。五个人把项羽的肢体拼凑到一起，正好对得上，于是这五个人就一起分割原来悬赏的万户封地，五人都被封为列侯。

项羽就这么死了。项羽一死，楚地全部平定了，唯独当年楚怀王分封给项羽的封地鲁县拒不投降，项羽曾经被楚怀王封为鲁公。刘邦闻讯准备纵兵屠城，结果到了鲁县城下，居然听到城里吟诵儒家经典的弦歌之声。因为鲁地是孔子故里，是恪守礼仪之邦，鲁人要为自己的封君项羽尽忠守节。直到汉军拿出项羽的头颅给鲁县的父老看，鲁县这才归降。汉王刘邦用葬鲁公的礼仪把项羽葬在榖城，并亲自为项羽发丧举哀，刘邦还哭了一场才离去。

四、自屈其力，安行无礼忍为不义

项羽已死，那么，盖棺论定，从资治的角度而言，该如何评价他呢？

一代人有一代人面临的具体问题，一代人有一代人的认识局限。以今天的眼光从资政为人的角度来看，如何评价项羽其人呢？我以为要从三个方面评价。

第一，政治意识缺失。

项羽不算一个政治家，他缺乏政治头脑，这是政治家对他的定评。作为政治家，既要有战略眼光、大局意识，更要能集思广益、为政得人。上一讲我们具体分析了项羽的战术失策及其后果，其实从根本上而言，战略缺失才是导致项羽之死的决定性因素。项羽携巨鹿之战之神威，尽管接下来不断犯错，但毕竟西入关中，而且居于主导地位，这个时候该如何考虑并安排亡秦之后的善后事宜，是考验项羽战略眼光和大局意识的关键所在。可惜项羽应对失当。先是烧杀抢掠暴虐天下，导致人心失和；紧接着请示义帝自讨没趣，迁杀义帝以至于背上政治无道的恶名。

接下来分封诸侯，看似排排队吃果果，人人有份，实则宰割不平。分封诸侯是项羽所犯的最重大的战略性错误。历史发展到此时，春秋战国诸侯分封已经成为过去，建立强有力的中央集权王朝才是大势所趋。可惜项羽看不清历史发展的这一趋势。尽管他当年看到秦始皇出巡说出过"彼可取而代之"的豪言壮语，但事后看来、这也就是一时兴起的呓语，他根本认识不到称帝的必然趋势。与项羽形成鲜明对照的是，在楚汉相争的僵持阶段，郦食其给刘邦也出了分封天下收买人心的馊主意，刘邦连给诸侯的大印都刻好了，结果经张良一点拨，刘邦豁然开悟，大骂郦食其臭书生差点坏了老子的大事！对于这件事，司马光特意引用了荀悦的观点表明自己的看法。

> 荀悦论曰：夫立策决胜之术，其要有三：一曰形，二曰势，三曰情。形者，言其大体得失之数也；势者，言其临时之宜、进退之机也；情者，言其心志可否之实也。故策同、事等而功殊者，三术不同也。（《资治通鉴》卷十）

荀悦认为：决定胜负的策略方法，关键之处有三：一是情状，二是趋势，三是态度。所谓情状，说的是事物发展总体上的趋向；所谓趋势，说的是对突发状况的反应和发展演变的规律；所谓态度，指的是意志品质是否坚定。所以即便采用相同的策略，干的事情也相等，但是取得的功效却各不相同，原因就在于这三个方法运用得不同的缘故。

荀悦的结论是："故曰：权不可豫设，变不可先图；与时迁移，应物变化，设策之机也。"（《资治通鉴》卷十）用今天的话来说，就是不能闭门造车、削足适履，凡事要具体问题具体对待。刘邦深谙与时俱进之道，听了张良的话马上改弦更张；项羽则明显还活在过去的时代。唐宋八大家之一的苏洵评价说："项籍有取天下之才，而无取天下之虑。"指的正是项羽政治意识的缺失。

第二，自矜功伐与自屈其力。

"自矜功伐"就是过于相信自己的能力，"自屈其力"就是刚愎自用。俗话说"一个人浑身是铁能打几颗钉"，"众人拾柴火焰高"。要成就大事，除了自身的素质和努力程度之外，还有两个关键要素：一是用人，能否群策群力；二是用策，能否集思广益。有兵家亚圣之称的吴起曾经说："战胜易，守胜难。"（《吴子·图国》）打个胜仗相对容易，可要守住胜利果实就没那么容易了。这和守成比创业更难的道理是一样的。与刘邦相比，项羽过于迷恋自己的武力，正如司马迁所说"自矜功伐"，"欲以力征经营天下"。

刘邦取得天下之后，专门与属下讨论过自己为什么能战胜项羽的原因问题。刘邦自己说我能够用萧何、张良、韩信人中三杰，而"项羽有一范增而不能用"，这就是两人高下之分的原因。事实上刘邦不仅重用人中三杰，许多小人物提出的意见和建议都对他战胜项羽起了重要作用。比如前面提到的地方三老董公给刘邦建议为义帝发丧，一下置项羽于不义不道的被动境地；辕生建议刘邦调虎离山，以自己为诱饵，把项羽调离荥阳、成皋正面战场；随何自告奋勇为刘邦说服黥布，使项羽腹背受敌；郑忠建议刘邦不要与项羽正面对战，而是高筑营垒、深挖壕沟，与楚军相持，然后袭扰项羽的后方根据地。这些小人物都名不见经传，但他们提出的建议都帮助刘邦得以对抗项羽。

再看项羽这边，唯一的智囊范增的意见他也不能好好采纳，反倒中了陈平的反间计，气死了范增。司马迁在《史记·项羽本纪》中还记载了一件小事。项羽好不容易攻取外黄之后，又要准备把城中十五岁以上的男子都坑杀。这时候外黄县令门客年仅十三岁的儿子劝他不要滥杀无辜，项羽接受了这个小孩的建议，各地百姓果然争相归附。然而项羽能够从谏如流的时候太少了，刘邦、项羽在采纳众人意见方面两厢对照，高下立判。

第三，缺乏分享意识、抗压能力不足。

刘邦的部下高起、王陵曾经在比较刘、项优劣的时候说："陛下使人攻城略地，因以与之，与天下同其利；项羽不然，有功者害之，贤者疑之，此其所以失天下也。"（《资治通鉴》卷十一）刘邦每打下一个地方就封给有功之臣，而项羽却害怕有功之臣，嫉妒猜忌人才，缺乏分享意识，这也是项羽失败的原因之一。

还有一个因素就是年龄。项羽比刘邦小二十四岁。有一种观点认为，姜还是老的辣。项羽太年轻，走得太顺了，阅历不够，事业过于一帆风顺，导致抗压能力不足。项羽二十四岁起兵，二十七岁做了西楚霸王，三十一岁乌江自刎。这个观点其实很难成立。放眼历史上的开国之君，汉光武帝刘秀登基称帝时只有三十一岁。西晋武帝司马炎登基称帝时只有三十岁；宋太祖赵匡胤登基称帝时只有三十四岁；北魏道武帝拓跋珪登基称帝时也只有二十八岁；北齐文宣皇帝高洋登基称帝时年仅二十一岁。所以，年轻不是失败的理由。但总是习惯于胜利，对失败必然缺乏承受能力，未必是好事。

五、自矜功伐，奋其私智而不师古

《资治通鉴》全书有一百一十九篇"臣光曰"，专门对特别重要的人物和事件进行评价。但对项羽，司马光在《资治通鉴》中没有直接

发表看法，反而引用了史
学家司马迁和扬雄对项羽
的评价。

西楚霸王项羽彩像（清人绘）

司马迁在《史记·项
羽本纪》的最后以"太史
公曰"的方式总结认为：
项羽以一介平民百姓的身
份揭竿而起，经过三年的
时间就统领原来燕、齐、
韩、魏、赵五个诸侯国的
义军灭亡了秦朝，然后裂
土封侯，天下大事都由项
羽一人说了算。即便项羽
的霸业最终没有善终，也算是近古以来前所未有的成就！很显然，司
马迁很肯定项羽推翻秦朝的历史功绩。这也是他把项羽写入本纪的根
本原因。司马迁对项羽的看法是一分为二的。他指出，项羽放弃关中
称王称帝的形胜之地，执意回到家乡彭城，缺乏政治远见；而把义帝
赶走自立为王的做法更是犯了为政大忌，犯了这样的大错，还想让诸
侯不背叛自己，那可就太难了！

项羽的根本错误是什么？司马迁说："自矜功伐，奋其私智而不
师古，谓霸王之业，欲以力征经营天下，五年卒亡其国，身死东城；
尚不觉悟而不自责，过矣。乃引'天亡我，非用兵之罪也'，岂不谬
哉！"（《史记·项羽本纪》）司马迁认为，项羽的失败是几个方面造成
的，一个是太自恋；另外就是光知道闷头自己干而不懂得借鉴古人的
经验和教训，认为霸王之业就凭自己的勇猛，用强力暴力就可以夺取
并守住天下。结果呢？经过五年的血战，西楚国亡，而项羽自己也身

死东城乌江浦。项羽到死都不明白自己所犯的错误而不自责，反而说是上天要我灭亡，不是我的战略战术有问题，很显然，司马迁认为项羽之败问题出在他太自恋太自我。

司马光在这里引用司马迁的说法，显然他是认可司马迁的这个评价。但是司马光认为司马迁的这个评价还没有说到位，所以他紧接着又引用了另一个大史学家扬雄的说法，借扬雄对项羽的评价，含蓄表达了自己的看法。

《扬子法言》记载，有人问："楚王兵败垓下，将要死的时候说道：'是上天亡我！'可以相信这种说法吗？"扬雄回答说："*汉屈群策，群策屈群力；楚憝群策而自屈其力。屈人者克，自屈者负；天曷故焉！*"（《资治通鉴》卷十一）"汉王刘邦尽量利用众人的计谋，这些计谋调动了众人的力量；楚王项羽憎恶采用众人的计谋，只注重发挥自己个人的作用。善于发挥、利用众人智谋和力量的人就能取得胜利，只凭一己的智谋和力量的人就必定失败，这与上天有什么关系啊！"这段话司马光引自《扬子法言》卷十《重黎》篇。

很显然，司马光认为项羽的最终失败，和他不善于用人，过于刚愎自用，有很大的关系，而能否用好人才并使人尽其才是为政者的关键所在。《资治通鉴》的研究大家胡三省忍不住在这里替司马光加了一句评论："*温公曰：何预天事？*"司马光一定会说：与天有什么相干！

司马光真的对项羽之死没有自己明确的看法吗？确实有，只不过没有写在《资治通鉴》里。司马光在写《资治通鉴》之前专门写过一本提纲式的著作，也可以说是通鉴的提纲，名为《历年图》，收在司马光的另一本史学名著《稽古录》中。在这部书中，也有"臣光曰"，因为这部书最早就是进献给皇帝阅读的。在这部书中的"臣光曰"中评价项羽的基本观点与司马迁差不多，但司马光特意用了"*安行无礼，忍为不义*"（《稽古录》卷十二）八个字来评价项羽。司马迁认为项羽背关怀楚，放弃关中的天下形势胜境是其失败的重要因素之一，司马光则格外强调项羽不施行礼义仁政，是其失败的更重要的原因。其次是用人问题。司马光说项羽"才高者见疑，功大者被绌"（《稽古录》卷十二），有能力的，他怀疑猜忌，功勋卓著的，他弃之不用，照这样干下去，即便占领秦朝的许多地方，又怎么能避免败亡的命运呢？司马光的看法与我们此前提到的王夫之在《读通鉴论》中所说"怀愍求援，而终以孤立"的观点倒是遥相呼应。

> 臣光曰：世称项王不王秦而归楚，故失天下。观其拥百万之众，西入函谷，擅天下之势，裂山河以王诸侯；自谓可以逞其私心而人莫敢违，安行无礼，忍为不义；欲以一夫之力，服亿兆之心；才高者见疑，功大者被绌；推此道以行之，虽得百秦之地，将能免于败亡乎？
>
> （《稽古录》卷十二）

那么，比项羽大二十四岁的刘邦究竟是一个什么样的人？他为什么能赢得众人的拥戴呢？

第十四讲

布衣皇帝：草根何以逆袭称帝

汉朝是中国历史上第一个由社会底层人物建立的王朝，刘邦
及其一起打天下的大多数功臣都来源于社会的最底层，汉初的政
局被称为"布衣将相之局"。布衣何以逆袭为皇帝？刘邦具备什
么样的软实力呢？

要说汉高祖刘邦，首先需要交代一下他的生年。刘邦的出生有公元前 256 年和公元前 247 年两种说法。比较权威的史书司马迁的《史记》、班固的《汉书》对刘邦的出生年月均无明确记载。后世史家在为这两部史书作注时提出两种不同的说法：一是南朝宋人裴骃在《史记·高祖本纪》集解中引西晋人皇甫谧之语："*高祖刘邦以秦昭王五十一年生，卒至汉十二年，年六十三*。"清代学者杭世骏根据皇甫谧定的生卒年月，校正为六十二岁。若依皇甫谧之说，刘邦当生于秦始皇即位前十年。即公元前 256 年。还有一种说法是唐代史家颜师古在为《汉书》作的注中引晋人臣瓒曰："（高）帝年四十二即位，即位十二年，寿五十三。"如果按照这种说法，刘邦应当出生于秦庄襄王三年，秦始皇即位前一年，即公元前 247 年。上述两种说法使刘邦的岁数相差九岁。由于缺乏确凿无疑的史料，研究者各持己见。窃以为刘邦当生于公元前 256 年。

一、大器晚成，皇帝起于江湖

作为开国皇帝，刘邦出身低微，只比秦始皇小三岁，他属于大器晚成的典型。刘邦参加工作很晚，三十四岁才算有了一份相对正式的工作，做了秦朝的一名亭长；结婚也晚，三十七岁才结婚；生子也晚，四十岁才生了长女（刘邦在正式娶妻之前已经与曹姓外妇有了一个

汉高祖刘邦像（明人绘）

私生子刘肥）；起兵也晚，四十八岁才加入反抗暴秦的起义洪流中，开始开创人生伟业；做皇帝也晚，五十一岁称汉王，五十五岁登基称帝。

我们一定要回答这样一些问题：为什么是刘邦成为中国历史上第一位平民皇帝？他自身有什么特殊品质或者说是特殊能力得以脱颖而出呢？他凭什么能够得到天下豪强的拥戴？他又是凭什么能够战胜不可一世的项羽的呢？

莎士比亚说，三代培养不出一个贵族。指的是高贵的品格需要深厚的底蕴积累。刘邦不仅出身低微，而且所受过的教育也不够良好、系统，所学知识只能帮助他在社会底层长期厮混。然而刘邦五十年的江湖人生炼就了一些独特的气质和品质。这些有好有坏、亦好亦坏的性格特点为其赢得了出头露脸的机会，进而奠定了他战胜小自己二十四岁的对手项羽的基础。

那么，刘邦到底是个什么样的人？

看一个人是什么样的人，既要看其家世、出身，也要看其脾气秉性、所作所为，更要看其跟什么人来往、向什么人学习，而决定其成就和格局在很大程度上要看他的朋友圈。

《资治通鉴》记载，"沛人刘邦起兵于沛"（《资治通鉴》卷七）。据《史记》和《汉书》记载，刘邦出生于"沛丰邑中阳里"，即今江苏省丰县（古称丰、丰邑）县城东北隅一条古老的名为中阳里的街道。沛本秦泗水郡之属县，但在刘邦出生时，这个地方并不属秦国，而是属于魏国，后来又被楚国占领。刘邦的出生地在战国时期是齐、魏、楚三国之接合部，这个地方在战国后期处于三不管的空白地区，恰好为区域内百姓休养生息、躲避刀兵之灾提供了条件。司马迁在《史记·货殖列传》说，这个地方的民风骠悍轻薄，人易发怒。物产贫瘠，不容易积聚财富。班固则说这个地方的民风是"性情偏激，固执己见"，这就是刘邦五十岁之前生活了大半辈子的地方的风土人情。

在秦汉之前平民百姓有氏无姓，到秦汉之时姓氏混一。刘邦出身平民，所以《史记》《汉书》记载刘邦的父亲曰太公，母亲曰刘媪。"太公"即如今天北方人称"大爷爷"，"媪"就是"大奶奶"，有些地方称为"大伯""大娘"之类，是对上年纪的老年男性和女性的统称。很显然，出身平民的刘邦父母没有名字。至于刘邦的家世，班固勉强拼凑出一个世系传承，具体而言，历代学者已经无法考据出刘邦父祖辈名字，清代著名史家王先谦只能感叹："高祖起布衣，太公以上名字无考。"刘邦在刘太公的儿子中排行最小，所以名之为季。刘邦有两个哥哥，还有一个同母异父的弟弟。就这么看似简单的家庭关系中其实蕴含着许多说不清道不明的是是非非。有研究者就提出，刘邦也许不是太公的亲生儿子，种种迹象表明，他和卢绾倒有可能是亲兄弟。

中国古语说，英雄起于阡陌，壮士拔于行伍；宰相必起于州部，猛将必发于卒伍。刘邦这个布衣皇帝则起于江湖。

为什么这么讲？看刘邦五十岁之前做的一些事，自然可以得出结论。刘邦虽然不爱读书，但喜欢闯荡江湖。刘邦出生的时候，纵横捭阖的战国风云已经接近尾声，但那个时代尚气任侠的风尚对社会底层的刘邦具有无限的吸引力。少年时期的刘邦最崇尚的偶像是天下无双的信陵君魏无忌。信陵君死的时候刘邦已经十四岁了。信陵君窃符救赵，以一己之力抗衡强秦的故事以及他最终醇酒妇人自我放纵而死的悲剧结局都对少年刘邦产生了深远的影响。刘邦后来当了天子之后，每次路过魏国故都大梁的时候，都要到信陵君的祠堂祭祀他。在他临死那一年，也就是汉高祖十二年，当他镇压黥布造反回师时，又特意安排五户人家为信陵君守护陵墓，要求他们世世代代按时按节祭祀魏公子信陵君。所以，信陵君魏无忌是刘邦一生的偶像。

等到刘邦长大开始行走江湖的时候，信陵君已死，但他生前追随他的那些门客仍在。张耳便是信陵君的门客。张耳因为避祸逃到外黄隐居，本来无钱无势，但他娶了外黄一名富商的寡妇女儿，张耳就用老婆家的钱财招揽宾客养士。司马迁就记载，刘邦后来专门多次去外黄追随信陵君的门客张耳，在张耳处前后总共客居数月之久。张耳是见过大世面的人，刘邦"数从张耳游"，走出了沛县的小天地，使他大开眼界。而张耳与陈余的倾心相交之举不可能不对刘邦产生影响。张耳、陈余后来在楚汉相争的过程中也都是风云人物。张耳后来投奔刘邦，被刘邦视为绝对可以信赖的人，把他派到韩信的身边，帮助自己掌控韩信。所以，张耳才是刘邦的人生导师。包括刘邦娶吕雉为妻，很难说不是受张耳的影响。刘邦后来把自己的女儿鲁元公主嫁给了张耳的儿子张敖，也算是世交成就的一段姻缘。

刘邦的朋友圈还有萧何、曹参、夏侯婴等县级官吏，樊哙、周勃、纪信等哥儿们弟兄，王陵、雍齿等江湖大佬，以及卢绾、刘交等穿一条裤子的死党。这些人形形色色，黑白两道俱全。

二、爱人喜施，成就其凝聚力

五十岁前的刘邦醉心于混社会，通过长期在社会上的历练，刘邦培养出了四种能力，也可以说是具备了四种优势。

第一种，爱人喜施，成就其凝聚力。

刘邦究竟是一个什么样的人呢？《资治通鉴》采用了司马迁在《史记·高祖本纪》中的部分记载，说刘邦："*爱人喜施，意豁如也；常有大度，不事家人生产作业。*"（《资治通鉴》卷七）"爱人"就是喜欢和人打交道，爱交朋友；"喜施"就是爱周济人；"意豁如也"就是看上去豁达豪爽的样子；"常有大度"就是说经常做出一些大度之举；"不事家人生产作业"就是不顾家、不干一般人所从事的谋生营生。用今天的话来说，刘邦是个很讲哥儿们义气，为人豁达豪爽，很有亲和力的热衷于混社会的江湖中人。这样一个人就能在乱世中脱颖而出吗？很显然这个评价还不足以揭示刘邦五十岁前布衣人生的全部品行。

刘邦热衷于跑江湖、混社会，喜欢当大哥。可他又不事营生，没钱做资本。怎么办？刘邦有两个办法。一个就是吃家人的。刘邦兄弟四人，大哥名伯，伯死得早。刘邦经常带着一帮狐朋狗友去大嫂家蹭饭吃。刘邦总是这样做，大嫂当然很讨厌。于是她想了一个办法。她提前吃饭，等刘邦带着人来家时，大嫂假装羹汤已吃完，用勺子刮锅，刘邦只得带着人快快离去。过后看锅里还有羹汤，刘邦从此怨恨大嫂。后来刘邦当了皇帝，分封兄弟，唯独不封大哥的儿子。太上皇为孙子说情，高祖说："我不是忘记封他，因为他的母亲太不像长辈了。"最后，虽然对大哥的儿子刘信也分封了，但封了一个奇怪的封号——羹颉侯。应该说这是一个带有侮辱性的封号，很显然，当年大嫂的行为让刘邦难堪了，刘邦很记仇。相反，二哥刘仲家境较殷实，对刘邦也好，所以刘邦封二哥仲为代王。

要想当好大哥，除了带人回家吃饭，还要时不时请人在外面喝酒。司马迁在《史记·高祖本纪》中记载，刘邦常常到当地两个老妇人王媪、武负的店里去喝酒，自己喝也请人喝，没钱就赊酒。这两个经营酒店的老板娘发现，只要刘邦每次去买酒，留在店中畅饮，买酒的人就会增加，售出去的酒达到平常的几倍。到了年终，酒店大赚，这两家就把给刘邦记账的简札折断，不再向他讨账。刘邦呢？心照不宣，接着去喝酒。所以，刘邦恐怕是中国最早的酒托儿。

为人大方，舍得花钱，所以刘邦的追随者众多，有的死心塌地一直追随。比如给人办丧事的周勃，屠狗为业的樊哙，车夫夏侯婴，县里的小吏曹参，跟屁虫周䌫，死党卢绾，以及后来替刘邦一死的纪信，战死沙场的奚涓等等一批人。这些人大多出身寒微，有的到死都是光棍一条。后来追封为鲁侯的奚涓，死心塌地为刘邦效命，"功比舞阳侯"樊哙，到死都没有成家。中牟侯单父圣，在刘邦贫贱时有一次被官府缉拿，他给刘邦提供了一匹马作为逃跑的工具。在当时，一匹马的价值差不多相当于四头牛，也就是两个家庭的全部家产啊！单父圣如此豪迈，将心比心，可见刘邦当年怎么对他。刘邦这么做的后果就是影响力与日俱增，许多人心甘情愿追随他。包括后来事业做大以后，刘邦也继续保持这种与人分享的好作风，所以他的团队凝聚力很强。

三、尚气任侠，成就其亲和力

第二种，尚气任侠，成就其亲和力。

司马光在盖棺论定刘邦的时候，引用了班固在《汉书·高帝纪》中对刘邦的评价："高祖不修文学，而性明达，好谋，能听，自监门、戍卒，见之如旧。"（《资治通鉴》卷十二）"不修文学"，就是不喜欢文化学习，当然也不喜欢儒家的读书人。汉高祖刘邦也受过基本的教育，识文断字是没有问题的，要不然后来也不可能当上秦朝的基层官吏亭长。"性明达"就是悟性高，有见识。文化程度不高而悟性高有见识，这是刘邦最大的特质。"好谋"，就是有主意，善于规划。"能听"就是善于接受别人的意见和建议。"自监门、戍卒，见之如旧"，就是从看门的到一般士卒，见到他都像见到老朋友一般，说明刘邦不仅有亲和力，而且特别对社会底层民众有亲和力。

与一般社会底层的人不同，长期的游侠生活和江湖人生使刘邦的眼界很开阔，他是见过世面的人。刘邦曾经到咸阳去服徭役，有一次秦始皇出巡，他看到秦始皇的气派，长叹一声说："唉，大丈夫就应该像这样！"受尚气任侠的地域文化和时代风气的影响，刘邦形成了尚气任侠、豁达大度的性格。再加上自身形象也不错，所以刘邦很有亲和力，有好人缘。司马光在《资治通鉴》中说刘邦"为人隆准、龙颜"，用今天的话来说就是相貌堂堂，很气派。刘邦还很注意自身形象的塑造，他在做亭长时，喜欢戴用竹皮编成的帽子，他让掌管捕盗的差役专门到薛地去订制，经常戴着，到后来显贵了，仍旧经常戴着。人们所说的"刘氏冠"，指的就是这种帽子。所以，刘邦也可以说是一位时尚达人。

正因为长得仪表堂堂，所以司马光特意记载刘邦的岳父"**单父人吕公，好相人，见季状貌，奇之，以女妻之**"（《资治通鉴》卷七）。吕公一看到刘邦的相貌，就觉得他一表人才，不是一般人，于是决定把女儿嫁给刘邦。《资治通鉴》记事过于简洁，其实刘邦娶妻这段历史就很有传奇色彩，也很反映刘邦的性格特点。

司马迁记载，单父人吕公与沛县县令要好，为躲避仇人投奔到沛县客居安家。沛中的豪杰、官吏们听说县令有贵客来安居，都前往祝贺凑份子。萧何当时是县令的属官，掌管收贺礼事宜，他对那些送礼的宾客们说："送礼不满千金的，让他坐到堂下。"刘邦做亭长，平素就看不起这帮官吏，于是在进见的名帖上谎称"贺钱一万"，其实他一个钱也没带。名帖递进去了，吕公一听说有人送一万钱的重金，大为吃惊。一万钱在当时是一个什么概念？按照司马迁的记载，一万钱在当时可以买一匹马加四头牛再加一个奴童。吕公赶快到门口去迎接刘邦。吕公这个人，喜欢给人相面，一见刘邦仪表不凡，就非常敬重他，把他领到堂上坐下。萧何说："刘季一向满口说大话，很少做成什么事。"刘邦吹牛脸不红心不跳，高坐上座还趁机戏弄那些宾客，一点儿也不拘泥。吕公看在眼里，向刘邦递眼色，让他留下来最后走。刘邦自然心领神会。吕公对刘邦说："我从年轻的时候就喜欢给人相面，经我相过面的人多了，没有谁能比得上你的面相，希望你好自珍爱。我有一个亲生女儿，愿意许给你做你的洒扫妻妾。"酒宴散了，吕媪对吕公大为恼火，说："你起初总说要让这个女儿出人头地，把他许配给个贵人。沛县县令跟你要好，想娶这个女儿你不同意，今天你为什么随随便便地就把她许给刘季这么个人了呢？"吕公说："这不是女人家所懂得的。"终于把女儿嫁给了三十七岁的大龄青年刘邦。吕公的女儿就是吕雉，后来生了孝惠帝和鲁元公主。

刘邦尚气任侠的亲和力优势还表现在许多名不见经传的人心甘情愿为刘邦效命。这是刘邦与项羽最大的不同，也是他最大的优势。我们前面曾经提到过的地方三老董公建议刘邦为义帝发丧，辕生建议刘邦调虎离山，随何自告奋勇为刘邦说服黥布，郑忠劝沮刘邦与项羽直接对战，侯公替刘邦说服项羽释放刘太公等。这都是刘邦有亲和力的结果。与刘邦相反，项羽唯一一次向社会底层的农夫问路还被对方诓骗了。农夫与项羽无冤无仇，为什么要骗项羽？唯一合理的解释就是痛打贵族落水狗的心理吧！韩信后来拒绝武涉的策反，其中一条理由就是刘邦"解衣衣我，推食食我"，解下自己的衣服给人穿，把自己的饭给人吃，这不也是江湖义气的表现吗？

四、明达大度，成就其领导力

第三种，明达大度，成就其领导力。

司马光在《资治通鉴》中多次提到"高祖之明达"。刘邦的文化程度不高，但悟性高，有见识，这一特质成就了刘邦的领导力。有三件事很能体现刘邦的这种领导力潜力。

第一件，放纵徒役反而有了追随者。刘邦是怎么走上反秦道路的？这与他把差事办砸了有关。刘邦以泗水亭长的身份押送徒役去骊山服劳役，半路上不断有徒役开小差逃走。刘邦估计，不等到了骊山就会都逃得差不多了，所以走到丰西大泽中时，干脆趁着夜晚把所有的徒役都放了。刘邦跟这些人说："你们都逃命去吧，从此我也要远走避难去了！"徒役中有十多人无处可去，还愿意跟随他一块走，就这样，刘邦带着十几个人踏上了前往芒砀山开始真正的江湖生涯。

差事办砸了饭碗就丢了，但刘邦能够看得开，而且敢担当，放纵徒役离去，然后义无反顾走上江湖路。结果当即就吸引了十多人追随他。为了让更多的人追随自己，刘邦还效法陈胜起义那样，编造了自己醉酒斩大蛇的故事。《资治通鉴》记载说，刘邦喝醉了，夜间行走在湖沼地的小道上，遇到一条大蛇挡在前面，他随即拔剑斩杀了大蛇。结果前面有一位老妇人哭着说："我的儿子是白帝的儿子，化为蛇形，正好在小道上，而今却被赤帝的儿子杀了！"说罢就忽然不见了踪影。刘邦隐藏在芒、砀的山泽中逃亡，这山泽间于是常常出现怪异现象。沛县中的年轻人闻讯后，大都想要去归附他。（刘季被酒，夜径泽中，有大蛇当径，季拔剑斩蛇。有老妪哭曰："吾子，白帝子也，化为蛇，当道。今赤帝子杀之！"因忽不见。刘季亡匿于芒、砀山泽岩石之间，数有奇怪；沛中子弟闻之，多欲附者。《资治通鉴》卷七）有人追随是领导力的重要体现。

第二件，萧何、曹参的鼎力支持。萧何是沛县的主吏掾，相当于今天的县一级的组织部部长兼秘书长。萧何有丰富的基层工作经验，以"以文无害"著称，就是能够极为娴熟地运用地方行政的各种政策法规和法律条文。当然，萧何也有能力钻政策和法律的空子。刘邦在乡里为亭长时没少惹是生非，但刘邦和萧何关系很铁，萧何总能给他大事化小，为他开脱。所以，某种程度上说，萧何是刘邦那些年的保护伞。萧何之所以心甘情愿护佑刘邦，倒不见得拿了刘邦多少好处，关键是萧何很欣赏刘邦明达大度、豁得出去的做派。萧何是文墨吏，作风严谨，但越是这样，对刘邦越有惺惺相惜之感。所以沛县起义，首先就想到了刘邦为不二人选，这正是认可刘邦领导力的结果。能够得到萧何、曹参等地位原本比他高的人的认可，更能说明刘邦不仅具备领导力，而且有领袖魅力。

第三件，张良的认可。《资治通鉴》记载，张良是世家子弟，散尽巨万家资，一心为故国复仇，与秦王朝不共戴天。刘邦刚刚起义的时候，在投奔楚王景驹的路上与张良相遇，两人一见如故，张良就归属了刘邦，刘邦授给张良掌厩将之职。张良多次用《太公兵法》的道理向刘邦献策，刘邦对张良言听计从。所谓没有对比便没有伤害。张良此前也曾多次向其他人讲述《太公兵法》，那些人都不能领悟。张良由衷感慨说："沛公殆天授！"（《资治通鉴》卷八）"沛公的这种悟性和见识大概就是天赋之才吧！"于是决定追随刘邦。在取得天下之后刘邦专门讲过一段著名的话，他问部下，我为什么能够取得天下？他自己总结，关键在于对人中三杰委以重任。反过来说，后来成就刘邦事业的人中三杰之二位心甘情愿接受了刘邦的领导，能够为己所用，不就是领导力的体现吗？

五、杀伐决断，成就其执行力

第四种，杀伐决断，成就其执行力。

刘邦这个人很随和，但绝不优柔寡断。相反，他遇事杀伐决断，而且一旦接受别人的意见，马上说干就干，用今天管理学的说法就是执行力很好。这方面的事例更多表现在刘邦起兵之后。因为之前的江湖生活流传下来的事毕竟很少。

在刘邦起兵之后，体现刘邦杀伐决断执行力的事例很多。比如说刘邦入咸阳以后想尽情享受，樊哙和张良及时劝阻，刘邦虽然内心并不愿意，但还是马上还军霸上。鸿门宴上项羽信口说出给刘邦上眼药的是自己的下属司马曹无伤时，刘邦一回到大营，立斩曹无伤。鸿门宴前，当张良告诉他项伯前来给自己通风报信时，刘邦的第一反应是，你和项伯谁年长？张良说："他比我大。"刘邦马上决定："您替我唤他进来，我将把他当作兄长来对待。"经张良一再邀请，项伯便进去与刘邦相见。刘邦手捧酒杯向项伯敬酒祝福，并与他约定结为亲家，这才有了其后项伯为他周旋，鸿门宴事实上是刘邦弥补自己错误的重要转折点。楚汉相持的过程中，郦食其给刘邦出了分封诸侯的馊主意，张良及时劝阻，刘邦马上收回成命。如此等等，事例不胜枚举。

刘邦五十年的江湖人生就没有染上一些坏毛病吗？当然有。司马迁和班固的记载言之凿凿。

司马迁还说刘邦"仁而爱人"，但司马光在《资治通鉴》中偏偏没有引用这句话，"仁"是儒家的核心价值理念，很显然，司马光认为刘邦当不起一个"仁"字。彭城之战刘邦在逃命途中三次把自己的亲生骨肉推下车，这事干得确实没有人味儿。广武对峙期间，项羽以烹杀刘邦的老父亲要挟刘邦，刘邦却说出了"分我一杯羹"的话，无论是出于策略也好，还是刘邦压根儿不管不顾也罢，反正以儒家的孝道文化衡量，刘邦的言行绝对属于大逆不道。

司马迁说刘邦"**为泗水亭长，廷中吏无所不狎侮。好酒及色**"（《史记·高祖本纪》）。刘邦做泗水亭长的时候，对同僚们极尽侮辱调笑之能事。爱侮辱人、爱骂人应该是刘邦长期以来江湖习气熏染的结果。

刘邦爱喝酒还好色。我们知道，刘邦结婚很晚，但他也没有闲着，他还养了一个曹姓外妇，并且还生了一个私生子，后来名字叫刘肥。正因为刘邦的这些恶行，鲁迅先生说刘邦是"无赖出身"；史家吴晗说刘邦是"流氓刘邦"；费孝通先生称刘邦为"幸运的流氓"。但毛泽东在读《史记》的时候就说："项王非政治家。汉王则为一位高明的政治家"。

司马光写《资治通鉴》最主要的使命就是"嘉善矜恶，取是舍非"。就是鼓励好人好事，抨击恶言恶行。他是要为后来者提供"资治"的，所以，司马光不可能把刘邦不好的品行写在《资治通鉴》里，这倒不是为尊者讳，而是不希望后来的统治者像刘邦一样。

司马光认为，一位优秀的政治家应该具备"仁、明、武"三种德行，所谓"仁"，用今天的话来说就是有文化自觉，有文化情怀；所谓"明"，就是懂好赖，明是非曲直；所谓"武"，就是有决断力，遇事当机立断。对照这个标准，汉高祖刘邦还有一定差距，究其原因，司马光的看法是：先天文化程度不够，后天还不继续学习的缘故。一句"病于不学而已"，道尽了司马光对刘邦的遗憾和对后来者的期许。

那么，刘邦踏上起兵之路后，又是如何一步一步崛起的呢？

第十五讲

达权知变：刘邦的成功之道

　　国力有硬实力与软实力之分。个人能力也可以有硬实力和软实力之说。大半辈子的人生历练，使刘邦具备了凝聚力、亲和力、领导力、执行力四种优势，这就是刘邦的硬实力，是他成为领袖的潜质。但要把潜质变成实质，还需要付出艰苦卓绝的努力，还需要把硬实力转化成软实力。刘邦是怎么做到的呢？沛县起兵以后入关灭秦的机会为什么会交给刘邦？鸿门宴刘邦靠什么化险为夷？彭城之战让刘邦接受了什么教训？楚汉相争刘邦为什么能笑到最后？

刘邦天生是一个政治家，他的政治才能得益于其丰富的从政阅历。刘邦一生担任过五个职位。"初为泗水亭长"，这是秦王朝最基层的一级官吏。沛县起兵被拥立为沛公，相当于县长。项梁战死之后，楚怀王熊心以沛公为砀郡长，封武安侯，将砀郡兵，相当于郡守一级。五十一岁那年，西楚霸王项羽封刘邦为汉王，正式成为一方诸侯。打败项羽之后，五十五岁的刘邦称帝，六十二岁死后被称为太祖高皇帝。所以，刘邦有非常全面的基层工作经验。

混了大半辈子的刘邦是如何一步一个脚印把自己的人生阅历这种硬实力转化成软实力，从而走向人生巅峰的呢？我以为刘邦的软实力主要体现在以下五点。

一、知人善任，故能群策群力

汉高帝五年（公元前 202 年），项羽自刎，刘邦正式称帝。这一年五月，发生了一件非常著名的事，史称"南宫论治"。刘邦在洛阳南宫举行酒宴，让群臣总结成败得失，大臣们的意思是你搞共享，项羽搞独霸，当然你赢啊。刘邦说："你们是只知其一，不知其二啊。"接下来刘邦说了非常有名的一段话："夫运筹帷幄之中，决胜千里之外，吾不如子房；填国家，抚百姓，给馈饷，不绝粮道，吾不如萧何；连百万之众，战必胜，攻必取，吾不如韩信。三者皆人杰，吾能用之，此吾所以取天下者也。项羽有一范增而不能用，此所以为我禽也。"群臣说服。（《资治通鉴》卷十一）刘邦说："要论运筹帷幄之中，决胜千里之外，我比不了张良；要讲镇守国家，安抚百姓，供给粮饷，保持运粮通道畅通无阻，我比不了萧何；要说统率百万大军，战必胜，攻必克，我比不了韩信。这三位都是人中英杰，而我能够任用他们，这就是我所以能取得天下的原因。项羽虽然有一个范增，却不能信任使用他，这便是项羽所以被我打败的原因了。"群臣对刘邦的这番高论心悦诚服。

刘邦告诉群臣，知人善任才是自己成功的关键所在。我们前面提到过，清代乾嘉学派的代表人物赵翼曾经指出，汉初是"布衣将相之局"，刘邦任用的人才除了萧何、张良、韩信等三杰之外，还有从敌对阵营投奔而来的陈平、毛遂自荐的郦食其以及从一开始就跟他出生入死的丰邑、沛县、砀郡元功集团功臣曹参、樊哙、灌婴、夏侯婴等，这些人大多出身低微，但各有所长，各尽其力，共同缔造了大汉王朝，成就了一个前所未有的奇迹。用赵翼的话来说："盖秦汉间为天地一大变局。"司马光曾经强调指出："为治之要，莫先于用人。"（《资治通鉴·魏纪五》）司马光在给刘邦盖棺论定的时候起初说的就是："帝豁达宽仁，知人善任使，故能平一海内。"（《稽古录》卷十二）刘邦是政治家，他的软实力首推知人善任。因为知人善任，故能群策群力；因为群策群力，方显刘邦的领袖魅力。

知人善任，说起来容易做起来难。刘邦的知人善任关键在于两点。

首先是绝对的倚重敬重。萧何慧眼识韩信，向刘邦大力举荐，萧何说："大王您如果只想当个汉王，自然没有用得着韩信的地方；倘若您要争夺天下，除了韩信，就没有可与您图谋大业的人了。只看您做哪种抉择了！"刘邦说："我也是想要东进的，怎么能够忧郁沉闷地老待在这里呀！"萧何道："如果您决计向东发展，那么能任用韩信，韩信就会留下来，如若不能使用他，他终究还是要逃跑的。"刘邦说："那我就看在你的面子上任他做将军吧。"萧何说："即便是做将军，韩信也不会留下来的。"刘邦道："那就任他为大将军吧。"这才有了后来韩信登坛拜将的故事。关于韩信，我们后面还要单独讲，这里要说的是，刘邦重用韩信，才得以从汉中突入关中，进而东出函谷关，与项羽逐鹿中原。在楚汉相争的过程中，韩信独当一面，在北方战场消灭了项羽的盟友赵国大军和项羽手下大将龙且统率的项羽最为倚重的主力军。项羽眼看实力不济，派武涉前去游说韩信背汉。韩信说："**臣事项王，官不过郎中，位不过执戟；言不听，画不用，故倍楚而归汉。汉王授我上将军印，予我数万众，解衣衣我，推食食我，言听计用，故吾得以至于此。**"（《资治通鉴》卷十）韩信为什么不背叛刘邦？他说了三层意思：第一，想当年在项羽手下不受重用，无用武之地，所以才归汉；第二，刘邦使我有为有位，给了我施展才华的平台；第三，刘邦重情义，凡事替我考虑，冷了就脱下自己的衣服给我穿，饿了就把自己的饭菜留给我吃，所以我不能背叛他。我们常说将心比心，刘邦厚待韩信，韩信以忠诚回报。

汉高祖像

其次是对人才使用的清晰定位。就拿陈平来说，这个人对刘邦的事业非常重要。当他从项羽阵营前来投奔刘邦之后，刘邦跟他一交谈就非常欣赏，当即任命他"典护军"，就是让陈平负责督察诸将。刘邦对陈平极为恩宠，让他出入和自己同坐一辆车。将领们因不服气都喧哗鼓噪起来，说："大王您得到一名楚军的逃兵才一天，还不了解他本领的高低，就与他同乘一辆车子，且还反倒让他来监护我们这些有资历的老将！"刘邦听到这种种非议后，却更加宠爱陈平了。陈平备受争议，但他是刘邦的"克格勃"，刘邦让他干的就是搜集情报、策反敌人、督察内部的重要工作，史书上说他为刘邦"凡六出奇计"，功勋卓著。这就是刘邦用人得当的具体体现。

二、自知之明，扬长化短赢得人心

知人者智，自知者明。对领导者而言，知人善任是领导力的体现，但只知道用人还不够，打铁还须自身硬。刘邦没有项羽那样勇冠三军的个人硬实力，但他非常清楚自己的优势和劣势，很有自知之明。我们看历史，发现有些人很有本事，但是瞎折腾，结果死得很惨；有些人没本事，还瞎折腾，死得当然更快。刘邦深知论个人能力自己比不过别人。个人能力比不过别人怎么办？比不过能力就比人品。刘邦正是凭着"宽大长者"的好口碑赢得人心的。

入关灭秦的机会为什么会交给刘邦？

当初，楚怀王与各路将领约定："先入定关中者王之。"这时候，楚怀王手下的老将们一致认为，之前与秦军作战，陈胜、项梁都失败了，因此不如改派敦厚老成的长者，以仁义为号召，不能再以暴制暴了。楚怀王手下的老将们都认为项羽勇猛绝伦，但是生性狡诈凶残，凡是他经过之处，无不遭到残杀毁灭。所以项羽不可派遣。"**独沛公素宽大长者，可遣。**"(《资治通鉴》卷八) 只有刘邦向来宽宏大量，有长者气度，可以派遣。结果项羽去解巨鹿之围，啃硬骨头，这才使刘邦占据了先入关中的天时。入关之后，秦王子婴投降，部下诸将建议杀了子婴，刘邦不同意，他说："当初楚怀王把入关的重任交给我，就是因为我能够宽容大度的缘故。"可见，宽容厚道已经成为他的文化自觉。

一个人脱颖而出固然很难，但更难的是被相对熟悉而且过去又比自己强的人认可。刘邦在丰邑、沛县闯江湖的时候，至多算是乡里的一个人物。在丰邑沛县还有两个大佬级的江湖人物，一个叫雍齿，一个叫王陵。史载雍齿为"故沛豪，有力"，王陵"始为县豪"（《史记·高祖功臣侯者年表》《史记·陈丞相世家》）。刘邦称沛公，这两个人就不服。刘邦沛县起兵以后遇到的第一个挫折就是雍齿率丰邑乡亲反叛。所以雍齿是刘邦最痛恨的人。但他后来归顺了刘邦，并且立有大功，是萧何等人之后第一个被封侯的功臣。王陵倒是没有反叛过，但他一开始就没有归顺刘邦，而是作为一支独立的武装力量，另立门户，聚集了数千人在南阳一带活动。刘邦即将出关中，项羽为了让王陵归顺自己，就把王陵的母亲抓为人质。王陵派人前去解救母亲，他的老母亲特意请使者转告王陵："*善事汉王，汉王长者，终得天下，毋以老妾故持二心。*"（《资治通鉴》卷九）"好好地事奉汉王，汉王是宽厚大度的人，终将取得天下，不要因为我在这里的缘故而对汉王怀有二心。"连一个老妇人都知道"汉王长者，终得天下"，刘邦的人品口碑由此可见一斑。宽厚长者、人缘好，这是刘邦的过人之处。

人无完人，一个人有这样那样的毛病很正常，关键是怎么对待自己的毛病。毛病就是短板，所以要成就事业，一般来说要扬长补短。然而江山易改禀性难移，改不了补不过来怎么办？那就要扬长避短。扬长避短固然不错，但短板终究是短板。不过凡事有例外，有的人有时候不但不避短，反而利用自己的短板，化短为长，这就是扬长用短了。刘邦就是这方面的高手。

　　刘邦有好口碑，也有恶名声。刘邦的恶名就是爱骂人，爱拿人开涮。所以南宫论治的时候高起、王陵一开口就直言不讳说："**陛下慢而侮人，项羽仁而爱人。**"（《史记·高祖本纪》）陛下您慢待人还爱拿人开涮，项羽却仁爱有礼。这句话司马迁记载在《史记·高祖本纪》中。大约司马光是不想让后来者产生歧义：有这种道德瑕疵的一个人还能知人善任？所以司马光在《资治通鉴》中记载南宫论治时就把这句话删去了。刘邦的这个毛病许多人都指出过。萧何在举荐韩信登坛拜将的时候就说过"**王素慢无礼**"，汉王您向来散漫无礼，所以萧何说您要拜韩信为大将就要诚心诚意、郑重其事。刘邦接受了萧何的意见，庄重斋戒，沐浴更衣，用隆重的仪式筑坛拜将。看来刘邦虽然生性散漫，但需要认真守礼的时候还是能够做到的。

　　恶名就一定带来坏影响吗？不见得。关键要看自己有没有自知之明，能不能化短为长。刘邦就是能够把自己的缺点恶名转化为优势的高手。楚汉之争时期，九江王黥布具有举足轻重的影响。为了策反黥布，刘邦派随何前去游说黥布。随何费尽口舌游说成功，带着黥布前来觐见刘邦。黥布抵达汉军驻地后，刘邦立即召见黥布。结果身为汉王的刘邦居然一边坐在床边洗脚，一边接见九江王黥布。这就很失礼了。黥布一看刘邦如此慢待自己，羞愤交加，后悔得恨不得自杀。但是，等他从刘邦的驻地回到刘邦特意为自己安排的客舍，发现那里的陈设、饮食、侍从官员都与汉王的住所规格完全一样，马上转怒为喜，觉得刘邦给自己安排如此高规格的礼遇，对自己还是很够意思的，从此死心塌地跟着刘邦。这就是刘邦的所谓帝王心术，先杀一杀一代枭雄黥布的威风，然后再给点甜头。先抑后扬，效果格外好。当然，也有人不吃这一套，魏王豹归顺刘邦之后又背叛，他给出的理由就是："**汉王慢而侮人，骂詈诸侯、群臣如骂奴耳，吾不忍复见也！**"（《资治通鉴》卷八）魏王豹说："汉王为人傲慢无礼，责骂起诸侯、群臣如同斥骂奴隶一般，我绝不愿意再去见他！"魏王豹是贵族，他受不了刘邦的流氓习气。但这个人对刘邦而言无足轻重，刘邦也就懒得费心思收服他。

刘邦不但利用自己的好口碑为他赢得了人心，而且能够利用自己的恶名化短为长，这无疑是把自己的长处和短处都运用到了极致。

三、知己知彼，了解属下更要了解对手

知己知彼，才能百战不殆。以今天的眼光来看，刘邦的得力助手萧何不仅是后勤保障专家，而且是一位大数据专家。刘邦领兵率先进入秦的都城咸阳时，将领们大都争先恐后地奔往秦朝贮藏金帛财物的府库抢夺财宝，"萧何独先入收秦丞相府图籍藏之，以此沛公得具知天下厄塞、户口多少、强弱之处"（《资治通鉴》卷九）。唯独萧何率先进入秦朝丞相府把地理图册、文书、户籍簿等档案材料收藏起来，刘邦就是凭借这些翔实的档案材料全面了解了天下的山川要塞、户口的多寡及全国各地财力物力强弱的分布。在那个混乱的时代，只有曾经身为优秀的文法吏的萧何有这样的眼光与见识。与此相反，项羽包括他的智囊范增都没有这样的见识。项羽戏亭分封的时候，项羽与范增怀疑刘邦有夺取天下的野心，但经过鸿门宴之后已经讲和了，再加上项羽也不想背上背弃盟约的恶名，于是就策划刘邦的安置问题。项羽君臣认为："巴、蜀两地道路艰险，是秦朝时期被流放的人居住的地方。"于是宣布："巴郡、蜀郡也是关中的土地。"项羽便分封刘邦为汉王，统辖巴、蜀两地和汉中郡，建都南郑。（羽与范增疑沛公，而业已讲解，又恶负约，乃阴谋曰："巴、蜀道险，秦之迁人皆居之。"乃曰："巴、蜀亦关中地也。"故立沛公为汉王，王巴、蜀、汉中，都南郑。《资治通鉴》卷九）其实自都江堰修成以后，巴蜀已成为旱涝保收的天府之

国，身为项羽重要智囊的范增凭借几十年前人们对巴蜀之地的印象认知把刘邦安置在那里，无形之中把最好的根据地双手奉上。楚汉相争项羽君臣首先就输在不掌握大数据这一招上。

萧何是大数据专家，陈平更是信息战专家。陈平本来就来自项羽阵营，天赋又特别适合搞颠覆敌人的工作，为刘邦出了不少力，具体事例我们在专门讲陈平的时候再讲。

刘邦用的人是知己知彼的行家里手，刘邦自己对对手的研究也极其深刻。《资治通鉴》记载的一件事情就很能体现刘邦的知己知彼。彭城之战大败之后，魏王豹又反水背叛了刘邦。刘邦命韩信、曹参、灌婴一起发兵攻打魏王豹。这个时候的刘邦实力还不够强大，所以他非常谨慎，他问郦食其道："魏国领兵的大将是谁呀？"郦食其回答说："是柏直。"刘邦说："这是个乳臭未干的毛孩子，怎么能抵挡得了韩信！"又问，"骑将是谁啊？"郦食其答："是冯敬。"刘邦说："他是秦将冯无择的儿子，虽然贤能，却也无法抵抗得住灌婴的冲击。"接着再问道，"步兵的将领又是什么人呀？"郦食其说："是项它。"刘邦说："这个人抵挡不了曹参。如此我便没有什么可担心的啦！"这番对话非常生动地反映了刘邦对敌我双方将领的能力和背景都非常了解，体现了他知己知彼的特点。

四、知错能改，功莫大焉

刘邦在楚汉相争中笑到最后，并不等于说他没有犯错。事实上他在这个过程中也犯了许多错，但是他知错能改，这才是他能笑到最后的根本原因。我们可以举两个例子说明刘邦的知错能改。

第一个事例，接受陈恢建议，赢得人心。

项羽暴虐，动辄屠城。事实上，刘邦也有过多次的屠城记录。起兵之初，他曾经和项羽一起屠城，《资治通鉴》还记载了刘邦好几次屠城的纪录。"沛公南攻颍川，屠之"，后来还有屠城阳等事件。但有一个人改变了刘邦的屠城做法，他叫陈恢，是南阳郡守的舍人。宛城是刘邦率军入关的必经之路，南阳郡守固守宛城。刘邦想领兵绕过宛城西进，又担心宛城守敌从背后夹击，而宛城军民担心刘邦屠城，所以双方是麻秆儿打狼两头怕。这时候陈恢翻越城墙去见刘邦，建议刘邦不要屠城，与宛城订约招降，加封南阳郡守，仍让他留守郡中，这样就可放心地率领宛城的军队一道西进。刘邦马上接受了他的建议，如此一来，不仅南阳郡守举城投降，那些没有投降的城邑，也闻讯纷纷效法。刘邦得以顺利进入关中，而且入关之后格外重视争取人心的工作，与老百姓约法三章，秋毫无犯，"秦民皆喜"，大家都盼着他为关中王。

第二个事例，入咸阳犯错，鸿门宴低头。

刘邦进入咸阳，就有些自我膨胀了，便想沉迷在温柔乡里好好享受一番。樊哙苦苦劝谏，可惜刘邦根本听不进去。直到张良出面劝解，刘邦这才恋恋不舍率军返回霸上。

接下来，刘邦犯了一个更严重的错误。有人给刘邦建议说："关中地区比天下其他地方要富足十倍，而且地势险要。听说项羽要封章邯为雍王，让他在关中称王。你应该先下手为强，火速派兵把守函谷关，不让诸侯军进来，并逐步征召关中兵，以此增加自己的实力，抵御他们。"刘邦认为这个对策很好，就命人封锁了函谷关。论实力，这个时候的刘邦还不能跟项羽亮剑，但他把函谷关一封锁，就等于和项羽宣战了。项羽大怒，命黥布等攻破函谷关。紧接着，项羽陈兵四十万于鸿门，准备动手消灭刘邦及其十万人马。这个时候刘邦怎么办？正常情况下正如樊哙所说"如今人方为刀俎，我方为鱼肉"（《资治通鉴》卷九）。

怎么办？

我们要强调一点，刘邦即便犯错，但他运气好。就在项羽要动手收拾刘邦的前夜。天上掉下个项伯来。

张良当年对项伯有救命之恩，如今张良追随刘邦，刘邦大军马上就要全军覆没了，项伯对张良不能坐视不救，所以他星夜前来让张良和他一起逃跑。张良对项伯说："我为韩王伴送沛公，而今沛公遇有急难，我却逃走了，这是不义的行为，我不能不告诉他。"张良这番话的潜台词是，你讲义气来救我，我也得讲义气告诉刘邦。于是张良立即进去将项伯的话全都讲述给了刘邦。刘邦大吃一惊。张良问刘邦："你估计凭你现在的人马能够抗拒得了项羽吗？"刘邦说："当然抗拒不了啊。那该怎么办呢？"张良回答："那你就要告诉项伯，说你沛公绝不敢反叛。"刘邦在这个时候冷静下来，他问了张良两个问题。第一个问题，刘邦问："您是怎么与项伯成为故交的呢？"张良回答："在秦的时候，项伯与我有交往，他曾经杀过人，我救了他。如今我这里遇到紧要关头，所以还幸亏他前来告诉我。"第二个问题，刘邦问："你与他谁大谁小？"张良道："他比我大。"刘邦说："您替我唤他进来，我将把他当作兄长来对待。"张良一再邀请，项伯只得进去面见刘邦。刘邦这个人情商极高，亲自手捧酒杯向项伯敬酒祝寿，把项伯捧得晕晕乎乎，刘邦当即与项伯约定结为儿女亲家，事已至此，刘邦才说："我进入关中，连毫毛般微小的东西都不敢沾边，只是登记官民，封存府库，等待着项羽将军的到来。之所以派将领把守函谷关，是为了防备有其他盗贼出入和有非常情况发生。我日日夜夜盼望着将军驾临，哪里敢谋反啊！望您能把我不敢忘恩负义的情况详尽地反映给项将军。"项伯答应居中协调，他和刘邦说："天亮了你一定要早点来见项羽谢罪啊。"刘邦说我一定去。

项伯何德何能，居然敢答应刘邦的请求呢？项伯是项羽的本家堂叔，项梁战死之后，项羽一下子没了主心骨，项伯以长辈自居。项羽任人唯亲，而项伯这个人本事不大但挺讲义气，关键是还挺把自个儿当回事儿。没多大本事还挺想刷存在感的人，一旦碰到大名鼎鼎的刘邦对自己推崇有加，自然特别受用。义气当头，他一口答应了替刘邦斡旋的请求，对刘邦说："你明日不可不早些来亲自向项王道歉啊。"刘邦说："好吧。"项伯于是当夜就赶了回去，到达军营后，将刘邦的话一五一十地报告给项羽，并趁机道："要不是刘邦先攻下关中，您又怎么敢进来呀?! 如今人家建立了大功却还要去攻打人家，这是很不地道的。不如趁机好好安抚他。"项羽同意了。

大难临头，刘邦的头脑非常清醒。首先，刘邦遍过询问张良先弄明白他和项伯的关系，不能被别人卖了还替人家数钱；其次，既然项伯为了义气而来，我就要想办法和他以义气结交。这就是刘邦的过人之处，有亲和力，江湖经验丰富。有了唯亲家翁项伯的斡旋通气，刘邦这才决定前去赴鸿门宴。后世把"鸿门宴"都当作只身冒险的代名词。但实际上刘邦自己认为他所冒的风险并不大，他有底气。

刘邦的底气何来？大战之前项伯居然通风报信，这是什么性质的问题？项羽能容许项伯自由来去，说明项羽并没有把自己当成最大的对手，这就是刘邦的底气。刘邦的长处之一就是知己知彼。他和项羽在项梁手下一起并肩作战，是战友和兄弟。以刘邦的江湖阅历，他对项羽的性格特点琢磨得透透的——他吃定了项羽！我们在讲项羽的时候分析过。项羽是贵族，自矜功伐，自视甚高，年纪轻轻，还很要面子，是个顺毛驴。在刘邦看来，项羽就是一个地地道道的伪君子。既然项羽能容忍项伯前来救张良，说明他还不想把自己的吃相搞得太难看，刘邦就抓住这一点，卑躬屈膝、低眉顺眼前去消除误会。正如后世曹操青梅煮酒不杀刘备一样，项羽也下不了杀刘邦的决心。鸿门宴时期的项羽还没有学会厚颜无耻，刘邦这才逃过一劫。

五、困知勉行，百折不挠韧性强

有的人犯了错有机会改，有的人犯了错根本就没有机会改。项羽戏亭分封宰割不平，各地诸侯纷纷起兵反抗。刘邦重新占据关中。刘邦接受了董公的建议，打出为义帝复仇的旗帜，联络各路诸侯五十六万兵马，趁着项羽身陷齐地不能自拔的机会，一口气抄了项羽的老巢彭城。如此轻易就攻入彭城，刘邦有点忘乎所以，在彭城整天忙着搜罗财宝美女，天天设置酒宴，大会部将宾朋。结果被项羽三万骑兵突袭抄了后路，二十多万士卒死难，刘邦被铁桶一般包围。这个时候，命运之神再一次眷顾了刘邦。《资治通鉴》是这么记载的："会大风从西北起，折木，发屋，扬沙石，窈冥昼晦，逢迎楚军，大乱坏散，而汉王乃得与数十骑遁去。"（《资治通鉴》卷九）这时恰巧一场大风从西北刮起，风势摧枯拉朽，墙倒屋塌，飞沙走石，天昏地暗，大风迎头卷向楚军，楚军被吹得阵脚大乱。汉王刘邦因此才得以偕同几十骑人趁乱溜走。我们不得不说，刘邦即便犯错，但他运气实在太好。

刘邦也不是一味凭运气靠天意。彭城惨败，刘邦终于明白，不是随便一个人就能够统率五六十万人马的，自己在这方面还真不行。彭城之战使刘邦清晰地认识到自己能力的局限。所以后来与项羽的决战，刘邦果断放权让韩信放手指挥，这才有了四面楚歌、垓下定鼎的结局。

事实上，刘邦的优势不止知人善任、自知之明、知己知彼、知错能改这四点，困知勉行也是他的优势。刘邦一败于彭城，再败于荥阳，孤身靠替身纪信吸引注意力才得以逃脱，但是他没有气馁，到最后是项羽被他的百折不挠打败了。这不就是困知勉行吗？

刘邦这个人不教条，不拘泥，什么人都可以用，什么主意都可以采纳，这就是达权知变。韩信在消灭龙且二十万精兵之后向刘邦讨封代理齐王一事，更体现刘邦的达权知变。王夫之在总结刘邦和项羽成败的时候说："成大业者，在量而不在智。"（王夫之《读通鉴论》卷二十九）成就大事关键在于气量，而不在于智谋。对领导者而言，格局和气量至关重要，聪明才智反倒是其次。这个观点非常深刻。

总体而言，刘邦这个人是宽厚长者，人缘好；能识人还能知人善任，具备领导者的胸襟；豁达大度，气量大，能容人还知己知彼，具备领导者的格局；百折不挠，韧性强，关键是有自知之明，具备领导者的底线；当然，最重要的还是知错能改。紧要关头知错能改，即便犯错，还运气好，有改错的机会，这就是天命难违了吧！正因为如此，他才能战胜项羽。

然而，打天下不容易，守江山更难。项羽也打下了天下，但他没有守住。刘邦又是怎么守天下的呢？

附录：

汉二祖优劣论

曹植

客有问余曰："夫汉二帝高祖、光武，俱为受命拨乱之君，比时事之难易，论其人之优劣，孰者为先？"余应之曰："昔汉之初兴，高祖因暴秦而起。官由亭长，身自亡徒。招集英雄，遂诛强楚。光有天下，功齐汤武。业流后嗣，诚帝王之元勋，人君之盛事也。然而名不继德，行不纯道。寡善人之美称，鲜君子之风采。惑秦宫而不出，窘项座而不起。计失乎郦生，忿过乎韩信。太公是诒，于孝违矣。败古今之大教，伤王道之实义。身没之后，崩亡之际，果令凶妇肆鸩酷之心，嬖妾被人豕之刑。亡赵幽囚，祸殃骨肉。诸吕专权，社稷几移。凡此诸事，岂非高祖寡计浅虑以致祸？然彼之雄才大略，倜傥之节，信当世至豪健壮杰士也。又其枭将尽芮臣，皆古今之鲜有，历世之希睹。彼能任其才而用之，听其言而察之。故兼天下而有帝位，流巨勋而遗元功也。不然斯不免当世之妄。夫世祖体乾灵之休德，禀贞和之纯精，通黄中之妙理，韬亚圣之懿才。其为德也，聪达而多识，仁智而明恕，重慎而周密，乐施而爱人。值阳九无妄之世，遭炎光厄会之运。殷尔雷发，赫然神举。用武略以攘暴，兴义兵以扫残。神光前驱，威风先逝。军未出于南京，莽已毙于西都。夫当此时也，九州鼎沸，四海渊涌。言帝者二三，称王者四五。咸鸱视狼顾，虎超龙骧。光武秉朱光之巨钺，震赫斯之隆怒，其荡涤凶秽，剿除丑类，若顺迅风而纵烈火，晒白日而扫朝云也。尔乃庙胜而后动众，计定而后行师。故攻无不陷之垒，战无奔北之卒。是以群下欣欣，归心圣德。宣仁以和众，迈德以来远。故窦融闻声而影附，马援一见而叹息。股肱有济济之美，元首有穆穆之容。敦睦九族，有唐虞之称；高尚纯朴，有羲皇之素。谦虚纳下，有吐握之劳；留心庶事，有日昃之勤。乃规弘迹而造皇极，创帝道而立德基。是以计功则业殊，比隆则事异。旌德则靡愆，言行则无秽。量力则势微，论辅则力劣。卒能握乾图之休徵，应五百之显期。立不刊之遐迹，建不朽之元功。金石播其休烈，诗书载其勋懿。故曰光武其优也。"（《艺文类聚》卷十二，《太平御览》卷四百四十七，《全三国文》卷十八·魏十八）

第十六讲

高帝分封：封与不封有学问

打天下，刘邦赢了。项羽也曾赢过。坐天下，项羽因为宰割不平，没有守住自己打下的江山社稷。那么，刘邦在立国之后是如何安定天下的？他是如何对待昔日的对手和曾经帮助过自己的那些人的？

一、解决隐忧，分封之前三件事

刘邦分封功臣的水平非常高。刘邦在未做皇帝之前，就先做了三件事。

第一，善后分封。

首先是兑现悬赏承诺。为了杀死项羽，刘邦开出了只要得到项羽"头千金，邑万户"（《资治通鉴》卷十一）的悬赏。垓下之战刘邦的手下王翳、杨喜、吕马童和吕胜、杨武各夺得项羽的一部分肢体。五个人便分割原来悬赏的万户封地，并且都封为列侯。

其次是对项羽及项氏一族的善后安排。项羽一死，其余项氏族人一概不株连。对刘邦有功的项伯等四人还被分封为列侯，赐姓为刘。

第二，消弭隐患。

安排完项羽的善后事宜，刘邦立即着手解除韩信的兵权。《资治通鉴》这样记载："汉王还，至定陶，驰入齐王信壁，夺其军。"（《资治通鉴》卷十一）刘邦一回到大本营，立即飞奔到齐王韩信的军营，剥夺了韩信的兵权。刘邦拜韩信为大将军，但对韩信其实一直心存忌惮。在整个楚汉相争的过程中，刘邦一共四夺韩信的兵权。

刘邦一而再，再而三剥夺韩信的兵权，韩信为什么还能俯首帖耳？王夫之认为，答案就是四个字："无疑无怨"。这就是刘邦让人望尘莫及的地方。一方面让韩信明白刘邦非常倚重自己，另一方面又让韩信明白自己只是刘邦手下的大将军，是一颗棋子。刘邦让韩信明白，调走他的兵马只是出于大局的需要，既不是对韩信不信任，又无关别人的流言蜚语。出牌出在明面上，坦坦荡荡。因为没有猜疑，所以无关抱怨，这就是刘邦对韩信的态度。更重要的是，刘邦让韩信明白，自己在刘邦心目中的分量一直很重，刘邦对自己的倚重一直没有变，所以军队归属于刘邦对韩信而言无异于归属于自己，所以，韩信找不到理由发作。刘邦这么做也有一个底线，那就是从韩信那里剥夺的军权不能再交给其他将领。假如把韩信的军权交给其他将领，假如这么做是出于对韩信的猜忌和防范，那么，以韩信的为人，当年因为项羽拿着一个印把子不停地摩挲而舍不得授予部下，韩信就愤而反叛，如今三军之重的军权被剥夺，韩信岂能咽得下这口气！

对刘邦定陶夺韩信军权这件事，明末清初的大学者王夫之的评价是："夺之速而安，以奠宗社，以息父老子弟，以敛天地之杀机，而持征伐之权于一王，乃以顺天休命，而人得以生。"（王夫之《读通鉴论》卷二）这就是刘邦的政治手段，刚刚击破项羽，还师定陶，立即解除韩信的兵权，韩信拥兵自重的隐患消除，天下大权从此集于刘邦一身，人心归顺，天命是从，从此天下太平，再无人能对刘邦的统治造成实质性的威胁。王夫之认为，刘邦这一手高就高在时机的把握上，大敌已平，韩信没有理由再手握重兵，所以被剥夺兵权后，还不能有怨言。这件事如果拖拖拉拉，一旦又有突发事变，韩信就有借口不交出兵权了。

第三，兑现承诺。

前面我们已经讲过，刘邦背弃鸿沟盟约，尾随追击项羽，结果固陵一战被项羽反击而大败。双方又陷入僵持局面。刘邦接受张良的建议，许诺打败项羽之后分封韩信为楚王，分封彭越为梁王。得到承诺之后，韩信、彭越皆引兵来，这才有了项羽的垓下之败。现在是兑现承诺的时候了。

《资治通鉴》记载："春，正月，更立齐王信为楚王，王淮北，都下邳。封魏相国建城侯彭越为梁王，王魏故地，都定陶。"（《资治通鉴》卷十一）这一年是汉王六年，正月，刘邦改封齐王韩信为楚王，统辖淮北地区，王都设在下邳。封原魏国相国彭越为梁王，统辖原魏国故地，王都设在定陶。

做完这三件事，公元前 202 年阴历二月初三，楚王韩信、韩王信、淮南王黥布、梁王彭越、赵王张敖、燕王臧荼、衡山王吴芮七位诸侯王共同拥立刘邦，在汜水之阳的陶县（今山东定陶西北）正式登基帝位。

二、先封藩王，先封后封有玄机

登基称帝之后，刘邦面临的第一要务还是人事安排，还得分封。问题是先封谁？怎么封？这里面大有学问。

刘邦先封了两个藩王。刘邦颁布诏书把原衡山王吴芮改封为长沙王，封无诸为闽粤王。这个分封有什么玄机吗？当然有。我以为其高明至少体现在以下两方面。

首先，体现了刘邦的"大略"。汉王刘邦刚即皇帝位，未封子弟功臣，却先封了两个藩王，大学者王夫之对刘邦此举高度评价，称其为"大略""大公"，是"制治于未乱"、有情有义而又出人意料之举。为什么这么讲？这两个人首先被封，并不是因为他们在消灭项羽的战争中立有大功，而是因为他们有功于推翻暴虐的秦王朝。刘邦以天下之功为功，而不是仅仅认可自己所立的功勋，这就叫作"大公"；楚、汉两方在北部地区争战不休，而南方地区平安无事，一个地区如果长期地处于和平安定的形势下则容易出现动乱，所以刘邦在南方地区封王以镇抚之，这就叫作"制治于未乱"；刘邦曾以项羽宰割天下不公为罪而加以讨伐，现在又反其道而首先封赏并不卓著的功绩，这就叫作"不遗忘久远之功，得尚于中行"，是大略；这样的做法，都是出于刘邦的内断之心，连足智多谋的留侯张良也不能参与，何况是只有小聪明的萧何、陈平呢！心里装着整个天下的人，行事常常出乎人们的意料，看起来似乎显得迂远而实际上十分高明，深得人心，这就叫作"不测"。

其次，显示了刘邦举重若轻的手段。吴芮是黥布的岳父。黥布是秦汉之际的一代枭雄，他的影响力不容小觑，再加上他岳父吴芮的势力，刘邦怎么能不重视吴芮的分封呢？刘邦把吴芮改封为长沙王，封地包括南海、桂林、象郡、长沙四郡，而原来的衡山只是一郡。看似由一郡改封四郡扩大了吴芮的封地，但实际上除了长沙郡，其他三郡目前还在"南越武王"的控制之下，"南越国"还没有臣服刘邦。实际上只是给吴芮画了一大块饼，而且就连长沙郡这块饼也被"南越国"觊觎着，等于说是赋予吴芮肩负戍守边疆与开疆拓土之责。刘邦还把吴芮原来的封地衡山郡改封给黥布。黥布得到命令，也顾不了翁婿之情了，一个劲儿催促吴芮让地方，吴芮又不能和他翻脸，只能服从分配。

原粤王无诸是越王勾践后裔，秦王朝侵夺了他的土地，秦末，无诸率闽中士卒举师北上，协司诸侯灭秦，项羽却将他废黜不予封立。楚汉分争天下的时候，无诸出兵辅佐汉王刘邦打败项羽。汉高帝五年（公元前202年）二月，复立他为闽粤王，封管闽中故地。这一封让人觉得刘邦不忘旧人，显得有情有义。

刘邦解决了能想到的隐忧，接下来就面临着如何分封给自己打江山的这些功勋宿将的难题了。项羽就是因为分封不公平引起大乱的，刘邦不能不慎重。

三、南宫论治，先为分封定个调

刘邦接着搞了一个吹风会。刘邦二月登基，五月，就在洛阳搞了一个南宫论治。刘邦问群臣我为什么能取得天下，项羽为什么失败？我们前面从刘邦对人才的重视角度解读南宫论治，强调他的知人善任。如果从分封的角度解读南宫论治，刘邦想告诉群臣什么信息？我认为有两点：一是强调自己的主导地位；二是突出三杰的功劳，为接下来的分封造势吹风。结果王陵跳出来说了一番话。

我们前面提到过，王陵当年是沛县的江湖大佬，地位远在刘邦之上，刘邦当年只是王陵的一个小兄弟。司马迁说王陵这个人"少文，任气，好直言"（《史记·陈丞相世家》），也就是说没有多少文化，讲义气，尚气任侠，喜欢直来直去。再加上他和刘邦最不喜欢的雍齿关系非常好，所以刘邦与王陵的关系并不好，刘邦临死之时对王陵的评价是"少戆"。"戆"意思是憨厚刚直，"少戆"就是有点一根筋，认死理。刘邦让大家畅所欲言，张良、陈平等智谋之士都不发言，结果王陵这个炮筒子憋不住了。

《汉殿论功图》（明　刘俊绘）

《资治通鉴》记载，高起、王陵对曰："陛下使人攻城略地，因以与之，与天下同其利；项羽不然，有功者害之，贤者疑之，此其所以失天下也。"（《资治通鉴》卷十一）《史记·高祖本纪》和《资治通鉴》都记载说这段话是高起、王陵两个人回答的。但清代考据学家王先谦等人认为，这件事只是王陵单独回答的。用今天的话来说，王陵的意思就是陛下你搞共享，谁建功立业就论功行赏，而项羽却妒贤嫉能，搞独吞。这句话的言外之意就是别忘了你是怎么起家的，现在该"共享天下了"。刘邦当然明白王陵他们急迫的分封心理，但他用一句"公知其一，未知其二"就把话题扭转了方向。汉初三杰张良、韩信、萧何的功劳无人可比，王陵等群臣自然无话可说，所以南宫论治等于为接下来的分封定了调。

四、功人功狗，论功行赏讲策略

分封既要由刘邦从大局出发进行考量，又要萧何等"文法吏"按详细的战功统计进行绩效考核，所以不可能一蹴而就。紧接着，两件大事的发生又影响甚至改变了分封的进程。

《资治通鉴》记载，汉高帝五年秋七月，燕王臧荼起兵造反，刘邦亲自带兵征讨。两个月后，臧荼被活捉。燕王臧荼为什么要造反？这件事其实很蹊跷。《资治通鉴》没有交代。司马迁在《史记·高祖功臣侯者年表》中提到，臧荼是被自己的丞相温疥揭发举报的。臧荼是刘邦此前所封的七王中唯一一位项羽所封的诸侯王。他是原燕王韩广的部将，因为跟着项羽攻打赵国有功，又追随项羽入关，所以被封为燕王。原燕王韩广被项羽改封为辽东王。韩广不肯接受项羽的分封，臧荼趁机兼并了辽东王的封地。这样一来，臧荼就拥有了广阳、上谷、渔阳、右北平、辽东、辽西六个郡的封地，刘邦自己才掌控二十四个郡，臧荼的封地是刘邦的四分之一，这让刘邦有如芒在背之感。所以，收拾臧荼是早晚的事。现在温疥告发，正好给了借口，刘邦当即御驾亲征。

对于专制集权，后世宋太祖赵匡胤有一句名言："卧榻之侧，岂容他人鼾睡"。这句话道尽了专制集权之下历史发展的必然规律。刘邦时代还没有人能说出这样的话，但这句话的意思那个时代的很多人都已经明白了。所以，温疥举报的效应如多米诺骨牌一样引起了连锁反应。臧荼被镇压一个月之后，有人上书告发楚王韩信要造反。韩信是项羽之后刘邦最忌惮的人，刘邦自然宁肯信其有，他采纳陈平的计谋，兵不血刃活捉了韩信，把他带到洛阳，改封为淮阴侯，等于说是看管起来了。

《资治通鉴》记载：汉高帝六年（公元前201年）十二月甲申（二十八日），"始剖符封诸功臣为彻侯"。汉爵分为二十级，最高级二十级称为"彻侯"，最低级一级称为"公士"。分封列侯也需要制作专门的印信。刘邦把分封的印信剖分成两半，朝廷与功臣各执一半。朝廷把一半信符放入金封的盒子里，藏于宗庙石室，这就是班固所谓的"丹书铁契，金匮石室，藏之宗庙"。

有一个问题需要指出，那时候分封功臣也需要量化考核、具体问题具体分析等诸多因素反复权衡，所以分封是一项政治性兼技术性均极强的工作，具体操作起来很费时间，汉高祖刘邦称帝之后进行过多批次分封功臣，一直到他去世这项工作才算收尾。

刘邦首批分封了十位列侯。首封的十位列侯以平阳侯曹参为第一，食邑一万零六百户。张良为刘邦推崇的三杰之首，但是严格按照绩效考核的要求来看，张良的出谋划策在很多时候只有刘邦知道，有些事情刘邦也不可能对群臣讲。所以，首批分封的十位列侯中张良并不在列。不但张良不在列，萧何也不在首封之列。紧接着，这一年正月（汉初仍然以每年十月为一年之始），又分封了十九位功臣为列侯。
这一次，萧何倒是在列，而且得到食邑八千户。这个分封结果一公布，
大臣们不干了，他们纷纷说："萧何封侯，所享用的食邑户数最多。"
其实具体负责分封的"分封委员会"可能早有预见，担心功臣们对萧
何的分封不服，所以在这次分封之列的周勃的食邑还比萧何多一百户，
是八千一百户。萧何负责安定后方，后勤保障，居功至伟，但是功臣
们却说："臣等身被坚执锐，多者百余战，小者数十合。今萧何未尝有
汗马之劳，徒持文墨议论，顾反居臣等上，何也？"（《资治通鉴》卷
十一）"我们身披坚硬铠甲手持锐利兵器，多的身经百余战，少的也交
锋了几十战。如今萧何不曾有过汗马功劳，只是操持文墨发发议论，
没打过仗，封赏却倒在我们之上，凭什么啊？"眼看要起内讧。这个
时候，刘邦怎么办？

汉高祖刘邦说了非常有意思的一番话。他说："诸君知猎乎？夫
猎，追杀兽兔者，狗也；而发纵指示兽处者，人也。今诸君徒能得走
兽耳，功狗也；至如萧何，发纵指示，功人也。"（《资治通鉴》卷十一）
"诸位知道怎么打猎吗？打猎，追杀野兽兔子的是猎狗；而指挥猎狗的
是人。如今的你们只不过是能捕捉到奔逃的野兽罢了，功能就如捕到
猎物的猎狗一样，充其量是有功的猎狗；至于萧何，却是指挥猎狗捕
猎的有功之人啊。"这就是刘邦有名的功人功狗论。

也就是刘邦这个动辄张嘴就侮辱人的人能说出这番话来。不过话
糙理不糙，群臣再不敢有不同意见。

说服了群臣，刘邦就此把张良的分封也直接提了出来。张良身为
谋臣，但按照分封功臣绩效考核的标准来评定，同样没有冲锋陷阵的
战斗功劳。按照刘邦已经讲了的功人功狗论，张良当然属于功人，刘
邦让他自己选择齐地富庶的三万户作为封地。张良说："始，臣起下
邳，与上会留，此天以臣授陛下。陛下用臣计，幸而时中。臣愿封留

足矣，不敢当三万户。"（《资治通鉴》卷十一）"当初，我在下邳起兵，与陛下在留地相会，这是上天把我授给陛下。此后陛下采用我的计策，幸好有时能获得成功。我希望封得留地就足够了，不敢承受三万户的封地。"刘邦于是便封张良为留侯，食邑一万户。

作为第一谋臣的张良的分封问题解决了。刘邦趁机又封陈平为户牖侯。陈平推辞说："我没有那么多功劳哇。"刘邦道："我采纳您的计谋，克敌制胜，这不是功劳又是什么呀？"陈平说："如果没有魏无知的举荐，我哪里能够进见啊？"刘邦道："像您这样，可以说是不忘本了！"随即又赏赐了魏无知。（封陈平为户牖侯。平辞曰："此非臣之功也。"上曰："吾用先生谋计，战胜克敌，非功而何？"平曰："非魏无知，臣安得进？"上曰："若子，可谓不背本矣！"乃复赏魏无知。《资治通鉴》卷十一）

刘邦已经封赏了大功臣二十九人，其余的人日夜争功，一时之间很难定夺，分封陷入停滞。刘邦在洛阳南宫，从天桥上望见将领们往往三三两两坐在沙地中谈论着什么。刘邦问："这些人在吵什么呢？"留侯张良回答："陛下不知道吗？他们在商量着图谋造反啊！"刘邦说："天下刚安定下来，这些人为什么又要谋反呢？"留侯说："陛下由平民百姓起家，依靠这班人夺取了天下。如今陛下贵为天子，所封赏的都是自己亲近喜爱的老友，所诛杀的都是自己生平仇视怨恨的人。如今军吏们按照此前分封的标准一算计，发现即使把天下的土地都划作封国也不够全部封赏的了，于是这帮人就害怕陛下对他们不能全部封赏，又恐怕因往常的过失而被猜疑以至于遭到诛杀，所以就相互聚集到一起图谋造反了。"刘邦一听确实是这么回事，于是忧心忡忡地问："为之奈何？""这该怎么办呀？"张良回答："皇上平素最憎恶，且群臣又都知道的人，是谁啊？"刘邦说："雍齿与我有旧怨，他曾经多次困辱我。我想杀掉他，但由于他功劳很多，所以不忍心下手。"留侯说：

"那么现在就赶快先封赏雍齿，这样一来，群臣也就人人都对自己能受封赏坚信不疑了。"刘邦于是便专门设宴封雍齿为什方侯，并催促丞相、御史加快论功封赏的进度。群臣结束饮宴后，都欢喜异常，说道："雍齿尚且封为侯，我们这些人也就没有什么可担忧的啦！"

对于分封雍齿这件事，司马光特意在《资治通鉴》中以"臣光曰"的形式发表了自己的看法。

> 臣光曰：张良为高帝谋臣，委以心腹，宜其知无不言；安有闻诸将谋反，必待高帝目见偶语，然后乃言之邪？盖以高帝初得天下，数用爱憎行诛赏，或时害至公，群臣往往有觖望自危之心，故良因事纳忠以变移帝意，使上无阿私之失，下无猜惧之谋，国家无虞，利及后世。若良者，可谓善谏矣。（《资治通鉴》卷十一）

司马光认为，张良作为高帝的谋臣，被当作心腹亲信，应该是知无不言，哪有已听说诸侯将要谋反，却一定要等到刘邦眼见有人结伙议论，然后才述说这件事的道理啊！这是由于刘邦刚刚得到天下，屡次依据自己的爱憎来诛杀、讨赏，有时候就会有损于公平，群臣因此往往怀有抱怨和感到自己有危险的心理。所以张良借着这件事进送忠言，以改变转移刘邦的心思，使在上者无偏袒私情的过失，在下者无猜疑恐惧的念头，国家无忧患，利于长治久安。司马光说，像张良这样，这才是善于进谏的楷模。"可谓善谏矣"！

给皇帝提意见叫进谏，过去有一种说法叫"文死谏武死战"，这是说为人臣者的气节。其实给领导者提意见也算一门艺术，不仅要注意方式方法，更要注意时间火候，说轻了不行，说重了不行，说早了不行，说晚了更不行。所以进谏要因人而异，因事而异，因时而异，要具体问题具体分析。张良善于进谏不仅仅表现在劝封雍齿一件事情上。

他有时候直言不讳，有的事则旁敲侧击，还有时则循循善诱，如此等等，不一而足。就劝封雍齿而言，如果张良一上来就说您先封雍齿吧，刘邦可能会勃然大怒，想都不用想就会拒绝。到那时张良再口吐莲花也不见得能说服刘邦。所以，为什么刘邦那么推崇张良，张良不仅有见识有谋略，注意说话的艺术，善于进谏是最主要的原因之一。

群臣受封完毕，一共分封了一百四十多位功臣为彻侯。

五、元功排名，十八功臣定位次

分封行将结束之际，刘邦又搞了一个元功十八人的排名。刘邦为什么在分封群臣之后还要搞一个元功十八人的排名呢？

刘邦命令议定十八位功臣的位次。《资治通鉴》记载："列侯毕已受封，诏定元功十八人位次。"（《资治通鉴》卷十一）群臣公推说："平阳侯曹参，身受七十处创伤，攻城掠地，立功最多，应当排在第一位。"曹参长期以来一直是韩信的副手，韩信之前已经被封为楚王，后被贬为淮阴侯，但韩信统率的北部军战功又最显赫，论功行赏，曹参就成为北部军的代表，所以群臣公推曹参军功第一。但是，刘邦此前先有南宫三杰论，后又有功人功狗之说，实际上态度很明确，不能就战功说战功。很显然群臣很多人实际上还是想不通。但是，有一个人懂刘邦的心思，谒者、关内侯鄂千秋进言说："群臣们的议论都错了。曹参虽然有野战夺地的功劳，却不过只是战场上一时间的事情罢了。"鄂千秋在列举了萧何的一系列贡献之后，甚至说："如今即便没有成百个曹参这样的人，对汉室又有什么损缺呢；汉室得到他们，未必就能靠着他们得以保全。怎么能将一时的功劳盖过万世的功勋呀！萧何应居第一位，曹参第二。"刘邦当即表态："太对了！"总算有人把刘邦的心思给表达清楚了！刘邦实际上想告诉群臣，不能满足于躺在过去的

"一时之功"的功劳簿上，你们还要再立新功，立万世之功。刘邦随即给了萧何可以带剑、穿鞋上殿，朝见皇帝时不必行小步快走表示恭敬的趋礼等特权。萧何父子兄弟十多人全部得到封赏，又加封给萧何食邑两千户。为了强化这个潜台词，刘邦又加封鄂千秋为安平侯。鄂千秋原本授勋第十九级关内侯，现在也提升到最高级第二十级，授勋安平侯，有了自己的"国邑"。

刘邦元功十八人的排名有什么玄机吗？分封群臣既是对功臣们汗马功劳的酬谢，也是刘邦为了加强对共坐天下功臣的控制手段。而元功十八人的排定，其实是功勋群臣现实政治地位的再平衡。《资治通鉴》中并没有记载元功十八人的具体排名情况。这个排名，历史上有两个不同的版本。为什么会有两个版本？因为元功十八人的排名，注重的不是就战功论战功的排名，而是对功勋群臣当时政治地位的排名。所以无论是刘邦在位时排定的元功十八人，还是吕后当政时排定的元功十八人，都不是以战功的大小和食邑的多少而排定。

关于元功十八人的排名实际上有至少两个版本，其中排名有很大的不同。按照中华书局点校本《资治通鉴》卷十一的记载，汉代经学家颜师古认为："萧何、曹参、张敖、周勃、樊哙、郦商、奚涓、夏侯婴、灌婴、傅宽、靳歙、王陵、陈武、王吸、薛欧、周昌、丁复、虫达，自第一至十八也。"通鉴研究大家胡三省说："余谓此但定萧何等元功十八人位次耳。至吕后时，乃诏作高祖功臣位次，凡一百四十余人。师古所谓自萧何至虫达十八人，吕后所定位次也。张敖于高祖九年始自赵王废为宣平侯，安得预元功十八人之数哉？故师古注功臣位次云：张耳及敖并为无大功，盖以鲁元之故，吕后曲升之耳。此说则得之。"除此之外，汉人所记的十八侯铭反映的排名似乎更符合汉初的政治格局。下面就具体分析一下十八侯铭排名的主要政治考量。

刘邦在位时排定的元功十八人名单中，第一位次自然是萧何，但第二位却不是曹参，而是樊哙。虽然是半隐退状态，但在政治话语权方面又分量极重的张良排第三位，然后是周勃、曹参、陈平，这六位应该是当时深得重用最有分量的重臣。接下来第七位是张敖，张敖是刘邦的启蒙导师张耳的儿子，而且是刘邦的女婿。第八位郦商一直跟着萧何在关中军中，战功并不显赫，但他的哥哥是郦食其，郦食其可是本可以和三杰相提并论的人物，不幸在成功说服齐国之后被烹杀。所以，这两位明显是有特殊背景，因而政治地位显赫。郦商的重要性在刘邦死后平定诸吕之乱的时候才看得出来。接下来依次是第九位灌婴，第十位夏侯婴，第十一位傅宽，第十二位靳歙。我们要注意的是，在刘邦的元功十八人中，不怎么受刘邦待见的王陵排在第十三位，而韩信排在第十四位。刘邦虽然不待见王陵，但他深知王陵忠诚可靠，临死还把王陵视为托孤重臣。而韩信即便已经被贬为淮阴侯，但他无论如何都是绝对无法忽略的存在。这就是刘邦的厉害之处，能够不受个人好恶权衡考量。

按照《后汉全文》中十八侯铭记载，元功十八人具体排名位次依次是：酂侯萧何，舞阳侯樊哙，留侯张良，绛侯周勃，平阳侯曹参，户牖侯陈平，宣平侯张敖，曲周侯郦商，颍阴侯灌婴，汝阴侯夏侯婴，阳陵侯傅宽，信武侯靳歙，安国侯王陵，襄平侯纪通，棘蒲侯柴武，曲成侯虫达，汾阴侯周昌，清河侯王吸。至于颜师古提出的《汉书》所载吕后时期的元功十八人排名，其实反映的是那个时期的政治版图，排名自然与刘邦时期不同。比如没有大功而仅凭是吕后的女婿就排名第三位的张敖就是最明显的佐证。

分封只是刘邦治国安邦的第一步，接下来刘邦又该怎么做呢？刘邦向来以讲义气够朋友著称，但是有一人曾经救过刘邦的命，结果他在前来讨封的时候却让刘邦给杀了，这又是怎么一回事呢？

第十七讲

安邦大策：拨乱世反之正

　　打江山不易，治天下更难。作为中国历史上第一个布衣天子，刘邦在位十二年，正式称帝的时间其实只有七年。在这七年之中，刘邦都做了哪些治国安邦的事情呢？

　　司马迁认为刘邦治国安邦的成功之处在于"承敝易变，使人不倦"（《史记·高祖本纪》）。汉朝的兴起，虽然承接前朝暴政战乱之后的满目疮痍，却有所改变，新王朝的统治使老百姓不至于倦怠，因而取得统治的成功。刘邦称帝虽然仅仅七年，但他在这七年之中却做了不少事。司马光则引用班固在《汉书》中对刘邦的盖棺论定评价他"虽日不暇给，规摹弘远矣"（《资治通鉴》卷十二），虽然众事繁多，日不暇给，但创立制度规模宏远。可以用五句话来概括刘邦的治国安邦策略。

一、拨乱反正，儒生改变刘邦观念

　　第一句话叫作"拨乱反正"。
　　"拨乱反正"这个词今天我们很多人都很熟悉。其实这个词的历史极其久远，"拨乱反正"的说法，最早见于《春秋公羊传·哀公十四年》，其中有"拨乱世，反诸正"的说法，指的是治理混乱的政治局面，恢复合理的政治秩序。这个词在中国历史上用得最多的其实是汉代，主要就是指汉高祖刘邦建国以来一系列独具特色的典章立制。汉王朝立国的政治基点，是承自秦王朝的暴政，所以，西汉王朝建立之初的许多政策都是对秦王朝暴政的拨乱反正。据《史记·高祖本纪》记载，刘邦去世，群臣赞美高祖虽然出身低微，但是"拨乱世反之正，平定天下"，创立了汉家帝业，居功至伟。司马迁在《史记·秦楚之际月表》中还有"拨乱诛暴，平定海内，卒践帝祚，成于汉家"的说法。也就是说，汉朝是建立在反抗残暴统治的基础上，重新建立秩序，缔造汉朝。用今天的话来说就是改革嘛。司马迁的说法就是"承敝易变"。班固在《汉书·礼乐志》也说："汉兴，拨乱反正，日不暇给。"唐代学者颜师古解释说，所谓拨乱反正，是说"拨去乱俗而还之于正道也"。西汉初期的统治集团确实做了许多方面"拨乱反正"的努力，取得了"拨乱反正"的成功。

汉初的拨乱反正首先表现在思想观念方面。

汉王朝立国的基点是秦王朝的暴政，所以，西汉王朝建立之初的许多政策都是对秦王朝暴政的改弦更张。秦王朝崇尚法家的严刑峻法，刘邦在入关之时就反其道而行之，仅仅用最低限度的约法三章维持秩序，得到关中老百姓的拥护。开国之后，刘邦继续顺从民意。顺应民心以否定秦法，成为汉初的标志之一。

当然，即便刘邦有这样的意识，但是并不等于他有这样的文化自觉。刘邦的文化程度不高，江湖习气严重，特别是对读书人的态度很不好，动辄侮辱，认为这些人没用。《资治通鉴》记载，当年郦食其去见刘邦的时候，刘邦身边的一位骑士就跟郦食其说："沛公不

"汉并天下"瓦当，陕西西安西汉长安城出土（国家博物馆藏）

好儒，诸客冠儒冠来者，沛公辄解其冠，溲溺其中，与人言，常大骂，未可以儒生说也。"（《资治通鉴》卷八）"沛公不喜欢儒生，每当宾客中有戴着儒生帽子来的，沛公总是脱下他的帽子，在里面撒尿。与人谈话的时候，也常常破口大骂。所以你去见他的时候不可以儒生的身份前去游说他。"这个评价从一个侧面说明那时候的刘邦是多么藐视儒生。但郦食其这个人很有意思，家贫落魄，为里监门吏，人皆谓之狂生，后世称其为高阳酒徒，意为狂放不羁之人。他认准刘邦是一个能够成就大事之人，托那位骑士引荐，他对那位骑士说："诸侯将过高阳者数十人，吾问其将皆握龊，好苛礼，自用，不能听大度之言。吾闻沛公慢而易人，多大略，此真吾所愿从游，莫为我先。若见沛公，谓曰：'臣里中有郦生，年六十余，长八尺，人皆谓之狂生。生自谓"我非狂生"。'"郦食其说："领兵的诸侯将军经过高阳的前后有几十人之多，我通过交谈发现他们都小家子气，喜欢摆谱，自以为是，没有纳谏的度量。我听闻沛公刘邦为人不拘小节平易近人，多大手笔，这正是我想追随的人，可惜没有人为我引荐。你如果见到沛公，就对他说：'我老家有一位郦生，年纪六十多了，身长八尺，人们都称他为狂生。他自己却说"我并不是狂妄之人"。'"刘邦在高阳的驿馆召见了郦食其。等郦食其进去拜见刘邦的时候，刘邦正叉开两腿倨坐在那里指使两个女子为自己洗脚，就这样边洗脚边接见郦食其。郦食其进来一看，只作了一个长揖同样没有按照常规礼节下拜，开门见山就问刘邦："足下欲助秦攻诸侯乎？且欲率诸侯破秦也？""足下你是打算帮助秦朝攻打诸侯军呢？还是准备统率诸侯军击破秦军呢？"刘邦一听骂道："竖儒！天下同苦秦久矣，故诸侯相率而攻秦，何谓助秦攻诸侯乎！""臭书生！天下人深受秦的苦楚已经很久了，所以诸侯们才群起而攻秦，什么叫帮助秦朝攻打诸侯啊！"郦食其紧接着说："必聚徒合义兵诛无道秦，不宜倨见长者！"（《资治通鉴》卷八）"如果一定要聚集义兵打起讨伐无道暴秦的旗帜，那就不应该倨坐在那里接见长者！"刘邦一听，赶紧停止洗脚，站起来，整理衣服，恭恭敬敬邀请郦食其上座，并且为自己的粗暴无礼致歉。这是在刘邦起兵之初的事。郦食其是刘邦在三杰之外最倚重的谋士，他为刘邦出谋划策，游说四方，居功至伟。郦食其也是与刘邦性格最合得来的人，他只凭一张嘴就为刘邦说服了影响巨大的项羽齐国盟军，而他自己却因为韩信偷袭历下军而被齐王烹杀。如果郦食其不早死，汉初就应该是四杰。刘邦分封功臣的时候对郦食其都格外思念。可以说，郦食其对刘邦观念的改变很重要。

在开国之后，刘邦对儒生的态度还是逐渐有了变化。《资治通鉴》还记载了另一件事情。陆贾是汉初有名的儒生。陆贾动不动就在刘邦面前称道《诗经》《尚书》，引经据典。高帝斥骂他说："*乃公居马上而得之，安事《诗》《书》！*"（《资治通鉴》卷十二）"你老子是在马上打下的天下，哪里用得着《诗经》《尚书》！"你看这句话，把刘邦的流氓作风显露无遗。陆贾怎么回答？陆贾马上回敬说："*居马上得之，宁可以马上治之乎？*"（《资治通鉴》卷十二）

刘邦一听，面露惭愧之色，对陆贾说："那就拜托先生你为我写出秦国所以失去天下，我之所以得到天下的经验教训以及古代国家兴衰成败的经验吧。"陆贾于是大略阐述了国家存亡的种种征兆，共写成十二篇政论文章。

陆贾每奏上一篇，刘邦都称赞叫好，左右随从也齐呼万岁。陆贾把这十二篇集结成书，这就是陆贾的名著《新语》。

刘邦还用行动表达了他对儒家态度的转变。《资治通鉴》记载，汉高帝十二年十一月，刘邦在经过孔子出生地的时候，用太牢之礼祭祀孔子。太牢之礼就是用牛、羊、猪三牲祭祀，是古代最高级的祭祀礼仪。

二、郡国并行，大封同姓以镇抚天下

汉初实行的是"郡国并行"的国家体制。刘邦在楚汉相争的时候一度也接受郦食其的建议，准备像项羽那样分封诸侯，但刘邦那时的想法属于病急乱投医，张良力陈分封"八不可"，汉王刘邦吐出尚含在嘴里的饭，骂道："竖儒几败而公事！"（《资治通鉴》卷十）刘邦当即把已经刻好的分封诸侯的大印都销毁了。我们前面交代过，刘邦称帝之时，有七位异姓王。在燕王臧荼反叛被剿灭之后，刘邦还分封了和自己有特殊交情的卢绾为燕王。异姓王相继造反被剥夺王位，到后来"八王只存其一"，只剩下力量弱小的长沙国，但也终因没有子嗣而被削国。为了杜绝异姓王的死灰复燃，刘邦还杀白马为盟，与群臣立誓"非刘氏而王，天下共击之"（《资治通鉴》卷十三）。除了姓刘的人可以分封为王，其他外姓人只要封王，全天下的人都可以讨伐他们。这就是有名的"白马之盟"。异姓王对国家体制的威胁被解除了。但是，在分封功臣之时，刘邦又分封了一大批同姓王。

刘邦为什么要这样做呢？《资治通鉴》记载："帝以天下初定，子幼，昆弟少，惩秦孤立而亡，欲大封同姓以填抚天下。"（《资治通鉴》卷十一）刘邦认为天下刚刚平定，自己的儿子年幼，兄弟又少，于是便以秦王朝孤立而导致灭亡的教训为鉴戒，想要大肆分封同姓族人，借此镇抚天下。我们在前面提到过，"郡国并行"制的最早倡导者是秦始皇时期的丞相王绾。尽管秦始皇没有采纳王绾的建议，而是建立了强大的中央集权王朝，但是这种根深蒂固裂土分封的观念仍是一种强大的社会思潮。早在韩信被剥夺楚王封爵之后，大臣田肯就进谏分封同姓王。

刘邦在铲除异姓王的同时，分封了九个同姓诸侯王国，这其中除了刘交为刘邦的弟弟、吴王刘濞为刘邦的侄儿之外，其余七位都是刘邦的儿子。刘邦想依靠刘氏宗族的力量，作为皇权的屏护。事实上，我们应该看到，刘邦死后，诸吕之乱的平定确实主要依靠的是同姓诸侯王的力量。但是分封同姓诸侯王只能是权宜之计。刘邦也明白这一点，只是在他看来当时不能不这么做。刘邦对分封血缘关系稍远的侄子刘濞为吴王很不放心，在封刘濞为吴王时，曾经手抚刘濞的背说，汉朝立国之后，天下都姓刘，希望你谨言慎行，不要造反！但后来刘濞真的造反，酿成了吴楚七国之乱。这是后事，我们以后还会细讲这一段历史。在当时，刘邦所能做的就是采取一些措施防止地方权力过大，如规定王国的傅、相等官员由朝廷任命，地方封国有郡国兵却无军队调动权，须受朝廷节制等。但很显然，这些举措不能解决根本问题。问题还待后来者解决。

对于刘邦确立的"郡国并行"政体，尤其是对其分封同姓这一做法，历代学者褒贬不一。我们只能说一代人有一代人的困惑，一代人有一代人的难题要面对。谁也无法穿越历史，替古人解忧。我们所能做的，就是"嘉善矜恶，取是舍非"的资治借鉴而已。

三、安民固本，赐爵授田休养生息

《尚书》中说"民惟邦本，本固邦宁"。刘邦当然深知这个道理。《资治通鉴》记载，登基称帝之前，刘邦就发布诏令，令曰："兵不得休八年，万民与苦甚。今天下事毕，其赦天下殊死以下。"（《资治通鉴》卷十一）"军队得不到休整已经八年了，万民饱受战乱之苦。现在夺取天下的大事已经完成，赦免天下判斩刑以下的所有罪犯。"这是安定民心、重建秩序的重要举措。

称帝之后，刘邦罢遣、裁汰军中士卒，恢复经济和社会秩序。刘邦为此还宣布了两项重要的政策。

其一，"民前或相聚保山泽，不书名数。今天下已定，令各归其县，复故爵、田宅；吏以文法教训辨告，勿笞辱"（《资治通鉴》卷十一）。这是刘邦颁布的安民诏书，"百姓中以前有的人相聚在深山大泽中躲避战乱，未登记入户籍中。如今天下已经平定，诏令这些百姓各自返回他们的所在县，恢复他们过去的爵位和田地住宅；官吏应依据法律义理进行教诲，处理纠纷，不得鞭笞侮辱"。《资治通鉴》记载的这段历史与下面紧接着要讲的事是连在一起的，而且断句与《汉书》不一样。《资治通鉴》中"勿笞辱军吏卒"一句是连在一起的，但我们看《汉书·高帝纪》就会发现，这个断句是有问题的。所以下面紧接着的一句话我们引用《汉书》的记载断句。

其二，"军吏卒爵及七大夫以上，皆令食邑，非七大夫已下，皆复其身及户，勿事"（《资治通鉴》卷十一）。刘邦宣布，"军中官兵凡爵位至七大夫以上的，都让他们享用封地民户的赋税收入，非七大夫爵位及其以下的，都免除其个人及一户之内的赋税徭役，不予征收"。刘邦明确宣称赐爵授田所依据的原则是按照战争中的功劳分配土地宅屋。这一政策文辞内容似乎与秦法相类同，但是在当时的时代背景下却是安定人心的重要举措，使最有生机的社会力量倾心归复到农业生产中，成为新兴西汉王朝坚实的社会基础。

安定民心是恢复社会秩序的必要手段。历代王朝谋求天下之治的关键，在很大程度上取决于政府治下对人口基数实际控制的比率。刘邦在汉初实行的安民固本政策，有利于西汉王朝政权的巩固。《资治通鉴》对刘邦的这道命令记载的比较简略，班固在《汉书·高帝纪》中的记载比较详细。诏曰："诸侯子在关中者，复之十二岁，其归者半之。民前或相聚保山泽，不书名数，今天下已定，令各归其县，复故爵田宅，吏以文法教训辨告，勿笞辱。民以饥饿自卖为人奴婢者，皆免为庶人。军吏卒会赦，甚亡罪而亡爵及不满大夫者，皆赐爵为大夫。故大夫以上，赐爵各一级。其七大夫以上，皆令食邑；非七大夫以下，皆复其身及户，勿事。"又曰："七大夫、公乘以上，皆高爵也。诸侯子及从军归者，甚多高爵，吾数诏吏先与田宅，及所当求于吏者，亟与。爵或人君，上所尊礼，久立吏前，曾不为决，其亡谓也。异日秦民爵公大夫以上，令丞与亢礼。今吾于爵非轻也，吏独安取此！且法以有功劳行田宅，今小吏未尝从军者多满，而有功者顾不得，背公立私，守尉长吏教训甚不善。其令诸吏善遇高爵，称吾意。且廉问，有不如吾诏者，以重论之。"《汉书·高帝纪下》记载的这道刘邦颁布的诏令，除了前面《资治通鉴》提到的两点之外，班固还特别提到以下四点：一是对奴婢的解放，规定因为饥饿等原因被迫自贩卖为奴婢的，一律恢复为庶人身份；二是军吏卒因为种种原因失去爵位的都恢复为大夫爵位，其余有爵位的都提升一级；三是平民在战乱以前的身份地位以及私有财产，在回归故乡后得到政府的全面承认，地方官不得歧视欺凌；四是地方政府和官吏要妥善安置有军功的复员将士。刘邦的战后善后事宜做得非常出色，对老百姓的休养生息非常有帮助。

四、解甲徙民，兵有所归民失元气

针对刘邦推行的安民固本政策，大学者王夫之曾经提出一个问题："秦、项已灭，兵罢归家，何其罢归之易而归以即乎安？"（《读通鉴论·汉高帝》）为什么汉朝政府能把很大一部分军人解甲归田，为什么罢归如此容易而且回家以后就能安居乐业呢？

王夫之认为，因为汉朝凭借巴蜀、三秦之卒起家，利用九江、齐、赵之兵争夺天下，却不在这些军人的故乡作战，不骚扰那里的人民，因而不为当地的百姓所仇视，所以这些士兵一回家就能够安居乐业。

后世的君主多招募无业游民为兵，这样的士兵一旦解甲便无家可归，因而战争一结束就遣返他们是非常困难的。而刘邦刚一平定天下，就早早地为大批士兵的退役问题做了细致周密的安排，结果使得国家不浪费资财，农民不致生活困顿，士兵各有其归宿，一举而三得。刘邦从根本着手，下令于流水之源，且顺时应势，使得各项大事都处理得有条不紊，不称他为有"大略"之人能行吗？很显然，王夫之很赞成刘邦这方面的安民固本政策。但对刘邦异地迁徙的安民政策，王夫之却别有高论。

《资治通鉴》记载，汉高帝八年十一月，刘邦接受娄敬的建议，下令迁徙旧齐国、楚国的大族及豪强到关中地区，给予便利的田宅安顿，共迁来十余万人。迁徙移民历代都有，刘邦的本意是为了加强统治，但王夫之认为，富豪大族之所以强，是因为占有地利。齐地的田氏如果没有渤海的渔、盐之利，就不足以称强；楚国的大族如果没有云梦泽的水陆资源，就不足以称强；世袭爵禄之家如果没有姻亲的人多势众、朋友的大力合作、小民的纷纷归附也不足以称强。迫使六国的王族和豪强大户离开家园，剥夺他们所便利的生活环境，改变他们早已熟悉的生活方式，千里迢迢地迁居到关中土著居民之间，还不到十年这些人的生计就没有着落了，气焰也沮丧殆尽了。

曹丕曾说："客子常畏人。"意思是说："客居关中之人的后代常常胆小怕事"。这话是真知灼见！胆小怕事的人难道还能自强以为国强吗？王夫之认为，当初就不如让六国的这些遗民在故地休养生息，积蓄财富。王夫之提出，贫民尚可迁徙，以便让他们舍弃贫瘠的土地，改变其鄙陋的风俗，从而逐渐走上富强之路。而豪杰大族迁徙后，摧残凋零，元气大伤，实力一天天衰落下去。"聚失业怨咨之民于辇毂之下，弱则靡而悍则怼，岂有幸乎？而当时之为虐甚矣。"（《读通鉴论·汉高帝》卷二）王夫之说，将大批的无业游民和心怀不满之人集

中到天子脚下，没本事的人则奢侈浪费、骄奢淫逸，生性强悍的人则
满腹怨气、时刻准备着给朝廷难堪，这样做对谁好呢？到头来朝廷和
移民谁也得不了好，问题是在当时就已经为害甚烈了。客观地说，王
夫之的这个观点很有见地。

五、汉承秦制，定都制礼安天下

史学研究界有一种观点叫作"汉承秦制"，认为西汉建立之后，其
政治制度承袭秦制，改变不大，尤其是在汉武帝以前的体制，基本上
没有突破秦代模式。这个问题在学术界是有争议的。我们只能说，汉
初的政治体制大体上是继承秦朝的，但正如我们前面说到，刘邦不是
一味继承，而是做了许多有针对性的改变、创新，当然也有许多继承，
这其中继承的好制度坏制度都有，这是毋庸讳言的。而且继承秦制不
等于说秦朝的制度都不好。《资治通鉴》中说："初，秦有天下，悉内
六国礼仪，采择其尊君、抑臣者存之。及通制礼，颇有所增损，大抵
皆袭秦故，自天子称号下至佐僚及宫室、官名，少所变改。其书，后
与律、令同录，藏于理官。法家又复不传，民臣莫有言者焉。"（《资治
通鉴》卷十一）司马光就认为，汉初的典章制度大体上都是沿袭秦朝
的旧制，从天子称号以下到大小官吏及宫室、官名，更改变动不多。
记载此礼仪规章的文本，后来和律、令收录在一起，收藏在司法机关。
法家的思想不再流传，老百姓就越来越不明就里了。

关于汉承秦制，《资治通鉴》重点记载了两件事。

第一件，都城的选定。

汉承秦制，很重要的一个体现就是都城最终定在长安。

刘邦在定陶称帝。这个地方在春秋战国时期非常繁荣，春秋时期
的范蠡称其为"天下之中"，在此定居经商，被后人尊为商祖，定陶之

名由此而始。

刘邦在定陶称帝之后，随即又定都洛阳。洛阳是周朝的王都，而且地处关东，刘邦及其功臣宿将大多来自楚地，洛阳离老家相对更近一些，这些人自然希望刘邦一直以洛阳为都城。

齐人娄敬专门求见刘邦，建议刘邦学习秦朝定都关中。刘邦犹豫不定，请教张良。张良赞同娄敬的建议，他告诉刘邦，洛阳中心地区狭小，四面受敌，因此这里不是用武之地。而关中地区不仅有地利，资源也丰富，所谓城池坚固而城墙有千里之长，地方富庶相当于天然府库。刘邦当即决定迁都关中，由于咸阳已经被项羽烧毁，所以刘邦一开始定都在秦的故都栎阳（今西安阎良区），长乐宫营建好之后才迁入长安。

都城的选择，最理想的为地理中心，是为便利起见。但实际上建都受到文化心理、交通便捷、经济成本及敌国威胁和内部治安等许多复杂因素的影响。对于都城的选择，已故的著名历史地理学家谭其骧、史念海、侯仁之等学者都做过专门的研究，成果斐然。现在的交叉学科文化地理学、政治地理学、历史地理学都强调，文化环境和地理环境对政治行为有非常重要的影响。我们老百姓安家都希望选在上风上水的地方，都城更要定在所谓"形胜之地"，也就是说形势要好。著名历史地理学专家周振鹤教授指出："所谓形势，其实就是一种政治地理特征。居高临下，坐东镇西，坐北制南，都是一种势，一是气势，二是地势，这种地理特征用到政治方面，就成了一种政治地理要素，这一点在中国首都定位中是极其重要的，也可以说是一种中国文化与中国人文地理的特征。"（周振鹤《中国历史政治地理十六讲》）

周振鹤教授指出，中国的都城主要选择有两组，一组是西安、洛阳，从西周到唐代长达两千年的时间内，中国的都城一直在西安、洛阳两地徘徊搬迁。从地理学上看，西安、洛阳两地南北位移不出一度，加上北宋的都城开封，这三地可以说是中国建都的东西轴线。在这条轴线上，强势进取的王朝都定都长安，守成弱势的则定都洛阳。受西安的地理偏向及其周边的经济发展局限等因素影响，导致即便是定都西安的王朝也往往把洛阳作为陪都，隋唐就是如此，西汉定都长安，东汉及以后的魏晋，国力式微，只能定都洛阳（东晋定都今南京）。因为中国古代统一王朝的疆域主要分布在黄河和长江流域，文化中心则在黄河流域，所以从西周到唐代两千年间没有第三个地方适合建都。开封能作为北宋的首都，则是基于北宋的疆域局限和黄河水利交通的便捷。但开封是四战之地，无险可守，导致北宋被迫调集重兵卫戍都城，国力受到严重影响，北宋灭亡，徽钦二帝被俘虏，定都开封也是原因之一。基于同样的原因，洛阳从秦以后就只能是都城的补充，真正定都于此则只能是苟且偏安。另一组则在北京、南京两地南北往复，已经从金朝一直到今天延续了长达八百年。定都南京是基于中国经济重心的南移，长江流域取代黄河流域成为经济中心，雄踞长江中心的南京成为虎踞龙盘的形胜之地，自然成为定都之选。定都北京则是基于北方少数民族王朝的崛起和中华民族族群大融合进程的加快。随着东北和北方辽阔版图的开拓，原来的天下之中已经从洛阳移至北京了。而隋炀帝主导的南北大运河的开通，更是打通了中国南北交流的任督二脉。至此，北京具备了和西安相提并论的首都之气势。中国的地理形势是西北高东南低，西安是以西驾东，北京则是以北临南，都是以势取胜的都城。

项羽一心一意要衣锦还乡，结果定都彭城之后被刘邦打得顾此失彼，最终以悲剧告终。刘邦为汉王，首先夺下了关中，并以此为根据地与项羽楚汉相争。楚汉相争，刘邦从一开始其实就占据了地利之势。项羽用尽吃奶的劲也无法突破刘邦扼守关中的门户荥阳、成皋一线，所以战争对刘邦而言是外线作战，负担比较小；对项羽而言是内线作战，战争损害的都是自己的力量，负担极大。此消彼长，楚汉相争时胜败的天平其实本来就已经失衡。

刘邦接受娄敬和张良的建议定都关中，后来几个异姓诸侯王造反作乱，包括后来汉景帝时期的吴楚七国之乱，声势虽然很大，但却威胁不了汉王朝的根本，而且都是在短时间内就被彻底平定了。定都关中，就御外而言，也是必需的。因为汉初的最大威胁就是北方的匈奴势力。

第二件，制定朝仪。

刘邦定都长安，当了皇帝，称帝之后，按照一切从简的原则，把秦朝烦琐的朝堂礼仪全部废除，只要求怎么方便怎么来。结果出事了。

群臣们越来越没了规矩，朝堂之上饮酒争功，功臣宿将动不动喝得酩酊大醉，有的人借酒撒酒疯，胡喊狂呼，甚至拔剑乱砍殿柱。整个朝堂之上没大没小，乌烟瘴气。到了这个程度，刘邦已经没了当初跑江湖面对这种场面的熟视无睹、不以为然。《资治通鉴》记载，面对这种场面，"帝益厌之"。刘邦对这种现象越来越反感，甚至越来越头疼了。这些功勋宿将都是出生入死的兄弟，说轻了不听，说重了伤脸面。

怎么办呢？

这时候叔孙通站了出来，他为刘邦制礼作乐，制定了一套朝堂礼仪。长乐宫落成，诸侯、群臣都前来参加朝贺典礼。所用的礼仪就是叔孙通制定的新的朝仪。整个仪式庄严肃穆，秩序井然，诸侯王以下至六百石级的官员依次序朝拜皇帝，无不震恐肃敬。到典礼仪式完毕，又置备正式酒宴。从朝贺典礼开始直到酒宴结束，没有一个人敢大声喧哗、不守礼节。整个典礼结束，刘邦忍不住大声感慨："吾乃今日知为皇帝之贵也！"（《资治通鉴》卷十一）今天我才知道做皇帝是如此尊贵！司马光为此还专门写了一篇"臣光曰"，批判刘邦的文化局限性限制了他的历史地位。司马光说，就刘邦的文化程度和见识来说，他可以聆听陆贾关于以文治巩固政权的进言而称赞极好，目睹叔孙通所定尊崇君主的礼仪而发声慨叹，但是他终究不能成为与夏、商、周三代圣明君王并列的一流政治家，问题出在哪里呢？司马光说："病于不学而已。"（《资治通鉴》卷十一）就错在他不肯学习啊。作为一位严肃的历史学家，司马光甚至忍不住做起假设来——历史学家本来最忌讳假设。司马光说，假如刘邦能得到大儒来辅佐，与大儒一道用礼制来治理天下，他的功勋业绩又怎么会在这一步便止住了呢！问题更严重的是，从此之后，先代君王所建立的礼制沦没而不振兴，以至于到了后来所实行的礼越来越流于形式，越来越背离了礼的精神的地步，司马光说："岂不痛甚矣哉！"这难道不令人沉痛之极吗！

　　制度再好，还需要人来运行。对刘邦而言，收服人心才是他最难应对的工作。从田横到季布，再到丁固，他们有的与刘邦势不两立，有的又有恩于刘邦，那么，刘邦又是怎么对待这些人的呢？

第十八讲

殊途异命：生死富贵皆在天

刘邦称帝之后，日不暇给，每天忙于治国安邦的方方面面。治国安邦不仅要酬谢功臣宿将，还需要建章立制，制度建国，安民固本，凝聚民心。而凝聚民心最重要的一点，就是要用对的人，做对的事。

在刘邦称帝不久，他就遇到了三件事情，这三件事情，都是棘手的事情，处理不好，会树立坏的典型，给王朝的长治久安带来负面影响。但刘邦的处理，合情合理，体现了他的大智慧。这三件事情涉及的三个人，也分别有各自不同的命运，忠奸善恶，磊落苟且，一目了然。我们知道，司马光写《资治通鉴》，所面对的史料浩如烟海，他的引用取舍是有标准的，其标准就是"嘉善矜恶，取是舍非"，按照这一标准，他就不像司马迁喜欢写奇人奇事那样写史，能在司马光的《资治通鉴》中露脸的，实际上是极少数，而且自有他的用意。我们本讲中涉及的三个人，讲的三件事情，司马光在《资治通鉴》中用了很多篇幅来写。至少说明，在司马光的心目中，这三个人和三件事情，有其在《资治通鉴》中占一席之地的价值。

那么刘邦遇到的是哪三件事情呢？

一、田横之死，千古生风激懦夫

田横是田氏代齐之后齐国的宗室贵族后裔。在秦末特别是楚汉相争时期，齐国的田氏贵族影响巨大。影响究竟有多大？清代乾嘉学派的大学者王鸣盛就指出："项氏之败，半为田氏所牵缀，不西忧汉，而北击齐，以此致亡。"（王鸣盛《十七史商榷》）王鸣盛认为，项氏的败亡，包括项梁、项羽，一半原因应该拜田氏所赐。项梁曾经帮助过田荣，为了给田荣解围，与秦将章邯大战。可后来项梁被章邯大军压境，危急时田荣却坐视不救，以至于项梁后来被章邯所杀。项羽在楚汉相争初期犯了战略方向性的错误，没有把西边的汉王刘邦当作主要对手，而是倾力去攻打北方的齐国田荣，最终导致自己败亡。此前的过节也是他把矛头对准田荣的重要原因。那么，齐国的田氏具体都干了什么事情呢？

田氏的代表人物主要有三个，分别是田儋、田荣、田横。

率先揭竿而起的是田儋。在陈胜吴广起义之后，田儋在齐地自立为王。为了营救被秦将章邯围困的魏王咎，田儋亲自领兵救援，结果被章邯给杀了。田儋的堂弟田荣在田儋遇难之后收集堂兄田儋的余部，拥立田儋的儿子田市为齐王，田荣自任齐相，田横为将军。

田荣是秦末一个关键人物。戏亭分封之后，田荣率先敲响了项羽灭亡的丧钟。田荣把项羽分封的齐王打跑，又杀了田市，自立为齐王。项羽亲自率兵攻打田荣，身陷齐地不能自拔，正好给了刘邦攻占关中的机会。田荣兵败被当地的老百姓给杀了。田荣的弟弟田横拥立田荣的儿子田广为齐王。田横拥立的齐王田广本来已经接受郦食其的游说，准备归顺刘邦，结果韩信发动突然袭击，齐王田广和相国田横认为郦食其出卖了自己，就烹杀了他。田广被韩信斩杀，田横听说齐王田广已死，就自立为齐王。眼看刘邦登基称帝了，田横率领余部五百多人，到东海的一个海岛上避祸去了。

刘邦统一天下了，但他始终忌惮齐国田横的影响力。因为齐地贤能的人大都归附于他，影响很大，随时可能给自己的统治带来麻烦。如今如果纵容他带人滞留海岛，以后恐怕留下祸乱隐患。于是就派使者去宣布赦免田横的罪过，召他前来面君。田横推辞说："臣烹陛下之使郦生，今闻其弟商为汉将，臣恐惧，不敢奉诏，请为庶人，守海岛中。"（《资治通鉴》卷十一）"臣下曾烹杀了陛下的使臣郦食其，如今听说他的弟弟郦商是汉将军，我感到害怕，不敢奉诏前往，只请求做个平民百姓，留守在海岛之中。"使者回报，刘邦便向卫尉郦商下诏令说："齐王田横即将到来，有敢动一动他的随从人马的人，即诛灭家族！"随即再派使者拿着符节把皇帝诏令郦商的情况对田横一一讲明，并且重申："田横来，大者王，小者乃侯耳；不来，且举兵加诛焉！""田横若能前来，高可以封王，低也是个侯哇；如果不来，便要发兵加以诛除了！"迫于刘邦强大的压力，田横再无法推托，只得带着两个随从乘坐驿站的传车来到洛阳。离洛阳还有三十里有个驿站，田横跟使者说："为人臣子的人觐见天子时，应当沐浴。"这个要求合情合理，使者便同意了。住下来之后，田横对他的随从说："横始与汉王俱南面称孤；今汉王为天子，而横乃为亡虏，北面事之，其耻固已甚矣。且吾烹人之兄，与其弟并肩而事主，纵彼畏天子之诏不敢动，我独不愧于心乎！且陛下所以欲见我者，不过欲一见吾面貌耳。今斩吾头，驰三十里间，形容尚未能败，犹可观也。"（《资治通鉴》卷十一）"我起初与汉王一道面南称王，而今汉王做了天子，我却是作为败亡的臣虏，面北称臣，这耻辱本来已非常大了。何况我还煮死了人家的兄长，如今又要同被煮人的弟弟并肩侍奉他们的君主，即便郦商他畏惧天子的诏令不敢动我，我难道内心就不感到惭愧吗！况且陛下想要见我的原因，不过是想一睹我的容貌罢了。现在斩下我的头颅，疾驰三十里地送去，神态容貌还不会腐化，仍然可以看的。"随即自刎而死。随从捧着他的头颅，随同使者疾驰洛阳奏报。刘邦听了情况奏报，大发感慨说："嗟乎！起自布衣，兄弟三人更王，岂不贤哉！"（《资治通鉴》卷十一）"哎呀！从平民百姓起家，兄弟三人相继为王，这难道不是很贤能的吗！"应该是惺惺相惜吧，刘邦还为田横流下了眼泪。刘邦当即授给田横的两个随从都尉的官职，调拨士兵二千人，按葬诸侯王的礼仪安葬了田横。

　　下葬以后，那两位随从在田横的坟墓旁挖了个坑，也都自刎而死，倒进坑里陪葬田横。刘邦听说了这件事，更为震惊，认为田横的随从都很贤能，余下的五百人还在海岛上，便派使者去招抚他们。使者抵达海岛，这五百人听说田横已死，不愿苟活，也都自杀了。

　　司马光在《资治通鉴》中详细记载了这件事情。司马光是一位大史学家，他的浓墨重彩的记述，体现了他的态度。自古以降，田横五百壮士自杀殉葬的故事，流传广泛。当年的历史纠葛，早已经随着岁月的流逝，变成了长江的东逝水，变成了是非成败转头空，变成了几度夕阳红，但田横之死的精神，五百壮士慷慨赴死的决绝，成就了我们关于磊落、关于血性、关于忠义的一段悲壮的历史记载。历史并不仅仅只是走马灯似的事件，并不仅仅只是流水账般的文字，它有鲜活的人性，承载在文字之下。司马光囿于史书的写作模式，在《资治通鉴》中的记录虽然冷静，少有渲染。但他还专门就田横之死写过一首诗，直接表达了自己的感慨：

昔时南面并称孤，今日还为绛灌徒。

忍死祇能添屈辱，偷生不足爱须臾。

一朝从殉倾群客，千古生风激懦夫。

直使强颜臣汉帝，韩彭未必免同诛。

（司马光《田横墓》）

　　这首诗的意思是说，当年田横和刘邦一样面南称王；如今却只能奉诏入朝成了周勃、灌婴一样的臣子；这样苟活下去只会徒增耻辱，恐怕一刻也受不了；田横自杀，五百壮士集体殉义，这样的精神永远激励着天下的懦夫；诗人最后写道，纵然田横强颜欢笑，像韩信、彭越那样向刘邦称臣，未必能逃过韩信、彭越被诛杀的结局。

徐悲鸿《田横五百士》

田横之死让刘邦震惊。随即刘邦颁布了一系列诏令，表示自己为政宽宏大量既往不咎。但是曰横之死表明，收服人心的工作还需要多花点心思。

二、季布之用，贤者诚重其死

对待另一位宿敌，刘邦的态度和做法就不一样了。

这个人就是季布。

季布也是楚人，是项羽手下的一员骁将，在项羽手下以勇猛著称。楚汉相争，季布曾经多次羞辱汉王刘邦，给刘邦难堪。项羽灭亡后，刘邦不惜悬赏千金捉拿季布，而且下诏令宣布有敢收留窝藏季布的，罪及三族。

季布躲藏在濮阳一个周姓人家。周家说："汉王朝迫切想要悬赏捉拿您，眼看就要顺着蛛丝马迹追踪到我家来了，将军您如果能够听从我的话，我才敢给您献个计策，如果不能，我情愿先自杀。"季布答应

按照周家提出的计谋行事。周家便把
季布的头发剃掉，用铁箍束住他的脖
子，穿上粗布衣服，打扮成奴仆的样
子，然后把他放在运货的大车里，将
他和周家的几十个奴仆一同出卖给鲁
地的朱家。

秦汉时期游侠盛行。这些人都
急公好义，尚气任侠，在地方上很有
势力，很有能量。朱家就是鲁地的大
侠，有"汉代第一大侠"的美誉。季

季布像

布本人也是侠客一流的人物。一诺千金说的就是季布信守承诺的典故。
他的弟弟名字叫季心，也是一位侠客人物。司马迁就说季心在关中是
影响很大的侠客，方圆数千里之内的侠士都愿意争相为他卖命。当
时关中流传一个说法，叫作："**季心以勇，布以诺，著闻关中。**"（**《史
记·季布栾布列传》**）意思是当时关中人都知道季心以勇猛著称，季
布以守信闻名。

朱家心知这个奴仆是季布，便买了下来安置在田地里耕作，并且
告诫他的儿子说："田间耕作的事，都要听从这个佣人的吩咐，一定要
和他吃同样的饭。"吩咐完毕，朱家便乘车到洛阳去拜见了汝阴侯滕
公。滕公就是夏侯婴，是刘邦的亲信，与刘邦是患难之交。

滕公留朱家喝了几天酒。朱家问滕公，季布犯了什么大罪，皇上
追捕他这么急迫？滕公说季布当年多次使皇上难堪，是皇上的一块心
病，一直怨恨他，所以抓不到他决不罢休。朱家对夏侯婴说："**季布何
罪！臣各为其主用，职耳；项氏臣岂可尽诛邪？今上始得天下，而以
私怨求一人，何示不广也！**"（**《资治通鉴》卷十一**）

朱家的这番话入情入理，非常高明，主要表达了两层意思。第一

层意思，胜利者如何看待失败者的追随者？"季布有什么罪啊！臣僚各为其主效力，这只是职责所在而已。"第二层意思，如何对待这些人？"项羽的臣下难道可以全都杀掉吗？如今皇上刚刚取得天下，便借私人的怨恨去寻捕一个人，这不就显露出自己胸襟的狭窄了吗！"朱家最后还指出，切记把对手赶到敌人阵营去。"以季布之贤能，朝廷悬赏寻捕他如此急迫，这是逼他要么北投胡人，要么南投百越部族啊！忌恨壮士而以此资助敌国，这是伍子胥所以要掘墓鞭打楚平王尸体的缘由呀。您为什么不从容地向皇上说说这些道理呢？"夏侯婴于是就找机会，按照朱家的意思向刘邦进言，刘邦觉得言之有理，便赦免了季布，并召见他，授任他为中郎将。朱家从此也就不再见季布。功成不居，这就是侠士风度。

刘邦不但赦免了季布的罪过，而且委任他为中郎将。而季布也无愧刘邦的信任。汉惠帝时期匈奴单于给吕后写信，信中用语轻薄，羞辱吕后。吕后大怒，召集诸将商量对策。樊哙自告奋勇要领兵十万横扫匈奴。樊哙是吕后的妹夫，他要替大姨子出气，别人还能说什么。很多人都顺着吕后的意思说可以这么办，唯独季布说樊哙该杀。为什么？季布说当年高帝刘邦领兵四十万还被困平城，如今你樊哙只要十万人就能横扫匈奴，这不就是当面欺骗君上吗！匈奴是心腹大患，需要从长计议，不能意气用事，樊哙的表态是当面阿谀奉承，这是要动摇天下的！季布一席话义正词严，当时大殿之上的人都非常害怕，不知道接下来会发生什么。没想到吕后冷静下来之后，这件事就这么过去了。等于说季布将惠帝时期的一次灾难化解于无形。季布后来在汉文帝时期官居河东郡守，政声卓著。

现在我们更关心的是，刘邦为什么能接受朱家托夏侯婴转达的建议？

因为刘邦此时已经是皇帝，他站在一个为君者的高度，从大局出发，做出了一个表达态度的决定，现在的大局是什么呢？是天下，是大汉王朝的百废待兴，以前在楚汉相争中和季布结下的恩怨，也就不算什么了。所以刘邦的态度很鲜明，就是和对手和解，和楚汉战争之后的所有恩怨和解。司马光在《资治通鉴》中记载这件事情，也表明司马光的内心中，对刘邦这种做法是持肯定态度的。

作为一名侠客一流的人物，季布为什么不像有些人那样"同死生，轻去就"？季布绝对是一名壮士，但他在面临灭顶之灾的时候没有凭着一腔热血意气行事，而是不惜忍气吞声，扮作奴仆苟且求生，他为什么会做这样的选择？司马迁就认为："彼必自负其材，故受辱而不羞，欲有所用其未足也，故终为汉名将。贤者诚重其死。"（《史记·季布栾布列传》）季布自负有才，之所以忍辱含羞，就是因为平生才华还没有完全施展开来，心有不甘，最终季布成为汉代的一代名将。贤明的人更珍惜自己的生命，俗话说就是希望死也要死得值。

刘邦赦免季布，并且还重用季布，刘邦也是和自己内心的恩怨和解，以前打得我狼狈不堪的人，我都能原谅，还有什么不能和解的呢？但是且慢，司马光在后来记载的另一件事情，画风就转了，有一个人刘邦就没有赦免，更谈不上任用，因为刘邦的现在和过去，他的位置不同，看问题的角度也就不同，所以他的做法也就不同。这就是刘邦遇到的第三件事。

三、丁公之斩，使后为人臣无效丁公也

这个人是谁？他就是季布的舅舅丁公。

丁公名固，也是项羽手下的将领。刘邦彭城大败之时，丁公奉命追击，越追越近，眼看刘邦就要走投无路，刘邦便回头对丁公说了一句非常有意思的话："两贤岂相厄哉！""厄"就是为难，迫害的意思。

　　好汉何苦为难好汉？丁公一听，居然在两军厮杀的战场上，止步不追了。他当即领兵撤还，等于放了刘邦一条生路。为什么刘邦一句话丁公就放人？这就是刘邦江湖阅历的本能反应。江湖上常讲多个朋友多条路，多个仇家多堵墙。丁固是季布的舅舅，应该也深谙江湖之道，所以他当即领兵撤还，放了刘邦一条生路。

　　等到项羽灭亡，刘邦要开始分封了，丁公前来谒见刘邦。刘邦怎么对待丁公？他把丁公拉到军营中示众，并且说："丁公为项王臣不忠，使项王失天下者也。"遂斩之，曰："使后为人臣无效丁公也！"（《资治通鉴》卷十一）刘邦说："丁公身为项王的臣子却不忠诚于项王，他就是使项王失掉天下的罪魁祸首啊！"随即下令斩杀丁公，并说："我这样做就是要让后世为人臣子的人不要效法丁公！"

　　刘邦为什么要杀丁公，出人意料吗？在当时来说，有点出人意料，但却是情理之中。为什么？正所谓此一时彼一时。当时的刘邦还身处江湖，而如今已经身在庙堂。江湖有江湖的规矩，不问是非只讲义气；庙堂有庙堂的法则，要讲政治，讲操守。我们可以还原当时刘邦的态度，为什么丁公在战场上，因为刘邦的一句话就放了他，很简单，丁公打了自己的小算盘，他是在为自己留后路，将来楚汉之争，不管结果如何，丁公都不吃亏，项羽胜利，他是项羽手下大将，当然沾光。刘邦胜利，他因为放了刘邦，也应该少不了好处，问题是这样一个首鼠两端的人，是奖励的对象吗？是提倡的榜样吗？刘邦现在平定了天下，是汉朝这个大单位的领导，他当然不会容忍这样的人存在，他也不会容忍这样的事情再发生。通俗点讲，此一时彼一时，刘邦的思维转换意识非常到位；从治国理政的角度讲，正所谓"攻守之势异也"，贾谊说秦不就亡于此吗？刘邦这么做正是"鉴前世之兴衰"啊！

四、畏即于刑，则导天下以忘恩矣

针对刘邦杀丁公这件事，王夫之提出了一个问题："使天下知为臣不忠者之必诛而畏即于刑，乃使吾心违其恩怨之本怀，矫焉自诬以收其利。然则义为贼仁之斧而利之囮也乎？"（王夫之《读通鉴论》卷二）王夫之的问题是如果仅仅是为了让普天之下的人都知道，做人臣如果不忠则必受诛刑从而产生恐惧心理，不敢越雷池半步，也就是让我的心违背其恩怨之本怀，虚假地自诬以获取好处。如果这样，那么义不就成了伤害仁的大斧和导致私利的诱饵吗？所以，刘邦赦免季布的罪过并予以重用，是很好的，足以激励臣子忠君报国，无有二心。至于丁公，废而不用就可以了；杀了他，则是引导天下人忘恩负义了。恩情既然都可以忘记了，如果不是刑戮紧随其后，那么浩荡无极的君父之恩，为什么不可以忘记呢？王夫之大发感慨：唉！这就是从夏、商、周三代那些美好的时代以后，以义为名，以义为利，从而违背了其天良的极端丑恶的罪恶之源啊。

王夫之是大学者、思想家、伦理学家，他站在伦理学的角度提出，要用大义收服人心，要将心比心，用诚心换诚心，不能把大义功利化，一旦把大义功利化，以义为名，以义为利，那人性中的恶就释放出来了，那就麻烦了。潘多拉的盒子一旦打开，谁也关不上，到头来都会深受其害。所以，王夫之强调，义，有天下的大义，也有自己心中的精义。大义必须恪守，精义不能功利化，否则就不对了，就是以恶导善了。那可就贻害无穷了！那样就会世风日下。

王夫之认为，以大义征服天下的人，用的仅仅是诚心而已，心中不愿而勉强去做，以标榜其名声，于是天下人就会认为义与人心相悖且不和顺于理。试想，当汉高祖处境窘迫之时，难道果真会认为丁公应当处死因而日后一定要杀死他吗？当他诛杀丁公之日，难道又果真能够忘记当年丁公曾解救过自己的危难，而不认为这是丁公对自己的恩德吗？刘邦想惩罚臣子背叛君主之罪，却先背叛了这个臣子曾救自己一命的大恩，自己的良知和恻隐之心已经丧失殆尽了。

五、攻守异势，戮一人而千万人惧

司马光对刘邦斩杀丁公之举极其赞赏，他专门写了一篇"臣光曰"评论此事。司马光认为，汉高祖刘邦从丰邑、沛县起兵以来，网罗强横有势力的人，招纳逃亡反叛的人也已经是相当多的了。待到登上帝位，唯独丁公因为不忠诚而遭受杀戮，这是为什么啊？"夫进取之与守成，其势不同。"是由于进取与守成，形势不同的缘故呀。当群雄并起争相取胜的时候，百姓没有确定的君主，谁来投奔就接受谁，本来就该如此。但是，正所谓此一时彼一时，待到贵为天子，四海之内无不臣服时，这么做就不对了。司马光接下来的这番话就非常有政治水平，他说："苟不明礼义以示之，使为臣者，人怀贰心以徼大利，则国家其能久安乎！是故断以大义，使天下晓然皆知为臣不忠者无所自容；而怀私结恩者，虽至于活己，犹以义不与也。"（《资治通鉴》卷十一）如果不明确礼义以显示给人，致使身为臣子的人，人人怀有二心以图求取厚利，那么国家还能长治久安吗！因此汉高祖据大义作出决断，使天下的人都清楚地知道，身为臣子却不忠诚的人没有自己可以藏身的地方，怀揣个人目的布施恩惠给人的人，尽管他甚至于救过自己的命，依照礼义仍不予宽容。司马光的结论是："戮一人而千万人惧，其虑事岂不深且远哉！子孙享有天禄四百余年，宜矣！"司马光认为，似此杀一人而使千万人畏惧，这不就是深谋远虑吗？汉高帝的子孙享有上天赐予的君位四百多年，该当如此啊！这就是汉王朝长治久安的根本所在。

司马光是史学家，更是政治家。他站在政治家的立场看问题，所以他认为一个王朝要想长治久安，一定要讲政治操守。但不是所有人都赞成司马光对此事的态度，大学者王夫之就不赞成，他认为刘邦杀丁公是错的。

司马光和王夫之都是中国历史上第一流的学者，从学者的角度看问题，孰是孰非，各有各的理由。但刘邦斩杀丁公的问题不仅仅是一个伦理问题，更重要的是一个政治问题。

司马光和王夫之分歧的关键在于站位不同。司马光作为政治家，站在讲政治的高度看问题，深刻揭示了汉王朝长治久安的根本原因，那就是强调忠诚的重要性。他看到，正是因为刘邦从一开始就极其注重讲政治，强调为人臣者要把忠诚放在第一位，这才有了此后"非刘氏而王，天下共击之"的白马之盟，这才有了诸吕之乱之后的周勃安刘，元勋功臣推举皇帝之举。刘邦强调的忠诚观念贯穿整个汉代。东汉时期党锢之祸、外戚专权、宦官随意废立皇帝的事多有发生，但极少有人敢冒天下之大不韪公然反叛朝廷。东汉末年天下大乱，刘备作为刘氏宗亲已经沦落到卖草鞋的地步，但凭着"大汉皇叔"的身份，仍然有号召力，最终三分天下有其一。实力强大、特立独行的曹操已经取得了事实上的江山社稷，但仍然不敢公然称帝，说："**若天命在吾，吾为周文王矣。**"这就是强调忠诚的影响力！

田横也罢，季布、丁公也罢，这些人都是敲边鼓的角色，那么，对于那些手里有实权的功臣宿将，刘邦又是怎么对待的呢？

第十九讲

谨始慎终：勿以恶小而为之

《周易·系辞》曰："言行，君子之枢机。枢机之发，荣辱之主也。"意思就是说言行为君子立身、行事的关键所在。一个人的荣辱、成败，取决于其平时的言行，故曰"荣辱之主也"。我们从下面要讲的一些故事中，也可以发现言行确实关乎个人荣辱甚深。我们生活在社会中，要和各种各样的人打交道，有时候，因为说话不到位，或者某些地方做得不到位，就会给自己带来麻烦。现代人如此，古人也一样，就算贵为天子，刘邦也遇到这种情况；即便不是天子，当大臣遇到这种情况，一样会给自己带来麻烦，甚至带来灾祸。司马光在《资治通鉴》中记载的几件事情，足以让我们警戒。

司马光记载的第一件事情是由刘邦引起的。刘邦登基称帝以后，面临着内政外交等一系列问题。这些问题稍不谨慎，哪怕一个细节处理不好就很容易形成内忧外患，甚至形成连锁反应。很不幸，由于刘邦"慢而侮人"的天性，一不小心，酿成了一场惨烈的血案，并且由此造成了异姓王反叛或被迫反叛的多米诺骨牌效应。这又是怎么一回事呢？里面有怎样的前因后果呢？我们先来看司马光的记载。

一、贯高之祸，小亮不塞大逆

刘邦称帝的第二年，按照汉代的纪年应该叫汉高帝七年（公元前200年），这一年的十二月，刘邦从白登之围脱身之后，带着一肚子受辱后的恶气返回长安，途经赵国。赵王张耳这个时候已经去世，他的儿子，也就是刘邦的女婿张敖继承赵国王位。皇帝兼老丈人刘邦驾临，赵王张敖对刘邦行作为女婿和臣子的礼节，十分谦卑。刘邦却犯了老毛病，对张敖十分无礼，不仅"箕倨"，而且肆意谩骂。"箕倨"就是叉开两腿坐着，这在古代是一种极其失礼的行为。《礼记·曲礼》明确提出"毋箕坐"，如今皇帝以这样的坐姿面对一个诸侯国的国君，而且张嘴就责骂张敖。赵国相国贯高、赵午等人都怒火中烧地说："吾王，孱王也！""孱"就是软蛋、怂包、懦弱的意思。张敖的手下说："我们的大王，真是个懦弱的王啊！"这些人劝赵王说："天下豪桀并起，能者先立。今王事帝甚恭，而帝无礼；请为王杀之！"（《资治通鉴》卷十二，下同）这些人提出："当今天下豪强并起，贤能的人称王。如今您侍奉皇帝非常恭谨，而皇帝却如此无礼，请让我们替您把他杀了！"

张敖什么态度？《资治通鉴》记载：张敖啮其指出血，曰："君何言之误！先人亡国，赖帝得复，德流子孙；秋豪皆帝力也。愿君无复出口！"张敖急得把自己的手指都咬破流出血来，说道："你们怎么说这种大错特错的话呀！先父亡国后，依赖当今皇帝才得以复国，德泽流传给子孙，我如今拥有的每一丝一毫都是皇帝赐予的啊。望你们不要再这么说了！"咬破自己手指或手臂，是古人发誓的一种表示。贯高、赵午等人一看张敖涵养好，谨守为臣为婿之礼，甘愿忍让，他们这些人就私下商量说道："乃吾等非也。吾王长者，不倍德；且吾等义不辱。今帝辱我王，故欲杀之，何洿王为！事成归王，事败独身坐耳！"他们这些人就私下商量说："这是我们的不是了。我们的王是忠厚的长者，不会做忘恩负义的事；但是我们的原则是要捍卫我王不受人侮辱。而今皇帝侮辱了我王，所以才想要杀掉皇帝，又何必连累我王呢！事情干成了，则功归我王，事情失败了，我们就独自承担罪责罢了。"古人信奉："君忧臣劳，君辱臣死。"张敖的手下贯高等人是一帮血性汉子，就认准了这一条理，他们绝不会坐视自己的主人被别人侮辱，皇帝也不行！刘邦发泄一通走了，贯高等人却开始策划怎么找机会替赵王雪耻。

机会很快来了。第二年冬天，刘邦在东垣攻打韩王信的余党（东垣就是今河北省正定），经过赵国的柏人城（柏人城在今河北省邢台市隆尧县城西偏南）。赵相贯高派人藏在柏人城刘邦下榻之所厕所的夹墙中，准备伺机行刺。刘邦原本计划留宿城中，忽然感觉心动不安，问手下："这个县叫什么？"回答说："柏人。"刘邦说："柏人，就是受迫于人呀！"当即决定不在这里住宿，连夜离开了。

　　因为刘邦的警觉，贯高未能如愿替赵王张敖报仇，但他策划谋杀皇帝的阴谋被其仇家探知并向刘邦举报了。这可是惊天大事！刘邦当即下令逮捕参与试图谋杀皇帝的所有相关人员，包括赵王张敖。东窗事发，赵午等参与此事的十几人倒是很有骨气，都争相准备自杀，只有贯高怒骂道："谁让你们这么干的？如今当务之急是赵王确实没有参与谋反，而被一并逮捕。你们都死了，谁来替赵王还原不曾谋反的真相？"于是这些人都被关进封印好的囚车，与赵王一起押往长安。贯高对审讯官员说："只是我们这些人策划的，赵王的确不知情。"狱吏动刑，拷打鞭笞几千下，又用刀刺，直至体无完肤，贯高始终紧咬牙关。吕后几次对刘邦说："赵王张敖娶了公主，不会有此图谋。"刘邦怒气冲冲地斥骂她："要是张敖夺了天下，想娶谁就娶谁，难道还少你的闺女做老婆不成！"不接受吕后的求情。

　　负责审理案情的廷尉把审讯情况和贯高的供词报告刘邦，刘邦还是不相信张敖不知情。因为刘邦有这方面的经验。当年在做亭长的时候，有一次他误伤好朋友县吏夏侯婴，按照秦朝的法律，误伤官府公职人员的刘邦是重罪。夏侯婴和刘邦都被关起来拷问，结果夏侯婴无论怎么受刑也不承认自己的伤是刘邦所致。刘邦知道一个人要讲义气骨头是很硬的。所以刘邦感慨地说："壮士！谁知者？以私问之。""贯高真是个壮士，谁平时和他要好，用私情去探听一下。"中大夫泄公说："我和他是老乡，平常很了解他，贯高在赵国原本就是个以义自立、不受侵辱、信守诺言的人。"刘邦便派泄公持节去狱中探问贯高。泄公慰问他的伤情，见仍像平日一样欢洽，便套问："赵王张敖真没有参与谋反计划吗？"贯高回答说："以人之常情度量，难道有谁不各爱自己的父母、妻子儿女吗？现在我的三族都被定成死罪，难道我爱赵王胜过我的亲人吗？因为实在是赵王不曾谋反，确实是我们自己谋划的。"又详细述说当初的谋划原因及赵王不曾知道的情况。于是泄公入朝一一报告了刘邦。事已至此，刘邦下令赦免赵王张敖，废黜为宣平侯，改封他宠爱的小儿子代王刘如意为赵王。

刘邦认为贯高是个人才，很欣赏他的为人，便派泄公去转告他："张敖已经放出去了。"同时赦免贯高的罪行。贯高欣喜地问："我的大王真的放出去了？"泄公说："是的。"又告诉他："皇上看重你，所以赦免了你。"贯高却说："所以不死，一身无余者，白张王不反也。今王已出，吾责已塞，死不恨矣。且人臣有篡弑之名，何面目复事上哉！纵上不杀我，我不愧于心乎！"（《资治通鉴》卷十二）贯高对泄公说："我之所以不死、被打得遍体鳞伤，就是为了表明赵王张敖没有谋反。如今赵王已经出去，我的责任也算尽到了，可以死而无憾。况且，我作为臣子有谋害皇帝的罪名，又有什么脸再去侍奉皇上呢！纵然皇上不杀我，我就不心中有愧吗！"说罢掐断自己的颈脉，自杀了。

二、两败俱伤，骄以失臣狠以亡君

燕赵自古多慷慨悲歌之士，荆轲之后，又出来一位贯高。对贯高的所作所为，司马光并不认可。他先是引用荀悦的话指责贯高有失为臣之道："贯高首为乱谋，杀主之贼；虽能证明其王，小亮不塞大逆，私行不赎公罪。《春秋》之义大居正，罪无赦可也。"（《资治通鉴》卷十二）荀悦认为：贯高带头谋反作乱，是个弑君的乱臣贼子。虽然他舍身证明赵王无罪，但小的闪光点掩盖不住大逆不道的实质，讲个人义气赎不了违背纲常律法的罪过。按照《春秋》大义，遵循正道最为重要，他的罪应是不可赦免的。司马光很认同荀悦的这个观点，为此还曾经为贯高专门写过一篇《史赞评议》，重点从臣道角度指出贯高不能从君臣大义的高度辅佐张敖，不能忍受小的羞辱，轻虑浅谋，把自己的国君置于差一点被杀的境地，最终把封国都搞没了。这一切，都是从贯高要密谋泄愤开始的，即便贯高自己为此付出了家破人亡的代价来为张敖洗白，但毕竟张家的社稷没了。所以事后算算账，贯高此举得不偿失，他的所谓的舍生取义，又有什么可以夸赞的呢！（"不能辅君以义，不忍小耻，轻虑浅谋，以陷杀君之恶，卒亡其国。祸自高始，虽杀身破家，以明张敖，而令赵国社稷芜没，宗庙丘墟，所存者小，所亡者大，所得者少，所失者多。概以大义，亦乌足言哉！"《司马光集·史赞评议》卷七十三）这是从贯高为臣之道的角度而言。

作为政治家和史学家，司马光并没有把板子都打到贯高身上。在司马光看来，贯高之祸首先源于为君者刘邦君道有失德之处，其次在于为臣者贯高臣轨失范，过于狠毒。所以，刘邦是导致贯高谋逆的源头，而贯高是导致张敖失国的罪魁祸首。这就比较客观公正了。

司马光在《资治通鉴》中专门写了一篇"臣光曰"说明自己的这个观点："臣光曰：高祖骄以失臣，贯高狠以亡君。使贯高谋逆者，高祖之过也；使张敖亡国者，贯高之罪也。"（《资治通鉴》卷十二）汉高祖因为骄横失去了臣心，贯高因为狠毒使他的主子失掉原有的封国。促使贯高谋反行逆的，是源于汉高祖过分辱骂无礼的过失；致令张敖亡国的，是贯高漠视伦理纲常的罪过。刘邦与贯高君臣二人的君道臣轨都有问题，嚣张的碰上发狠的，火星撞地球，最终酿成这场惨烈的贯高之祸。

刘邦也吸取了贯高之祸的教训，所以《资治通鉴》记载他紧接着就颁布诏书："丙寅（二十八日）前有罪，殊死以下，皆赦之。"当初处理贯高之祸时，刘邦颁布诏书，"赵王群臣及宾客有敢追随张敖参与密谋刺杀皇帝的，一律灭族"。当初赵王张敖被押解去长安时，赵国的郎中田叔、孟舒等人都自行剃去头发，以铁圈束颈，作为赵王家奴随从。待到张敖免罪，高帝称许田叔、孟舒等人的为人，下令召见，与他们交谈，发现他们的才干超过了汉朝朝廷的大臣。刘邦于是就把这十几位赵王的群臣都任命为郡守、诸侯国相等高官。

　　贯高之祸，根源上是刘邦没有注意自己的言行，轻慢张敖。刘邦贵为天子，言行不周尚且给自己带来麻烦。身为人臣，如果不注意自己的言行，甚至没有约束好下属，当然会给自己带来更大的麻烦，甚至带来更大的灾祸。

三、陈豨造反，东施效颦惹祸端

　　司马光在《资治通鉴》中记载了另一件事情，和刘邦轻慢赵王张敖，引来贯高之祸的事件，可以互为印证。这件事情就是陈豨造反。

　　《资治通鉴》记载："*初，上以阳夏侯陈豨为相国，监赵、代边兵。*"（《资治通鉴》卷十二）这句话直接意思就是，起初，刘邦委任阳夏侯陈豨为相国，同时监管驻守赵国和代国两个诸侯国的边防军。这句话实际上很有背景。这里有两个问题需要说明：陈豨什么时候做的哪个诸侯国的相国？是相国还是丞相？

　　第一个问题，陈豨出任的究竟是代国的相国还是赵国的相国？关于这个问题，《史记》和《汉书》的记载前后不一。目前学术界的研究有两种观点。一种观点认为陈豨是代国的相国，主要依据是《史记·高祖本纪》和《汉书·高帝纪》中的相关记载。乾嘉学派的大师王先谦在《汉书补注》中就持这种观点。清末郭嵩焘认为："豨当代王刘仲时拜为代相国，刘仲弃国亡归，豨乃以相国守代。"刘仲就是刘邦的二哥刘喜。代王刘喜擅离职守，在没有分封新的代王之前当然应该加强统治，所以选派得力人选委以重任是情理中的事。另一种观点认为陈豨先为"代（丞）相"又继而为"赵相国"，任职时间在汉高帝六年至十年（公元前201—公元前197）五年中。

　　第二个问题，相国和丞相是有区别的。丞相简称为相，在汉初中央和各诸侯国都有设置。相国与丞相是不同的职位，地位要比丞相高。萧何就是先任丞相，后加封为相国的。汉初相国职位在诸侯国也有设置。所以，现代学者研究认为，陈豨先为"代（丞）相"又继而为"赵相国"并同时监管赵国、代国边境部队，似乎更合情合理。《资治通鉴》汉高帝十年明确记载"上乃以昌相赵"，周昌取代的自然是陈豨的相国之位。

陈豨是追随刘邦入关中的老资格，刘邦驻军霸上的时候已经是关内侯，任游击将军。陈豨虽然不是沛县、砀郡元功集团的核心人物，但在开国功臣中也确实地位很高，与张良同一批受封，被封为阳夏侯。陈豨长期在韩信手下为将，尽管战功累累，刘邦一开始对他并不是很了解。刘邦在平定燕王臧荼叛乱的时候，对陈豨有了进一步的了解，发现他不仅能力很强，而且与自己一样，都是信陵君魏无忌的狂热粉丝，君臣双方相谈甚欢，刘邦开始倚重陈豨。

代国和赵国军事地位非常重要，时刻面临匈奴入侵的重压。刘邦起初封自己的二哥刘喜为代王。结果刘喜不争气，汉高帝七年匈奴进犯代国，代王刘喜抛下封国跑回长安。后来刘邦就把自己喜爱的小儿子如意分封为代王。由于代国深受匈奴入侵的压力，汉高帝九年正月，赵王张敖被废黜为宣平侯后，改封代王刘如意为赵王。当时赵王如意只有九岁，刘邦担心自己死后他难以保全，便为赵王配备了一个地位高而又强有力，平时能让吕后、太子及群臣敬惮的丞相，这个人就是时任御史大夫的周昌。这还不够，刘邦又任命阳夏侯陈豨为相国，并同时监管赵国、代国边境部队。陈豨可谓位高权重。

受到刘邦如此重用，陈豨难免有点飘飘然。他也开始效法信陵君养士。

作为信陵君的崇拜者，陈豨做了相国，位高权重之后，终于有条件像当年魏国信陵君魏无忌那样，可以大肆养士。陈豨大张旗鼓地养士，而且对手下的士人极为放纵，很多手下做了违法的事情，陈豨也一味包庇纵容。陈豨因为纵容得到了手下人的拥戴，但也被这些人吹捧得晕晕乎乎，不知道天高地厚。这为他日后的悲剧埋下了伏笔。

当陈豨从代国告假回家省亲时，经过赵国，跟随他的宾客乘坐的车有一千多辆，把邯郸城的官舍都住满了，可见他的排场有多大。

御史大夫出身的赵相周昌见此情况深感不妙，专门入京向刘邦检举揭发陈豨，详述陈豨门下宾客盛多，又专擅兵权在外数年，恐怕会有兵变云云。刘邦下令彻查，那些宾客在代国时的种种不法之事，很多都浮出水面，而且很多事情牵连到陈豨。

陈豨听到传闻后十分恐慌，已经反叛归降匈奴的韩王信趁机派人来劝诱他携手对抗刘邦。就在这个时候，刘邦的父亲太上皇驾崩，刘邦派人召陈豨回来参加祭奠活动。陈豨因为心里有鬼，称病不去。到了汉高帝十年九月，他终于公开反叛，自封为代王，率军劫掠赵国、代国等地。

四、刘邦平叛，姜还是老的辣

陈豨造反，刘邦亲自出征平叛。刘邦这个时候的处境实际上是十分危急的。他下令从全国各地调兵，传檄不至，没有兵马响应。但刘邦的高明之处就在于，他总能够从不利局势中发现有利因素。

刘邦领兵从东面进击讨伐陈豨叛军，到达邯郸，高兴地说："陈豨不占据邯郸而去扼守漳水，我知道他没多大能耐了！"接下来，刘邦用了四招就平定了陈豨之乱。

第一招，赦免胁从者。

刘邦一听到陈豨反叛的消息就下诏宣布：凡是迫不得已被陈豨劫掠裹胁参加叛乱的赵、代官吏，一律赦免。这一招可以称之为釜底抽薪。赵、代两地的底层士卒很多并不想参与叛乱，如今汉高祖有言在先，凡是被裹胁者一律赦免，当然欢欣鼓舞了。陈豨部队的士气可想而知。

第二招，宽恕失职者。

《资治通鉴》记载，陈豨反叛之后，周昌奏报说："常山郡二十五城，有二十城都失陷了，请处死郡守、郡尉。"刘邦问："郡守、郡尉反叛了吗？"周昌回答："没有。"刘邦说："这是他们力量不足，没有罪。"连丢掉常山郡驻守城邑的官员都予以宽恕，不追究他们失职的罪责，结果凡是被陈豨占领的赵、代郡县城邑的地方官，纷纷望风而反，重新回归汉朝。

第三招，重用奋勇者。

刘邦命令周昌选挑赵国壮士中可充当将领的，周昌报告说只找到四个比较合适的人选，并让他们来进见。这四个人一见刘邦，刘邦居然谩骂道："竖子能为将乎？""你们这群小子能当将军吗？"四人大为惭愧，都有点无地自容地伏在地上；刘邦骂完之后，却又分封他们每人一千户的封邑，并且委任为将领。左右随从劝阻说："跟随您进兵蜀、汉，征讨项羽的功臣都没有全部封赏；今天封他们，凭的什么功劳？"刘邦说："非汝所知。陈豨反，赵、代地皆豨有。吾以羽檄征天下兵，未有至者，今计唯独邯郸中兵耳；吾何爱四千户，不以慰赵子弟！""这就不是你们所能懂得的了。陈豨造反，赵国、代国一带都被他占有。我用紧急军书征调天下军队，至今还没有到来的，现在估计能够调遣的只有邯郸城中这些士兵而已，我为什么还要吝惜那四个千户封邑，不用来抚慰赵国子弟呢！"属下都点头说："高明！"这就是刘邦的高明之处，善于激励部下。正如明代茅坤所说："封赵四人，则赵、代之壮士人人思奋矣！"（《史记抄》）加封这四个人，激励赵、代两地有能力的人都渴望建功立业，他们纷纷奋勇争先加入平叛大军。

第四招，瓦解助纣者。

刘邦听说陈豨的部将很多过去都是商人出身，便说："我知道如何对付他们了。"下令多用黄金去收买他们，陈豨的大部分部将果然前来归降。对于韩王信派到陈豨手下，誓死追随陈豨的王黄、曼丘臣两个死硬分子，刘邦又悬赏千金捉拿，结果其见钱眼开的部下最终都将他们活捉送到了刘邦的跟前。通过分化瓦解，陈豨的军队开始溃败。陈豨最后被周勃追杀于今天河北省张家口蔚县境内。

对于陈豨之死，司马迁在《史记·韩信卢绾列传》中总结说："**夫计之生孰成败于人也深矣！**"意思就是谋划是否成熟周详对人的成败命运影响太大了。换句话说就是没有呼风唤雨的命，却得了颐指气使的病，最终只能以败亡而告终。陈豨说到底虽然也是信陵君的狂热粉丝，可和刘邦的谋略比起来还是差一点火候。

五、连锁反应，摁下葫芦起了瓢

陈豨只是一位彻侯，被刘邦分封为阳夏侯。但他的叛乱使楚王即后来的淮阴侯韩信、梁王彭越、燕王卢绾都受到牵连，以至于最终出现了一侯谋反，连累三王的连锁反应。而且，淮南王黥布、韩王信事败，也与陈豨的谋反案有关。这样陈豨叛乱竟牵涉到五个王反，可以说是极大地影响了汉初的政治格局！

陈豨叛乱之后，第一个受牵连的就是淮阴侯韩信。韩信假称有病，不随从刘邦去平叛，暗中却与陈豨有谋反言论。韩信最终被吕后所杀，详细情况我们后面细讲。

第二个受牵连的是梁王彭越。刘邦向梁王彭越征兵，彭越称病，只派手下将军率兵赴邯郸。刘邦大怒，令人前去斥责，彭越恐惧，想亲身入朝谢罪。部将扈辄说："您当初不去，受到斥责后才去，去就会被擒，不如就势发兵反了吧。"彭越不听劝告。他的太仆因获罪逃往长安，控告梁王彭越与扈辄谋反。于是刘邦派人突袭彭越，彭越事先没有发觉，便被俘囚禁到洛阳。有关部门审讯结果是："已有谋反迹象，应按法律处死。"刘邦赦免他为平民，要押送到蜀郡青衣居住。彭越在西行的路上遇到吕后从长安来。彭越向吕后哭泣哀求，说自己无罪，希望能到故地昌邑居住。吕后口中应允，与他一起东行。到了洛阳，吕后对刘邦说："彭越是个壮士，如今把他流放到蜀郡，这是自留后患，不如就此杀了他。我已与他同来。"吕后又指使彭越门下舍人控告彭越再行谋反。廷尉王恬开奏请将彭越灭三族，刘邦予以批准。彭越三族都被斩首，还割下彭越的首级在洛阳示众，并颁布诏令："有来收敛尸体者，一律逮捕。"一代枭雄彭越就这么死了。这一年是汉高帝十一年，刘邦六十一岁。

彭越被处死后，刘邦还把他的肉制成肉酱分赐各地诸侯，希望起到震慑作用。结果适得其反，四个月后，黥布也造反了。

当淮阴侯韩信被杀时，黥布已经感到心惊肉跳。待到彭越也遭处死，刘邦又把他的肉制成肉酱分赐各地诸侯。使者到了淮南，淮南王黥布正在打猎，见了肉酱，大为惊恐，便暗中派人部署军队，等候邻郡报警告急。黥布的一个宠姬，因病去就医，医生与中大夫贲赫住对门。贲赫便备下厚礼，陪同宠姬在医生家饮酒。黥布却怀疑贲赫与宠姬私通，想抓起贲赫治罪。贲赫觉察，乘传车跑到长安城向高帝告发事变，说："黥布谋反，已有迹象，应该趁他尚未发动先行诛杀。"高帝读了他的举报信，对萧何说起，萧何认为："黥布不至于做这种事，恐怕是仇人妄行诬告他。可以先把贲赫抓起来，派人暗中查验黥布。"黥布见贲赫畏罪逃去向高帝控告，本来已经疑心他会说出本国的阴谋；汉朝使者到来，又查验出不少证据；事已至此，黥布便杀光贲赫全家，发兵反叛。黥布造反的报告传至长安，刘邦赦免贲赫，并任命其为将军。

刘邦召集众将询问对策，大家都说："发兵征讨，坑杀这家伙罢了，他有什么能耐！"汝阴侯滕公夏侯婴召来原楚国的令尹薛公，向他征求意见。薛公说："黥布当然要反。"夏侯婴问："皇上割地封给他，又分赐爵位让他称王，还有什么造反的道理？"薛公回答道："皇上前不久杀了彭越，再早些还杀了韩信，他们三人，功劳相同是三位一体的，他自己疑心大祸降临，所以便造反了。"夏侯婴将此话告诉刘邦，刘邦于是传来薛公，向他请教，薛公回答说："黥布造反不足为怪。但是，如果他采用上策，崤山之东便不再是汉朝所有的了；如果他采用中策，两方谁胜谁负还难以预料；如果他采用下策，那么陛下就可以高枕无忧了。"

刘邦问："什么是他的上策？"

薛公回答说："向东攻取吴地，向西夺占楚地，吞并齐地，占据鲁地，传令给燕、赵两地，让他们固守本土，那么崤山以东就不在汉朝手中了。"

"什么是他的中策？"

"向东攻取吴地，向西夺占楚地，吞并韩地，占据魏地，掌握敖仓的储粮，阻塞成皋通道，那么谁胜谁负就难以预料。"

"什么是他的下策？"

"向东攻取吴地，向西夺占下蔡，然后把辎重送回越地，自己回到长沙，那么陛下就可以高枕无忧，汉朝就没事了。"

刘邦又问："他将会使哪种计策呢？"

薛公说："必使下策。"

刘邦问："为什么他会舍弃上、中策而采用下策呢？"

薛公答道："黥布其人，原是个骊山的刑徒，自己奋力爬到王的高位，这些都使他只顾自身，不顾以后，更不会为百姓做长远打算。所以说他必采用下策。"

刘邦说："好！"下令封薛公一千户。

同薛公预料的一样，黥布反叛并没有持续过久，不到一年时间便被剿灭了。

刘邦因为自己的傲慢无礼，招致了贯高之祸；又因为约束部下不严，导致了陈豨之叛，虽然历时三年终于平定了陈豨叛乱，但却又引起连累三王的连锁反应。这些人祸给我们带来什么启示呢？

第一，勿以恶小而为之。

陈豨叛乱历时三年之久，是刘邦平叛耗时最久的一次。但这样的叛乱，最初的星火，却源于陈豨纵容手下行不法之事，也就是说，在最初的最初，陈豨压根没有叛乱想法，他只是没有检点自己做的一切，因为他手下行不法之事，根子上也是他没有约束的结果，但这个小小的不检点，最终却把他导向了覆灭的深渊，教训不可谓不深刻。

第二，夕惕若厉，方可无咎。

《易经》中说："君子终日乾乾，夕惕若厉，无咎。"意思是君子一天到晚小心谨慎，没有一点疏忽懈怠，可以确保不犯错误。陈豨的叛乱使淮阴侯韩信、梁王彭越、燕王卢绾都受到牵连，以至于最终出现了一侯谋反，连累三王的连锁反应。而这也给刚刚建立的汉朝带来了极大的动荡。可以说是深刻影响了汉初的政治格局！如果说责任，可以说是陈豨的责任，但刘邦呢，当然也有不可推卸的责任。他自己曾经因为轻慢辱人，差点被行刺，这是言行不检。而对陈豨，他没有尽职督促，导致陈豨纵容手下，酿成祸端。对彭越和黥布，更是因小失大，想当然的恐吓导致了最不愿看到的结果。

司马光在《资治通鉴》中，记载的这些事件，成为《易经》中这句至理名言的反面注释，足以引人深思。

第二十讲

韩信用兵：出神入化誉兵仙

　　韩信是汉朝开国的第一元勋。司马迁认为汉朝开国三分之二的功劳应该算在韩信头上。在整个楚汉相争期间，韩信首建大策，独当一面，明出子午暗度陈仓定三秦，声东击西虏魏王豹，强势突袭灭代相夏说，以三万士兵背水一战大破赵国陈余二十万，以兵威胁迫燕王臧荼束手归降，突袭田广安定齐国，然后借潍水南摧龙且楚兵二十万，直至四面楚歌垓下决战全歼楚军，无一败绩。所以司马光在《资治通鉴》中说："汉之所以得天下者，大抵皆信之功也。"韩信的这一连串军事行动，用兵举重若轻，谋划大胆，出奇制胜，实在是太惊艳了。

韩信历来被认为是中国军事思想"谋战"派代表人物，他是用脑子打仗。东汉善于品评人物的刘邵称韩信是"胆力绝众，才略过人"的骁雄，是与战神白起可以相提并论的人物。明代茅坤奉韩信为"兵仙"。茅坤说："古今来，太史公，文仙也；李白，诗仙也；屈原，辞赋仙也；刘阮，酒仙也；而韩信，兵仙也，然哉！"（《史记抄》）

韩信以"兵仙"之名著称，那我们就先说说他的军事传奇历史。

一、发现兵仙，萧何月下追韩信

韩信是不世出的军事奇才，然而即便如此，也需要有伯乐慧眼识珠，更需要领导者有魄力委以重任。有一个因素我们必须要考虑，那就是韩信的年龄。韩信究竟出生在何时？他活了多大年纪？这两个问题史书上没有明确的记载。当代张大可教授等学者根据民间传说与史事推论结合研究，推定认为韩信活了三十三岁。

项羽在二十四岁与叔父项梁起兵，第二年率军过淮阴，韩信仗剑投奔项梁，这个时候的韩信应该只有二十一岁。二十出头在今天还算毛头小伙子，可以说是人微言轻。韩信在项梁部下一直默默无闻。项梁失败后，韩信又归属项羽，几经辗转，韩信后来做了项羽的执戟郎中，也就是近侍警卫人员。韩信是有军事思想的人，他多次为项羽提出自己的军事见解以求重用，然而项羽自矜功伐，根本不会重视一个

韩信像（清殿藏本）

比自己还小四岁的毛头小伙子的看法，韩信一气之下投奔了刘邦。这个时候已经是戏亭分封之后，汉王刘邦广纳人才，对韩信自然是来者不拒。然而韩信只是被任命为连敖。这只是一个管粮仓的小官，级别应该和韩信在项羽跟前担任的郎中差不多，可能略高一些，然而仍然不为人所知，这并不是韩信想要的。

尽管如此，韩信还是追随刘邦进入汉中。但很不幸，韩信入汉中之后因为犯了法，按律当斩。与韩信同案的十三个人都已遭斩首，轮到处决韩信时，韩信一抬头刚好看见了刘邦身边的亲信滕公夏侯婴路过，便大喊道："上不欲就天下乎，何为斩壮士？""汉王难道不想取得天下吗？为什么要斩杀壮士呢？"滕公觉得他的话不同凡响，又见他仪表堂堂，就出面赦免了他。经过交谈，发现韩信是个人才，异常欣喜，随即奏报给了汉王刘邦。刘邦于是任命韩信为治粟都尉，还在后勤系统管粮草，但级别高多了。刘邦也没有发现韩信有什么了不起的地方。所以韩信只是做了治粟都尉，级别更高了些，但也就仅此而已。

我们知道，尽管历史上杰出的青年将领很多，但大多有各种特殊的经历和背景。就拿霍去病来说，十七岁就已经被汉武帝任命为骠姚校尉，大破敌军。但是有一点我们要强调，霍去病是名将卫青的外甥，没有这一层关系，没有基于对卫青的信任，汉武帝怎么可能了解并相信一个十七岁的年轻人的本领？更不会委以重任！所以后世韩愈忍不住感慨：千里马常有而伯乐不常有！夏侯婴至多算半个伯乐，他能发现韩信是个人才，并且果断出手相救并举荐，然而他毕竟只是刘邦的车夫，受制于自身的能力和影响力局限，帮助韩信得到治粟都尉的官职，就已经是他做伯乐的极限了。所以，伯乐不仅不常有，而且伯乐的地位和影响力才是决定千里马能否脱颖而出并发挥所长的关键所在。

　　萧何才是韩信真正的伯乐。治粟都尉管粮草，属于后勤系统。萧何是刘邦的后勤大管家，因为这一层关系，韩信结识了萧何。萧何与韩信谈话之后，就发现他是个奇才。等汉王刘邦一行人到达南郑时，由于刘邦的下属大多数是沛县、砀郡等楚地人士，众将领和士兵都渴望东归故乡，不愿入川，结果许多人开始中途开溜。这个时候的韩信估计萧何已经多次向汉王荐举过自己，但一直没有下文，便也决定逃亡而去。萧何听说韩信也逃走了，没来得及向刘邦报告，就亲自去追赶韩信了。有人告诉汉王说："丞相萧何逃跑了。"刘邦一听大发雷霆，仿佛失掉了左右手一般。过了两天，萧何来拜谒，刘邦又怒又喜，骂萧何道："你为什么逃跑呀？"萧何说："我不敢逃跑哇，我是去追赶逃跑的人啊。"汉王说："你追赶的人是谁呀？"萧何道："是韩信。"刘邦又骂道："将领们逃跑的已是数以十计，你都不去追找，说追韩信，你就骗我吧！"萧何说："那些将领很容易得到。至于像韩信这样的人，却是国士无双。大王您如果只想长久地在汉中称王，自然没有用得着韩信的地方；倘若您要争夺天下，除了韩信，就没有可与您图谋大业的人了。只看您作哪种抉择了！"汉王说："我也是想要东进的，怎么能够不死不活地老待在这里呀！"萧何道："如果您决计向东发展，那么能任用韩信，韩信就会留下来，如若不能使用他，他终究还是要逃跑的。"汉王说："那我就看在你的面子上变任他做将军吧。"萧何说："即便是做将军，韩信也不会留下来的。"汉王道："那就任他为大将军吧。"萧何说："太好了。"这才有了后来韩信登坛拜将的故事。这就是萧何月下追韩信典故的出处。没有这个典故，可能其后的历史都要改写了！

二、汉中问对，楚汉相争定方略

　　刘邦郑重其事进行斋戒，选择吉日，通过隆重的仪式，正式委任韩信为大将军。登坛拜将完备，刘邦满腹狐疑，问韩信："丞相萧何屡次向我举荐您，您能给我指点什么出路啊？"韩信先是谦让了一番，然后给刘邦提出了接下来与项羽对决的战略战术，这就是历史上有名的"汉中对"。这可是比后世诸葛亮"隆中对"还成功的一次战略对话。

　　《资治通鉴》中详细记载了刘邦和韩信君臣的这次谈话，全文如下：

　　　　信拜礼毕，上坐。王曰："丞相数言将军，将军何以教寡人计策？"信辞谢，因问王曰："今东乡争权天下，岂非项王耶？"汉王曰："然。"曰："大王自料勇悍仁强孰与项王？"汉王默然良久，曰："不如也。"信再拜贺曰："惟信亦以为大王不如也。然臣尝事之，请言项王之为人也。项王暗噁叱咤，千人皆废，然不能任属贤将，此特匹夫之勇耳。项王见人，恭敬慈爱，言语呕呕，人有疾病，涕泣分食饮；至使人，有功当封爵者，印刓敝，忍不能予，此所谓妇人之仁也。项王虽霸天下而臣诸侯，不居关中而都彭城；背义帝之约，而以亲爱王诸侯，不平；逐其故主而王其将相，又迁逐义帝置江南；所过无不残灭，百姓不亲附，特劫于威强耳。名虽为霸，实失天下心，故其强易弱。今大王诚能反其道，任天下武勇，何所不诛！以天下城邑封功臣，何所不服！以义兵从思东归之士，何所不散！且三秦王为秦将，将秦子弟数岁矣，所杀亡不可胜计；又欺其众降诸侯，至新安，项王诈坑秦降卒二十余万，唯独邯、欣、翳得脱。秦父兄怨此三人，痛入骨髓。今楚强以威王此三人，秦民莫爱也。大王之入武关，秋毫无所害；除秦苛法，与秦民约法三章；秦民无不欲得大王王秦者。于诸侯之约，大王当王关中，民咸知之；大王失职入汉中，秦民无不恨者。今大王举而东，三秦可传檄而定也。"于是汉王大喜，自以为得信晚，遂听信计，部署诸将所击。留萧何收巴、蜀租，给军粮食。（《资治通鉴》卷九）

概括起来讲，"汉中对"主要讲了四层意思：

第一点，能力各有所长。韩信一开口就问刘邦："大王您自己估量一下，在勇猛、慓悍、仁爱、刚强这几方面，与项羽比谁强呢？"刘邦沉默了许久，说："我都不如他。"韩信拜了两拜，赞许道，"我韩信也认为大王您在这些方面比不上他。不过我曾经侍奉过项羽，就请让我来谈谈他的为人吧"。韩信说项羽只不过徒有匹夫之勇，既然不能任用贤能的将领，那就不具备领袖的能力；既然只有妇人之仁，那就很难团结凝聚核心力量。所以，论领袖能力，你刘邦不见得比不过项羽。

第二点，人心一失一得。韩信认为，项羽虽然称霸天下而使诸侯臣服，但却不占据关中而是建都彭城，关中财富雄厚，易守难攻，而彭城是四战之地，项羽又失去了地利；项羽背弃怀王之约，宰割不平，而且放逐义帝，这就失去了诸侯和道义人心；项羽一味用暴力解决问题，老百姓都不愿亲近依附他，这就导致项羽失去了民心。一个不得人心民心的人，韩信说："项羽名义上虽然还是霸主，实际上却已经失去了天下人的心，所以他的强盛是很容易转化为虚弱的。"所以，用今天的话来说，项羽实际上只是一只纸老虎。再说说大王您，自从进入武关后，就秋毫无犯，废除了秦朝的严刑苛法，与秦地的百姓约法三章，秦地的百姓没有不希望您在关中做王的。您赢得了人心；而且按照原来与诸侯的约定，大王您理当在关中称王，这一点关中的百姓都知道。您失掉了应得的王位而去到汉中，对此秦地的百姓没有不怨恨的，所以您还赢得了道义。两厢对照，人心所向不言而喻。

第三点，对手不得人心。刘邦要重返关中，眼前的敌人还不是项羽，而是项羽安排的三秦王，分别为雍王章邯、塞王司马欣、翟王董翳。韩信分析说，分封在秦地的三个王都是过去秦朝的将领，他们率领关中的子弟被杀死和逃亡的多得数也数不清；而他们又欺骗自己的部下，投降了诸侯军，结果又被项羽活埋了二十多万士卒，唯独章邯、司马欣、董翳反倒摇身一变为王。秦地的父老兄弟们怨恨这三个人，恨得痛彻骨髓。现今项羽倚仗自己的威势，强行把此三人封为王，秦地的百姓没有爱戴他们的。所以，这三个人根本不足关虑。

第四点，提出抗衡措施。敌我双方的优劣问题都分析清楚了，解决办法自然呼之欲出。韩信说如今大王您要做的就是反其道而行之。项羽不能任用有才德的将领。您就放手任用天下英勇善战的人才，那还有什么对手不能诛灭掉啊（任天下武勇，何所不诛）！把天下的城邑封给有功之臣，那还有什么人会不心悦诚服的呢（以天下城邑封功臣，何所不服）！用正义而且思乡之师东归故乡，那还有什么敌人不被击溃的（以义兵从思东归之士，何所不散）！这一连三个"何所不"分别从用人导向、激励机制和战术方向三个层面提出了抗衡项羽的具体战术目标、战术手段、战术实施。

以上四个问题分析清楚了，刘邦一听，顿时有茅塞顿开、拨云见日之感，于是大喜。刘邦马上振作起来，开始部署重入关中的准备。

刘邦被封为汉王，尽管经过张良的争取又得到了汉中之地，不必直接去巴蜀，但汉中到关中毕竟交通不便，再加上虎视眈眈的三秦王驻守关中，刘邦一时看不到出路。特别是章邯，他曾经是秦朝上将军，受命率骊山刑徒及奴产子击溃陈涉起义军周文部，又陆续攻灭义军田臧等部，逼迫陈涉遁走。后攻杀反秦武装首领魏咎、田儋、项梁，在孤立无援的情况下才败在项羽之手。刘邦对章邯还是很发怵的。如今经韩信一分析，刘邦信心大增，韩信就此开始站在了历史舞台的中央，楚汉相争由此拉开了大幕。

三、平定三秦，明出祁山暗度陈仓

在整个楚汉相争过程中，刘邦虽然一直与项羽正面苦苦相持，但决定楚汉之争结局的其实是韩信的侧击。韩信定三秦，擒魏，取代，扑赵，胁燕，下齐，直至垓下全歼楚军，一共奉献了八大精彩的战役。这八大战役战略战术的运用各不相同，充分体现了韩信天马行空、出神入化的指挥艺术。

刘邦与项羽楚汉相争最关键处就是如何突破项羽的重重封锁，重新进入关中，然后到关东与项羽逐鹿中原。而这也正是韩信大展身手的第一战，反攻关中。

说起韩信反攻关中，我们很容易想到"明修栈道，暗度陈仓"这个成语典故。明清之时总结的三十六计还把它列为第八计。但这个成语典故其实属于以讹传讹，它出自元曲《暗度陈仓》。那么真实的历史又是怎么一回事呢？

刘邦之所以被分封为汉王，就是因为"巴、蜀道险"，范增和项羽就是想利用交通险阻把刘邦困在巴蜀之地。汉中与关中之间的交通险阻是阻止刘邦重入关中的最大的拦路虎。巨大的秦岭横亘在关中平原与汉中盆地之间，穿越秦岭山脉，一共有五条主要路线，自西向东分别是祁山道、陈仓道、褒斜道、傥骆道、子午道。这五条线路中，祁山道距离最远，但相对平坦。陈仓道又称故道，从古至今都是汉中到关中的主要通道，今天的宝成铁路大体走的还是这条路线。子午道全程六百多里，是最早开通距离最近的官道，刘邦去汉中就任时走的就是这条道。其余两条路线当时只是险峻的小道。所以韩信的选择实际上只有三个：最远的祁山道，其次的陈仓道，最近的子午道。那么，韩信到底会选择哪一条路线呢？

《资治通鉴》的记载极其简明："八月，汉王引兵从故道出，袭雍；雍王章邯迎击汉陈仓。雍兵败，还走；止，战好畤，又败，走废丘。汉王遂定雍地，东至咸阳；引兵围雍王于废丘，而遣诸将略地。塞王欣、翟王翳皆降，以其地为渭南、河上、上郡。"（《资治通鉴》卷九）一场惊心动魄的入关之战，《资治通鉴》一共只用了七十七个字来记述。但这段话的信息量很丰富，明确了三点：其一，韩信主导的汉王军队是从陈仓故道出来，突然袭击了章邯；其二，经过陈仓和好畤两战，章邯都败了，雍王章邯的统治区被刘邦拿下；其三，章邯困守雍国都城废丘，塞王司马欣和翟王董翳相继投降了刘邦，他们的地盘被刘邦设置为渭南、河上、上郡三个郡。这三点之中最关键的是明确指出汉军是从陈仓道进入关中的，至于究竟是不是"暗度"？从《资治通鉴》的这点记载中我们无从知道。

真实的入关之战当然不会这么简单。

子午道不仅是入关中的最近通道，而且出口在塞国的杜县，三秦王之中，塞王司马欣实力又最弱，自然是理想的突破薄弱环节。《资治通鉴》记载，刘邦进入汉中时走的是子午道，刘邦还接受了张良的建议，烧毁了他们所经过的栈道，以此表示没有东还的意图。这种小儿科的把戏当然瞒不过久经沙场的章邯。所以，他时刻提防刘邦兵出子午道。

根据《史记·曹相国世家》和《史记·樊郦滕灌列传》等记载所述，韩信兵出关中时首先摆出的是进击陇西，兵出祁山道的佯攻阵势，樊哙、曹参、灌婴等人率兵从祁山道佯攻陇西地区有明确记载。为什么要舍近求远？地理变迁也是今天我们感觉不好理解的主要因素。据《汉书·五行志》记载，公元前 186 年，也就是西汉吕后统治的第二年，发生了一场改变地形地貌的大地震，地震造成武都山山崩，汉水被截断成西汉水和汉水两条河道。在此之前，汉水上游的略阳一带有所谓"天池大泽"，使得当时从汉中出发，逆流而上可以直到陇西，然后顺流而下又可以直达西楚。当年司马迁的先祖司马错率领秦军攻打楚国，乘船顺着汉水可以抵达楚国的黔中郡。正因为如此，章邯对韩信走祁山道佯攻绝不敢掉以轻心。

我们今天所能看到汉初历史的最权威记载就是《史记》。有一块东汉时期的石碑《汉司隶校尉犍为杨君颂》中提到："高祖受命，兴于汉中，道由子午，出散入秦。"这句话的关键是"道由子午"，字面意思是经过子午道，是指去汉中经过还是入关中经过？秦汉交通史专家王子今教授就认为或许刘邦也分兵子午道北定关中；"出散入秦"指通过陈仓道重新进入三秦。所谓"散"，指的就是陈仓道中的大散关，遗址在今天陕西宝鸡西南。

李开元教授等学者研究认为，史书上虽然没有"明修栈道"的描述，但是合理的推测，刘邦要准备大举入关，不可能不重修烧毁了的子午道栈道。不过，韩信入关的主要部署应该是"明出祁山，暗度陈仓"。韩信指挥的入关战略，实际上是佯攻陇西，明出子午，暗度陈仓。这是中国历史上唯一一次由汉中反攻关中的成功战例。四百年后，诸葛亮五次由汉中北伐，试图重演当年的历史，但无一不以失败告终。这也从反面印证了韩信用兵的巧妙和这场战事的不易。

四、背水一战，擒魏取代扑赵胁燕

入关之后，刘邦与项羽进行正面作战，韩信则主要负责北部战线，他的主要对手是魏、代、赵、燕等诸侯国。

韩信指挥的第二个重大战役，便是声东击西擒魏王豹。

彭城大败之后，魏王豹反水，再次背叛了刘邦。擒获魏王豹，韩信使用的战术是声东击西，使用的最重要的工具叫"木罂"，指的是口小腹大的木制大瓮。魏王豹在蒲坂部署重兵防御从临晋方面来的韩信军队。蒲坂，又称智邑，是联结秦晋的要道关口。针对魏王豹的布防，八月，韩信安排船只作为疑兵，做出要在临晋渡河发起进攻的架势，而让主攻部队从夏阳乘坐木罂渡河，突袭安邑。魏王豹大感意外，惊慌失措。九月，韩信进击俘获了魏王豹，将他押解去荥阳，魏地就此全部平定。擒魏之战只用了不到两个月时间，所动用的兵力也不多，但是韩信运用谋略，声东击西，急进奇袭，收取全功，活捉反叛，提振士气，这是刘邦彭城大败后的第一个大捷，战略意义重大。

第三战，速取代地。

擒获魏王豹之后，韩信提出了一个系统的侧击战略方案。《资治通鉴》中说："韩信既定魏，使人请兵三万人，愿以北举燕、赵，东击齐，南绝楚粮道。"（《资治通鉴》卷九）汉王刘邦准许了他的请求，并派张耳与他一起领兵东进，向北进击赵国和代国。代国是陈余的封国。陈余考虑到赵王的力量弱小，便留下来辅助赵王，而派夏说以相国的身份去镇守代国。夏说不懂军事，所以韩信速战速决，一举全歼代军，从而为歼灭赵国陈余解除了后顾之忧。

闰九月，韩信击垮代军，在阏与抓获了代国的相国夏说。

第四战，背水扑赵。

汉高帝三年（公元前204年）冬季，十月，韩信和张耳率军东击赵国。韩信伐赵面临两个不利因素。首先是兵力对比，韩信只有三万名士兵，而且这些人都是新近收纳的魏国、代国降卒，韩信连战连捷的精兵已经被刘邦调到了荥阳前线。而赵王赵歇和成安君陈余则集结了二十万大军。其次是地理因素，韩信出兵伐赵，太行山的井陉是必经之路，井陉是太行八陉之一，以险峻著称，是兵家必争之地。陈余的谋臣广武君李左车提出坚守疲敌、断敌粮道的作战方案，结果自恃兵力优势的陈余书生意气，拒绝用诈谋奇计对敌。这就给韩信提供了可乘之机。

根据李开元教授的实地考证，韩信东出井陉北道，来到今天石家庄井陉县威州镇西面南北流向的冶河西岸宿营，这个地方已经距离井陉口三十里。到半夜时分，韩信挑选两千名轻骑兵，每人手拿一面红旗，从小道出发，隐蔽在陈余驻军两侧不远的上山，观察赵军的动向；并告诫他们说："交战时赵军看到我军退逃，必会倾巢出动来追赶我们，你们即趁机迅速冲入赵军营垒，拔掉赵军的旗帜，遍插汉军的红旗。"又命他的副将传令将士先简单吃点东西，说："待今天打败赵军后再会餐！"众将领们都将信将疑。韩信随即派遣一万人打先锋，开出营寨，背靠河水摆开阵势。赵军望见韩信军如此违背军事常识，都哗然大笑。

天刚蒙蒙亮的时候，韩信打出了大将的旗鼓，浩浩荡荡开始进攻，双方激战了很久，韩信和张耳假装败退，丢旗弃鼓，逃回河边的阵营。赵军果然倾巢出动，争抢汉军抛下的旗鼓，追逐韩信和张耳。韩信、张耳背靠河水，退无可退，全军拼死奋战，赵军无法打败他们。就在这个时候，韩信预先埋伏的两千名士兵趁机攻入赵军大本营，拔掉所有赵军旗帜，插上两千面汉军红旗。等赵军发现自己的营垒中遍是汉军的红旗，都惊慌失措，开始溃败。汉军随即又前后夹击，大败赵军，在水边杀了陈余，活捉了赵王赵歇。

大胜之后，属下问韩信说："兵法：'右倍山陵，前左水泽。'今者将军令臣等反背水陈，曰'破赵会食'，臣等不服，然竟以胜，此何术也？""兵法上提出：'布军列阵要右边和背面靠山，前面和左边临水。'

而这次您却反而让我们背水布阵，还说什么'待打败赵军后再会餐'，我们当时都颇不信服，但是竟然取胜了，您这实行的是什么战术呀？"韩信告诉将士们说："此在兵法，顾诸君不察耳！兵法不曰'陷之死地而后生，置之亡地而后存'？且信非得素拊循士大夫也，此所谓'驱市人而战之'，其势非置之死地，使人人自为战。今予之生地，皆走，宁尚可得而用之乎？！"（《资治通鉴》卷十）韩信告诉下属说："这个战术也是兵法上有的，只不过你们没有留意罢了！兵法上不是说'陷之死地而后生，置之亡地而后存'吗？况且我所率领的并不是平时训练有素的将士，这即是所谓的'驱赶着街市上的平民百姓去作战'，势必非把他们置于死地，使他们人人为各自的生存而战不可；倘若给他们留下活路，他们就会逃走了，那样一来，难道还能够用他们去冲锋陷阵吗？！"属下听完都心悦诚服地说："太精妙了！您的谋略的确非我们所能比的呀！"

韩信一生非常善于利用水战，与赵一战是韩信又一次灵活运用水战的经典战例。接下来，韩信、张耳用了一年的时间才彻底安定了赵国。

第五战，胁燕投降。

背水一战，以少胜多，韩信并没有被胜利冲昏头脑，而是恭恭敬敬向李左车请教伐燕之道。韩信采纳李左车的计策，一边重兵压境，一边派使者出使燕国，在韩信强大的文攻武略威慑之下，燕国束手归降。这一战，韩信充分运用了《孙子兵法》中的"不战而屈人之兵"谋略以最小的代价为接下来的胜利奠定了基础。

五、下齐削楚，因敌变化韩信封神

韩信在楚汉相争过程中打的最后三次大战中的两战分别就是下齐

削楚。

　　齐国在楚汉相争过程中扮演着举足轻重的角色。田横收复齐国之后，立田荣的儿子田广为齐王，在楚汉相争的相持阶段一直坐山观虎斗，中立的时间长达十七个月。韩信擒魏取代胁燕破赵之后，田横明白韩信接下来兵锋所指必然是齐国，所以他调集二十万重兵在历下布防。就在双方厉兵秣马之际，刘邦派郦食其前往齐国进行说服。一番权衡之后，齐国决定归降，下令解除了历下的警戒。韩信本想收兵，辩士蒯彻对韩信说："将军受诏击齐，而汉独发间使下齐，宁有诏止将军乎？何以得毋行也？且郦生，一士，伏轼掉三寸之舌，下齐七十余城；将军以数万众，岁余乃下赵五十余城。为将数岁，反不如一竖儒之功乎！"（《资治通鉴》卷十）蒯彻问韩信："将军你受命攻打齐国，而汉王又另外安排人游说说服了齐国归降，难道有让将军停止进攻的诏令吗？为什么不继续进攻呢？况且郦食其一介儒生，凭着三寸不烂之舌，就说降了齐国七十多座城池，而将军你用兵数万之众，一年多才攻下赵国五十多座城池。身为将军历时数年，反而不如一介儒生的功劳大啊！"结果经过辩士蒯彻一番鼓动，韩信悍然发动突袭，趁机打败了实力强悍但放松警惕的齐国历下守军，进而攻占了齐国的都城临淄。随即挥师东进追击齐王田广余部。这个时候的项羽才醒过味儿来，派大将龙且领兵二十万大军前来援救盟军齐国，在高密与齐王的军队会师。

　　项羽手下的大将龙且本可以固守与韩信相持，却出于轻敌和贪功，草率地在潍水两岸摆开阵势与韩信开战。韩信命人连夜赶做了一万多个袋子，装满沙土，投堵潍水的上游，然后率领一半部队渡河去袭击龙且，随即假装战败，往回奔逃。龙且果然高兴地说："我本来就知道韩信胆小如鼠嘛！"于是渡潍水追击韩信。眼看龙且的部队一大半已经开始渡河，韩信派人挖开堵塞在潍水上游的沙袋，大水立刻奔泻而下，龙且的军队大部分或淹死或没能渡过河去。韩信迅速组织反击，龙且被杀，楚军崩溃。韩信随即追逐败兵到了城阳，俘获了田广，全部平定了齐地。

下齐削楚，韩信又是利月河水的力量和龙且的轻敌思想。下齐削楚实际上是两次战役，这两次战役不仅解决了齐地的大隐患，而且消灭了项羽的精锐部队二十万，直接削弱了项羽的力量。此消彼长，接下来的垓下决战项羽已经处于不利局势。垓下决战的具体战斗过程我们在前面讲项羽的时候已经讲过了。

《孙子兵法》中说："兵者，诡道也。"作为用兵大事，谋划是先决条件。纵观韩信的用兵，声东击西，出奇制胜，疑兵示形，把兵法运用得出神入化。而且韩信还特别善于利用水利。《孙子兵法》中说："**夫兵形象水，水之形，避高而趋下，兵之形，避实而击虚。水因地而制流，兵因敌而制胜。故兵无常势，水无常形，能因敌变化而取胜者，谓之神。**"（《孙子兵法·虚实》）韩信堪称是一位把兵形、地形、人谋运用到极致的军事家。无怪乎刘邦也由衷感慨"**连百万之众，战必胜，攻必取，吾不如韩信**"。

然而，就是这么一位天才的军事家，最后的下场却是一个悲剧。韩信为什么会以悲剧结局？

第二十一讲

淮阴悲歌：不知明哲重防身

　　与项羽比较而言，韩信才是更令人惋惜与不舍的悲剧英雄。韩信短暂的一生给我们留下了许多耳熟能详的成语和经典名句，如"胯下之辱"，"一饭千金"，"明修栈道，暗度陈仓"，"背水一战"，"四面楚歌"，"多多益善"等，这些成语名句恰恰体现了韩信一生戏剧性的张力。我们的问题是，韩信功勋卓著，但是其下场在汉初三杰中却是最惨的。一代军事奇才为什么会以悲剧告终？韩信究竟是一个什么样的人？他的哪些行为导致了其悲剧结局？韩信之死到底冤不冤？

韩信究竟是一个什么样的人？我想可以用五句话概括。

一、有志无行，以市井之志利其身

《资治通鉴》采用司马迁在《史记》中的记载，说韩信是淮阴人氏，家里很穷，但是他自己又没有谋生经商的本事，经常过着寄人篱下、蹭吃蹭喝的生活，所以人们都很讨厌他。韩信让人讨厌，所以没有机会被推举为小吏。秦朝实行的是乡举里选的公职人员选拔制度，德行不好，让人生厌，自然没有机会被推举出来为吏。

关于韩信的家世，司马迁的记载也就这么多。但是东汉思想家王符在《潜夫论》中指出，战国时期韩国灭亡之后，韩国贵族的后裔大多流落到江淮地区，韩信应该是韩国贵族的后裔，以国为姓。这也就可以解释韩信虽然家贫，但他肯定受到过比较系统的教育，所以熟读兵法的问题。也唯有落魄的贵族子弟，才没有谋生手段。

《漂母舍饭图》（清　任伯年绘）

说韩信有志无行，有四件事情可

以印证。

第一件，据司马迁在《史记·淮阴侯列传》中记载，韩信为布衣时，他的志向就与众不同。司马迁当年去淮阴实地调研时当地人就告诉他，韩信的母亲去世时，家里穷得连安葬费都没有，但韩信却执意坚持选一块高大宽敞的地方作为母亲的墓地，说这是为了将来便于在自己显贵了之后好让坟墓旁可以安置万户人家的陪葬守陵规模。司马迁实地察看了他母亲的坟墓，的确如此。可见，韩信年轻时就有封王列侯的远大志向。

两司马都用了"无行"这样一个词来描述韩信。什么叫"无行"？一种解释就是"无善行"，也就是德行不彰显。但我以为这个解释有点太牵强。还有专家指出"无行"是"放纵不检之谓"，意思就是行为不检点，不能洞察人情世故。为什么这样说韩信？还有两件小事可以印证。一件事是说韩信曾经多次前往当地一个小吏——下乡南昌亭亭长处吃闲饭，接连数月，亭长的妻子嫌恶他，就提前做好早饭，端到内室床上去吃。到了开饭的时候，韩信去了，却不给他准备饭食。韩信终于明白他们的用意。一怒之下，再也不去了。还有一件事也与蹭吃有关。韩信没有谋生手段，就在城下钓鱼，有几位老大娘漂洗棉絮，其中一位大娘看见韩信的饿死鬼样，动了恻隐之心，就拿出自己准备的饭分给韩信吃。十几天都如此，直到漂洗完毕。韩信很高兴，对那位大娘说："我将来一定重重地报答您老人家。"大娘生气地说："大丈夫不能养活自己，我是可怜你这位公子才给你饭吃，难道是希望你报答吗？"

我们常说一句话，叫作人穷志短。韩信没有谋生的本事，为了能吃上饭，逮住一个蹭吃的机会就一直吃下去，直到对方下逐客令。这说明韩信不太懂或者说是不太考虑人情世故，讨人嫌。但韩信又素有大志、自尊心极强，所以吃了亭长老婆的闭门羹之后还很生气。我们都可以想到，一个洗衣物的大妈每天能带多少干粮，大妈于心不忍，与韩信分而食之，韩信呢，一连十几天坦然受之，还觍着脸说日后要回报大妈，难怪要被大妈抢白一番。这么一个到处蹭吃蹭喝的人当然不招人待见，这就使韩信给人造成"无行"的印象。

说韩信"无行"，第四件不得不说的事就是胯下之辱。淮阴屠户中有个年轻人侮辱韩信说："你虽然长得高大，喜欢带刀佩剑，其实是个胆小鬼罢了。"又当众侮辱他说，"你要不怕死，就拿剑刺我；如果怕死，就从我胯下爬过去。"于是韩信掂量了一番，低下身去，趴在地上，从他的胯下爬了过去。满街的人都嘲笑韩信胆小没血性。

《胯下受辱图》（清 钱慧安绘）

韩信真的胆小吗？苏轼在评价张良的时候曾经说，古代的豪杰之士一定有其过人之处，一般人都可能遇到忍无可忍的情况，但如果这时候凭着一腔血性拔剑而起，挺身而斗，这算不上勇敢之举。苏轼说："天下有大勇者，卒然临之而不惊，无故加之而不怒。此其所挟持者甚大，而其志甚远也。"（苏轼《留侯论》）一个有大勇的人，当灾难突然降临的时候，他不会惊慌失措，当有人恶意挑衅的时候，他也不会轻易被激怒，这是因为他是一个有远大志向的人，重任在身，所以能够忍受常人不能忍受的耻辱。苏东坡的这段话是针对张良刺秦的经历而言的，但其实用来解释韩信为什么能接受胯下之辱更恰当。如果韩信拔剑而起会怎么样？那就可能会因杀人而被处死，那么所有的志向就都化为空谈了。但胯下之辱确实对韩信之后的行为产生了影响，给他造成了坏名声，成为韩信格外迫切地追求封王列侯的一块心病。

二、无德无友，乘时微利市井志

　　韩信居功至伟，然而他却有功无德。为什么这么讲？项羽手下的大将钟离眛一直与韩信关系不错。项羽死后，钟离眛就投奔了韩信。刘邦知道钟离眛很能干，记仇，听说他躲藏在楚国，就下诏命令韩信拘捕钟离眛。韩信一开始还算讲义气，庇护着钟离眛。但是，当刘邦突然到楚国边界巡游时，韩信本能地感到狐疑害怕。这个时候有人给韩信出主意说："你只要砍下钟离眛的头去拜谒皇上，皇上一定高兴，那样皇上就不怀疑你了，你的祸患就消除了。"结果韩信真的就逼迫钟离眛自杀，然后带着他的头去见刘邦。这件事韩信办得很缺德。出卖朋友的人是不值得同情的。一个连朋友都会出卖的人结果会怎么样？这就引出我们要评价韩信的第三句话：孤傲无友。

　　韩信确实有才，但他却有点孤芳自赏，顾盼自雄。《资治通鉴》中记载了这样一件事：刘邦把韩信从楚国带回洛阳之后，改封他为淮阴侯。结果韩信感到愤愤不平，羞于和过去自己的老部下周勃、灌婴等列侯为伍。有一次他实在闲得无聊，蹓跶去了舞阳侯樊哙的府上。樊哙仍然以对待楚王和大将军的礼仪跪拜接待，言必自称臣，说："大王您肯来为臣的府上！"意思是感到莫大的荣幸，结果韩信出门之后却自嘲笑着说："生乃与哙等为伍！"（我这辈子居然和樊哙这样的人混在一起了！）韩信无行无德，所以他也没有朋友。好不容易有一个钟离眛还被他杀了。如今被刘邦软禁，已经是虎落平阳，结果还顾盼自雄，自视甚高，所以看史书的记载，发现韩信没有什么朋友。就以他对待樊哙的态度来讲，换位思考一下，谁愿意和这么自我感觉良好又瞧不起别人的人交朋友呢？再说樊哙，我们前边提到过，这是一个有大智慧的人，入关之后劝刘邦不要入咸阳宫，鸿门宴上义正词严震慑项羽，如今看他对待韩信的态度，更可见其为人。两厢对照，韩信的情商远远不如樊哙。韩信孤傲无友，所以当有人举报韩信有谋反嫌疑的时候，不仅自己的伯乐萧何一言不发，不为自己辩白，其他追随自己建立赫赫功勋的那些老部下也没有一个人为韩信辩白，而且过去同在项羽手下一起共过事的老同事陈平还出主意抓捕他。可见，韩信的人缘确实不好。这些人如果出面替韩信在刘邦面前说点好话，刘邦不见得就容不下韩信。

三、有进无退，何能轻举学留侯

韩信恃才自负，而且太执着于功名，有进无退。关于这一点，前人多次指出过。宋代理学家邵雍写诗说："功成能让封王印，世世长为列土侯。"（邵雍《题淮阴侯庙》）假如韩信在功成名就之后主动退让，不要接受封王的大印，那么完全可能世世代代长享列侯。南宋名臣陈亮也指出韩信"以盖世之功，进退无以自明"。明代诗人陈经邦说的更直白："功名盖世威震主，汉家养公如养虎。"功高震主本来就是人主之大忌，如果你还要发牢骚，当然会被君王视为威胁。韩信在登坛拜将之后，刘邦曾经四次夺取韩信的兵权，按理说韩信应该警醒了。

第一次，韩信分兵三万下魏破代，取得一系列胜利，军力增强。刘邦彭城大败后，命人接收韩信的精兵，把这部分精锐部队调到了荥阳前线。

第二次，成皋第二次失守，刘邦只身逃出成皋，假冒汉王的使者，一大早进入韩信的驻地大营，趁着韩信、张耳还没有起床的工夫，直接在韩信的卧房夺取了韩信领兵的印信兵符。刘邦召集韩信的部下，重新做了新的人事安排，刘邦领着这支生力军重新在巩县一带布防，使项羽再无力西进。

第三次，汉四年（公元前 203 年），韩信破齐后自请为假王，刘邦用张良、陈平计封其为齐王，并顺便"征其兵击楚"。

第四次，定陶夺军。汉五年（公元前 202 年），韩信指挥全军消灭项羽后，刘邦又以迅雷不及掩耳之势"袭夺齐王军"。

一而再，再而三被褫夺兵权，但韩信过于自信，一点也没有看到其中的风险。后来他的谋士蒯彻当面直言："夫势在人臣之位而有震主之威，名高天下，窃为足下危之。"可惜韩信仍然执迷不悟。司马迁满怀惋惜之情说："假令韩信学道谦让，不伐己功，不矜其能，则庶几哉！"（《史记·淮阴侯列传》）

四、一饭千金，曾无一语感滕公

韩信虽然无行无德，但他有一样好，那就是知恩图报。被刘邦封为楚王之后，韩信衣锦还乡，立刻召见分给他饭吃的洗衣漂母，赏赐千金。对于让自己受了胯下之辱的年轻人，韩信也没有报复，反而以德报怨，任命他为中尉，还对手下人说："此人也算是一位壮士。当初他侮辱我的时候，我难道不能把他杀了吗？杀了他没有意义，所以我就忍耐了。"

韩信的知恩图报不仅表现在对故人方面。龙且战死之后，项羽派武涉劝韩信自立为王，结果韩信说出的最重要的理由居然是："汉王授我上将军印，予我数万众，解衣衣我，推食食我，言听计用，故吾得以至于此。夫人深亲信我，我倍之不祥；虽死不易！幸为信谢项王。"（《资治

《漂母饭信图》（清 黄慎绘）

通鉴》卷十）韩信说汉王不仅信任我，委以重任，而且关怀备至。他感觉冷了就脱下自己的衣服给我穿，他感觉饿了就推过他的食物让我吃，并且对我言听计从，所以我才能达到今天这个地位。人家如此亲近、信任我，我背叛人家是不吉利的。我即使死了也不会改变跟定汉王的主意！望您替我向项王致歉。知恩图报是一种美德。韩信这样做，显得很有人情味儿。

但是，我们知道，韩信的第一伯乐是滕公夏侯婴。可是，翻遍史书，我们没有看到韩信对夏侯婴有一星半点知恩图报的言行举止。这就很让人感到不可思议。

而且，这么一个志向远大、功勋卓著、锐意进取、知恩图报的"无双国士"，却招致刘邦深深的忌惮，并且最终为吕后所杀。韩信究竟又干了哪些让刘邦忌惮的事情呢？

五、自矜功伐，以士君子之心望于人

韩信有四件事情干得很不妥。

第一件，邀功杀郦。

《资治通鉴》记载，汉高帝三年，韩信领兵准备攻打齐国的时候，尚未从平原渡口渡过黄河，就听说郦食其已经劝说得齐国归降了，便想停止前进。辩士蒯彻劝韩信不要在乎郦食其的生死，放手建功立业。韩信觉得蒯彻的话言之有理，当即率军渡过黄河突袭齐国的历下军。结果齐王田广和相国田横恼羞成怒，把郦食其烹杀了。

韩信的行动直接导致了郦食其的惨死。郦食其原来只是陈留一个家贫落魄的看门人，乡里人都称他为狂生，用今天的话来说是一位名副其实的老炮，号称高阳酒徒，六十多岁才毛遂自荐加入刘邦阵营，多次为刘邦出谋划策、出使诸侯，是刘邦很倚重的说客，很有功劳。

后世学者甚至说假如郦食其能够充分发挥自己的才能，刘邦就不仅有三杰了，汉初三杰将增为四杰。王夫之认为，韩信起了贪功之心，接受了蒯彻的建议，快速突击击溃已经投降的齐军，是导致郦食其惨死的罪魁祸首。韩信此举也导致了齐军喋血盈野，齐国田氏宗室被灭，不可谓不惨。究其根本，都是因为韩信动了贪功之念。王夫之指出，贪功只是一念之间的事，但是导致的结果却是血流成河。王夫之毫不客气地痛斥说："然则贪功而毒人，亦自雠其项领而速之斩也。悲哉！愚不可瘳已。"（王夫之《读通鉴论》）那些因为贪功而残害别人的人，实际上也就是跟自己为仇并且伸长脖子等着马上挨刀。可悲啊！这就是愚蠢透顶不可救药了。王夫之的看法是就道德伦理而言。如果从政治军事上来讲，正如韩信对刘邦所言，齐人伪诈多变，反复无常，从根本上解决这一隐患无疑是最正确的选择。只是可惜牺牲了郦食其。郦食其虽已惨死，但他的弟弟郦商还在，而且深得吕后看重。韩信最后死于吕后之手，吕后未尝没有替郦商出气的动机。对韩信而言，也算是报应吧。

第二件，请封齐王。

刘邦与项羽在广武对峙期间，韩信斩杀龙且。平定了齐国之后，韩信派人向汉王上书说："齐国伪诈多变，是个反复无常的国家，且它又南临楚国。请允许我暂时代理齐王镇抚齐国。"刘邦打开书信一看，即大发雷霆，骂道："我被困在这里，朝思暮想地盼你来协助我，你却想要自立为王！"张良、陈平连忙暗踩刘邦的脚，接着就凑到他的耳边低声说："汉军目前正处在不利的形势中，难道还能禁止韩信自立为王吗！还不如趁势立他为齐王，好好地对待他，让他自行镇守齐国。不然的话，就可能会发生兵变。"刘邦这时也醒悟过来，随即又改口骂道："大丈夫平定了诸侯国，就是真正的诸侯王，何必要当个代理国王呢！"（"大丈夫定诸侯，即为真王耳，何以假为！"）这就是刘邦的过人之处，能够随机应变。反过来看韩信，讨封很不明智。后世很多人都指出这一点，正如大思想家王夫之所言："*信幸破齐以自请王齐，而未央之诛已伏于此。*"（王夫之《读通鉴论》）韩信攻破齐国之后自己请封齐王，这就为最后被杀于未央宫埋下了隐患。清人王鸣盛在《十七史商榷》中也点明"韩信自请立为假齐王，已种下被杀的祸根"。渴望进取按说不是什么坏事，但过于执着于功名就不太好了。王夫之就指出，韩信的云梦之俘，未央之斩，祸患在他请封齐王之日就已经埋下，而欲念却在当年登坛拜将之数语。王夫之说："*刀械发于志欲之妄动，未有爽焉者也。*"很多兵戎相见的悲剧都萌生于欲念妄动之时，这几乎是屡试不爽的教训啊！韩信当年在"汉中对"时对刘邦说："*以天下城邑封功臣，何所不服。*"王夫之说为人主者可有是心，而臣子且不可有是语。更何况即便是人主也不能一味靠封官许愿笼络人心啊！

第三件，消极观战。

鸿沟盟约之后，刘邦撕毁盟约，与彭越、韩信约定一起乘胜追击攻打项羽。刘邦率部尾随追击项羽，彭越和韩信都没有按照约定前来，结果刘邦又被项羽打败。韩信、彭越尾大不掉不听指挥，刘邦请教张良该怎么办？张良告诉刘邦，这两个人不见兔子不撒鹰，你只要把分封给他们的具体地方都说明白，他们立马就会领兵前来。刘邦马上按照张良的意思分封彭越和韩信，专门按照韩信的意图把楚地分封给他，结果这俩人立马出工出力，项羽就此走上绝路。对于韩信大敌当前消极观战，邀功要赏之事，司马光就指出："*当是之时，高祖固有取信之心矣，顾力不能耳。*"（《资治通鉴》卷十一）这个时候刘邦实际上已经有了杀韩信之心，只不过是力不能及罢了。

第四件，言行不检。

刘邦称帝之后，韩信被剥夺兵权，回到楚国就任楚王。然而他却不懂得韬光养晦，言行不检点，授人口实。《资治通鉴》中记载了两件韩信在楚国所做的事。一件就是庇护钟离眜；另一件就是讲排场。《资治通鉴》记载了这样一句话："信初之国，行县邑，陈兵出入。"（《资治通鉴》卷十一）这件事是说韩信在他的封国，巡视所辖县邑，出入都要调动军队作为自己的护卫仪仗队。我们知道，诸侯国的军队归中央直接管辖，诸侯国的国君是无权调动军队的，韩信犯了大忌。被人举报谋反之后，刘邦采纳陈平的建议，以巡游的方式擒获韩信。谋反查无实据，但刘邦以此为借口，剥夺了他的王位，改封为淮阴侯，并把他软禁在长安，不许去封地。

然而，这个时候的韩信仍然没有吸取教训。《资治通鉴》记载说："信知汉王畏恶其能，多称病，不朝从；居常鞅鞅，羞与绛、灌等列。"（《资治通鉴》卷十一）韩信只知道刘邦害怕并厌恶他的才能，于是就多次声称有病，不参加朝见和随侍出行。平日在家总是快快不乐，并且耻于和曾经的部下绛侯周勃、将军灌婴这样的人处于同等地位。我们知道，在此期间，刘邦亲征匈奴，身处险境，在白登山被围七天七夜。如果有韩信在身边，刘邦可能不至于这么狼狈。然而韩信仍然在闹情绪，以至于刘邦问他："像我这个样能率领多少兵呀？"韩信说："陛下不过能带十万兵。"高帝说："你呢？"韩信道："臣多多而益善耳。"高帝笑着说："越多越好，为什么却被我捉住了呀？"韩信说："陛下虽不能带兵却善于驾驭将领，这就是我所以被陛下逮住的原因了。何况陛下的才能，是人们所说的'此为上天赐予的，而不是人力能够取得的'啊。"这番对话固然显示了韩信的自信，但身处如此地位还肉烂嘴不烂，韩信的这个回答让人无语。

韩信如此执迷不悟，很快就大祸临头了。而这一切，与他的一位老部下陈豨有关。

陈豨是韩信的老部下，被任命统领赵国和代国的军队之后，他前去面见韩信辞行。韩信握着他的手，屏退左右随从，与他在庭院中散步，忽然仰天叹息道："能和你说几句掏心窝子的话吗？"陈豨说："将军您就下指示吧，我都听从。"韩信说："公之所居，天下精兵处也；而公，陛下之信幸臣也。人言公之畔，陛下必不信；再至，陛下乃疑矣；三至，必怒而自将。吾为公从中起，天下可图也。"（《资治通鉴》卷十二）"你所处的地位，集中了天下精兵；而你，又是陛下宠信的大臣。如果有人说你反叛，陛下肯定不信；然而再有人说，陛下就会起疑心；等到第三次有人说，陛下必定会愤怒地亲自率军来攻打你。到那时请让我为你做个内应，那么天下就可以谋取了。"

陈豨叛乱之后，韩信假称有病，没有随从刘邦出兵。结果韩信手下舍人的弟弟上书举报韩信打算谋反。吕后得到消息之后便与相国萧何商议，假称陈豨叛乱已经平定，按照规定，太子要召见列侯及群臣举行贺礼。萧何又欺骗韩信说："你虽然病了，也应当强挺着来道贺。"韩信来到朝廷，吕后便派武士将他捆绑起来，在长乐宫钟室里斩首了。韩信在斩首之前，叹息说："我真后悔没用蒯彻的计策，竟上了小孩子、妇人的当，这难道不是天意吗！"吕后随后下令将韩信三族都连坐杀死。韩信就这么死了。后人说韩信一生的成败得失源于"生死一知己，存亡两妇人"。漂母给他饭吃，吕后要了他的命。萧何月下追韩信，登坛拜将，也是萧何把他骗进未央宫殒命，这就是所谓"成也萧何，败也萧何"。

韩信死后，刘邦的态度是什么？刘邦听说韩信的死讯之后，"且喜且怜之"。《资治通鉴》研究专家胡三省认为："喜者，喜除其逼；怜者，怜其功大。"高兴的原因在于，韩信的存在对刘邦而言始终是一个威胁，刘邦时时有如芒在背的被逼迫感觉，现在终于不用担心了；可怜的是韩信功劳确实太大，韩信确实是难得的军事奇才。

对待功臣，刘邦曾经有功人功狗论。刘邦说萧何是功人，那么韩信在刘邦眼里究竟是功人还是功狗呢？

　　我以为在刘邦眼里，韩信算是最大的功狗而已，而且还是一条不太听话的功狗。韩信真的有谋反的嫌疑吗？恐怕是子虚乌有的事。但韩信不知进退、牢骚满腹却是不争的事实。司马迁对韩信之死充满了同情，为他写传不用其名，而名之曰《淮阴侯列传》，我们知道，司马迁给信陵君作传的时候也不像对待战国其他三公子那样直书其名，而名之曰《魏公子列传》，在司马迁看来，这两个人都是"无双国士"。司马迁认为，假如韩信能够学习道家的谦让之道，不居功自傲，不自以为是，那么没准还能善始善终。那样一

（明）谢时臣所绘《四杰四景图》之《王孙一饭图》轴（〔日〕静嘉堂文库藏）

来，以他对汉王朝的功勋，将来他的历史地位可以和西周时期的开国元勋周公、召公和姜太公相提并论，后世永享祭祀。韩信不这么做，天下大局已定，却图谋造反，招致灭族之祸，不也是咎由自取吗！司马光则在《资治通鉴》中一针见血地指出："**信以市井之志利其身，而以士君子之心望于人，不亦难哉！**"（《资治通鉴》卷十二）司马光说，抓住机会谋取利益，那只是市井小人的志向；建功立业报答知遇之恩，是讲究操守的士人君子的胸怀。韩信用市井小人的志向为自己谋取利

益，而要求他人用君子的胸怀回报自己，这不是太难了吗！

　　臣光曰：世或以韩信为首建大策，与高祖起汉中，定三秦，遂分兵以北，禽魏，取代，仆赵，胁燕，东击齐而有之，南灭楚垓下，汉之所以得天下者，大抵皆信之功也。观其距蒯彻之说，迎高祖于陈，岂有反心哉！良由失职怏怏，遂陷悖逆。夫以卢绾里闬旧恩，犹南面王燕，信乃以列侯奉朝请，岂非高祖亦有负于信哉！臣以为高祖用诈谋禽信于陈，言负则有之；虽然，信亦有以取之也。始，汉与楚相距荥阳，信灭齐，不还报而自王；其后汉追楚至固陵，与信期共攻楚而信不至。当是之时，高祖固有取信之心矣，顾力不能耳。及天下已定，则信复何恃哉！夫乘时以徼利者，市井之志也；酬功而报德者，士君子之心也。信以市井之志利其身，而以士君子之心望于人，不亦难哉！是故太史公论之曰："假令韩信学道谦让，不伐己功，不矜其能，则庶几哉！于汉家勋，可以比周、召、太公之徒，后世血食矣！不务出此，而天下已集，乃谋畔逆；夷灭宗族，不亦宜乎！"（《资治通鉴》卷十二）

　　客观地说，韩信招致灭族之祸的几件事并没有多恶劣，一个三十出头的年轻人在挫折面前发发牢骚，按说没有什么大不了的，但这只是按照常人的标准而言。韩信已经是功勋卓著的王侯，我们常说地位越高责任越大，对其言行的要求越严格甚至严厉。韩信的所作所为即便没有谋反的确凿证据，伉不妥是肯定的。所以，我们也没有必要苛责刘邦。刘邦之与韩信，恰是风云际会的雄猜之主遇上了不知进退的难驭之将，各自的站位不同所致，不能单方面怪罪一人。
　　那么，汉初三杰的另两位又有什么样的人生际遇呢？

第二十二讲

帝师张良：谋圣谋国亦谋身

　　在中国古代，帝师就是帝王的"政治军师"，以辅佐帝王打天下或者守天下为职责，这是一个许多人都很羡慕并且津津乐道的职业。刘邦将张良列为三杰之首，后世誉之为"谋圣"，是最成功的帝师。汉高祖刘邦在南宫论治的时候评价他说："夫运筹策帷幄之中，决胜千里之外，吾不如子房。"说明刘邦非常认可张良。张良可以说是历代帝王梦寐以求的智谋之士，因为他具备极其敏锐的洞察人心和时局的能力。

　　张良的一生经历了由侠士到谋士再到超脱智士的三次转型，堪称传奇。

一、豪气冲天，天涯更有莽男儿

　　我们先说说他的第一个身份——豪气冲天的侠义之士。

　　张良出身于韩国贵族世家，姬姓，他的父、祖在韩国五世为相，是五代韩国国君的相国。张良的故里应该是今河南宝丰东的城父。年轻时的张良曾经在今天的河南省淮阳学习儒家的礼学，长得"状貌如妇人好女"，用今天的话来说就是一枚温文尔雅的小鲜肉，但他却有一颗儒家"虽千万人吾往矣"的立志复仇的执着心。韩国被秦灭之后，张良刚刚成年，他连自己的弟弟去世都顾不上安葬，毁家纾难，把家里的三百仆人都遣散了，散尽千金家财，一心一意策划如何报国破家亡之仇。张良寻访到一位江湖侠士沧海君，得到一位可以为他刺杀秦始皇的大力士，然后打造了一柄一百二十斤重的大铁椎，静候秦始皇的到来。公元前 218 年，秦始皇称帝之后第三次出巡，当秦始皇车队驰行至河南阳武博浪沙时，预先埋伏在那里的力士突然袭击了秦始皇的车驾，可惜击中的是秦始皇的副车。秦始皇安然无恙，但勃然大怒，下令在全国大规模搜捕十天，居然一无所获。可见张良策划之周密。虽然刺杀未遂，但张良此举的的确确凸显了他年轻时那种一往无前的侠士气度。这件事的影响非常大，清代诗人潘业《博浪椎图》七绝诗说："孺子报韩志已奇，天涯更有莽男儿。纵然不尽祖龙寿，也是从来第一椎。"（《听雪山房诗文集》）高度评价了"第一椎"在反秦斗争中"敢为天下先"的重要影响。后人对张良的这种做法评判不一。现代军阀张作霖崇敬张良，特意为长子起名张学良，字汉卿，希望自己器重的长子能学习汉之张良，像张良一样有智慧。张学良后来为了民族大义，身体力行效法张良刺秦的精神。张学良后来自己写诗说："人言张汉卿，不合名学良。我惯冒险性，刻意学张良。兵谏华清池，何殊椎博浪。"这算是张良刺秦对后人的实实在在的影响之一了。但对张良此种意图用极端主义手段解决问题的方法，后世也有很多人不赞同。大才子苏轼在其名篇《留侯论》中就指出："子房不忍忿忿之心，以匹夫之力而逞于一击之间；当此之时，子房之不死者，其间不能容发，盖亦已危矣。"（苏轼《留侯论》）苏轼认为张良有"盖世之才"，却逞匹夫之勇，孤注一掷，意气用事，最后虽然侥幸逃过一劫，但这样做实在是危险之至，不值得。

张良隐居下邳仍然以乐善好施、结交豪侠而闻名。项伯犯罪后逃到下邳，就得到了张良的帮助。所以，"任侠"是青年张良一个鲜明的形象符号。博浪沙刺秦时的张良应该时年三十三岁。

二、孺子可教，一卷兵书作帝师

促使张良从一个"以身弑秦的任侠"莽男儿转型为运筹帷幄的谋略之士的，是一位圯上老人。这又是一个传奇故事。

博浪沙椎击秦始皇未遂之后，张良隐匿在下邳一带。这个地方在今天江苏省邳县南古伾镇东，这里当时地处南北要冲，人口流动频繁，便于隐匿。张良就此改姓更名，隐居在下邳。有一天，张良徜徉于下邳圯桥上，有一个穿着粗布衣裳的老人，走到张良跟前，故意把他的鞋甩到桥下，看着张良对他说："小子，下去把鞋捡上来！"张良有些惊讶，想出手教训他，转念见他年老，勉强地忍了下来，下去替老人捡了鞋。老人又说："给我把鞋穿上！"张良一想既然已经替他把鞋捡了上来，就好事做到底，跪着替他穿上。老人把脚伸出来穿上鞋，笑着离去了。张良十分惊讶。老人离开了约有一里路，又返回来，说："孺子可教。五天以后天刚亮时，跟我在这里相会。"张良觉得这件事很奇怪，跪下来说："嗯。"五天后的拂晓，张良去赴约。老人已先在那里，生气地说："跟老年人约会，反而后到，为什么呢？"老人离去，并说："五天以后早早来会面。"五天后鸡一叫，张良就去了。结果老人又先在那里，又生气地说："又来晚了，这是为什么？"老人离开说："五天后再早点儿来。"五天后，张良不到半夜就去了。过了一会儿，老人才来，高兴地说："这就对啦！"老人拿出一部书，说："读了这部书就可以做帝王的老师了。你十年以后就会发迹。十三年后小伙子你到济北见我，谷城山下的黄石就是我。"说完便走了，没有别的话留下，张良从此再也没有见到这位老人。天明时一看老人送的书，原来是《太公兵法》。这就是张良纳履受书的典故。

名为黄石公的圯上老人想必也是一位隐士，苏轼说黄石公发现张良有盖世之才，可是他不去做伊尹、姜尚那样深谋远虑之事，反而只学荆轲、聂政行刺的下策，因为侥幸所以没有死掉，这必定是圯上老人为他深深感到惋惜的地方。所以老人故意用傲慢无理的态度和蛮不讲理的行为折辱他，他如果能忍受得住，方可以成就大功业。张良经受住了考验，所以到最后，老人说："孺子可教矣。"

《太公兵法》据学者研究，应该就是现存宋代刻本《武经七书》中的《黄石公三略》，讲的是兵家道家的谋略。张良觉得这部书非同寻常，经常研读修习，儒道精髓融会贯通，人生境界大为提升。唐代诗人崔涂写诗歌颂张良的这段传奇经历："偶成汉室千年业，只读圯桥一卷书。"（崔涂《读留侯传》）唐代名臣权德舆也说："今日汉庭求上略，留侯自有一编书。"（权德舆《送张仆射朝见毕归镇》）唐人温家筠说得更直接："留侯功业何容易，一卷兵书作帝师。"（温家筠《简同志》）诗人们都高度评价了圯上黄石公赠书对张良的影响。

司马迁好记奇人奇事，所以在《史记·留侯世家》中详细记载了这个传奇故事。司马光写《资治通鉴》极为严谨，所以他只简单记载张良五世相韩，博浪沙一椎刺秦；然后司马光详细记载了张良起兵辅佐刘邦的历史。

三、运筹帷幄，幕下复用张子房

张良的第二个身份——运筹帷幄的谋略之士。

《资治通鉴》记载，陈胜义军失败之后，景驹被拥立为楚王，驻扎在陈留。这个时候的张良也拉起一支百十来人的队伍，准备去投奔景驹，结果在去陈留的路上遇到了刘邦，于是就归属了他，刘邦授给张良掌厩将之职。一心为韩国复仇的张良为什么会归属刘邦？《资治通鉴》记载说，张良多次用《太公兵法》的道理向刘邦献策，刘邦很赏识他，常常采用他的计策。张良向其他人讲述《太公兵法》，那些人都不能领悟。张良因此说道："沛公大概就是所谓的天赋之才吧！"（"沛公殆天授！"）于是便留下来不再他往。

张良不仅容貌俊美，而且身体也像林黛玉一样体弱多病，未曾独自领兵打仗，而是经常以出谋划策的谋臣身份，时时跟随在刘邦身边。那么，在刘邦与项羽的楚汉相争过程中，张良都作了哪些贡献呢？

张良在楚汉相争过程中的贡献主要体现在以下三个方面。

第一，关键时刻，指点迷津。

作为刘邦的高级参谋，张良总能在关键时候给刘邦指点迷津，提出解决问题的方案。但在一心一意为刘邦服务的同时，他首先解决了一个两难问题。

张良虽然愿意为刘邦效力，但是他的心中还存着复兴韩国的故国情怀。项梁在薛地拥立楚怀王之后，张良趁机劝说项梁同意立韩成为韩王。项梁接受了张良的建议，派张良去寻找韩成并立为韩王，项梁还任命张良为韩国的司徒。张良让韩王成与刘邦结为盟友关系，这样张良就两头兼顾了。此后随着战争的深化，韩王成逐渐成了刘邦的附庸。张良圆了复国梦，从此一心一意为刘邦服务。

张良为刘邦的顺利入关中起到了决定性的作用。楚怀王确立了"先入关中者为王"的政策后，刘邦被委以入关的重任。但是其他各路人马也虎视眈眈。为了避开重兵把守的函谷关，刘邦决定绕道南阳从武关进入关中。南阳郡守坚守宛城，刘邦就想绕过宛城快速通过。张良赶紧劝止，说："您虽然想要尽快入关，但是目前秦军尚兵多势众，且又据险顽抗，倘若现在不攻下宛城，一旦宛城守敌从背后夹击，前面又有强大的秦军阻挡，将是很危险的！"建议刘邦佯装撤军，然后又连夜率军抄小道返回，将宛城重重围住。大军撤而复回，宛城郡守失去斗志，他的舍人陈恢面见刘邦，刘邦接受了陈恢的建议，南阳郡守举城投降，被刘邦封为殷侯。此后刘邦率军西进，所过城邑望风而降，刘邦命令军队所过之处不得掳掠，秦民皆喜。

刘邦入关中的最后一个障碍就是峣关。刘邦就想强攻。张良说："秦军还挺强大的，不可轻视。希望您先派人上山去多多张挂旗帜，作为疑兵，再命郦食其、陆贾前往游说秦朝将领，对他们加以利诱。"秦将果然想与刘邦的军队联合。刘邦打算准许他们联合的请求。张良又说："这还只是那些将领想要反叛秦朝，恐怕他们的士兵还不会服从。不如就乘着秦军麻痹大意时攻击他们。"刘邦于是领兵袭击秦军，在蓝田的南面大败秦军。接连两战，秦军土崩瓦解。刘邦得以最先入关中。

进入咸阳后刘邦想留在咸阳秦宫享受。樊哙劝他不听。张良说："秦朝因为不施行仁政，所以您才能够来到这里。而为天下人铲除残民之贼，应如同丧服在身，把抚慰人民作为根本。现在刚刚进入秦的都城，就要安享其乐，这即是人们所说的'助桀为虐'了。况且忠言逆耳利于行，良药苦口利于病，望您能听取樊哙的劝告！"刘邦于是率军返回霸上。说明这个时候的刘邦对张良确实是言听计从。

鸿沟议和之后，张良和陈平力主刘邦乘胜追击，这才加速了项羽的败亡，这也可以说是在关键时刻为刘邦指点迷津。

第二，力挽狂澜，化险为夷。

刘邦入关之后听信别人的意见，封锁函谷关，等于和项羽公开亮剑了。项羽一怒之下要攻打刘邦。危难时刻，张良的人脉救了刘邦。项伯连夜给张良通风报信，然后张良陪着刘邦赴鸿门宴。鸿门宴的具体情节大家都知道，我们前面也专门分析过。我们要强调的是，张良才是鸿门宴整个进程的掌控者。没有张良，就没有鸿门宴这一出，刘邦连向项羽申诉的机会也没有；鸿门宴陷入僵局，是张良让樊哙闯进去，一番慷慨激昂的话，说得项羽哑口无言，局面就此缓和；刘邦从鸿门宴借口逃脱，又是张良善后，他告诉项羽："沛公禁不起酒力，无法来告辞，谨派臣张良捧上白璧一双，以连拜两次的隆重礼节敬献给将军您。"项羽说："沛公现在哪里呀？"张良道："他听说您有要责备他的意思，便抽身独自离去，现在已经回到军中了。"项羽就接受了白璧，放到座席上。刘邦就此躲过一劫。

鸿门宴固然惊心动魄，而劝刘邦及时加封韩信也可以说是又一次力挽狂澜。韩信讨封，刘邦觉得韩信有乘人之危之嫌，刚要拒绝，张良和陈平赶紧从后面拽刘邦的脚，刘邦马上醒悟，同意加封韩信为齐王。加封韩信为齐王，避免了韩信倒戈的最坏情况的发生，化险为夷。

只不过，这次可谓于无声处听惊雷。

项羽戏亭分封，张良又积极联络贿赂项伯，为刘邦要到汉中的封地，使刘邦再入关中有了跳板。刘邦去南郑就封，张良又建议刘邦烧掉子午栈道，以此迷惑项羽。这都是张良的功劳。

刘邦重入关中，张良写信给项羽说："汉王失去应得的封职，想要得到关中，只要实现先前的约定就会停止作战，不敢东进了。"接着又把齐国田荣、梁地彭越反叛楚国的文书送给项王，说："齐国想要同赵国一起灭掉楚国。"项羽于是因此无西进之意，而向北去攻打齐国。

这里有一个问题我们要交代一下，项羽为什么对张良的话深信不疑？我们要知道，项羽出身于楚国将军世家，张良出身于韩国相国世家，他们都是六国贵族后裔，都有共同的出身背景；项羽和张良一样身负国恨家仇，都有为先人复仇的共同愿望；此外，项羽和张良一样，都是有血性之人，张良博浪沙刺秦举世皆知，项羽对张良可谓是惺惺相惜。所以张良的话项羽自然深信不疑。

四、深谋远虑，控御天下汉业崇

第三，运筹帷幄，明确战略。

张良的运筹帷幄，集中表现在他为刘邦所做的三大战略规划上。

第一次，下邑画策。

刘邦统率五十六万诸侯军，被项羽三万精兵突袭大败，刘邦一路狼狈奔逃，一直到下邑才安定下来。刘邦问群臣说："我想舍弃函谷关以东地区作为封赏，你们看有谁可以与我共同建功立业呀？"张良道："九江王黥布，是楚国的一员猛将，他同项王之间有些隔阂；另外彭越正联合齐王田荣在梁地起兵反楚。这两个人可以立即使用。再就是汉王您的将领中，唯有韩信可以托付大事，独当一面。如果您要把关东的地方作为赏地，赏给这三个人，楚国即可以打败了！"这就是下邑画策的核心内容。

下邑画策是一次战略总体规划决策，这一战略建立在对敌、我、友三方力量分析的基础上，强调运用间敌与统战策略，四方合力，使项羽四面受敌，最终彻底歼灭项羽。张良提出，第一步要策反黥布，这样既削弱了项氏集团，又建立起汉军的南翼战线，使项羽的大后方受到威胁。第二步要拉拢彭越，彭越是摇摆不定的中间势力，彭越所处的梁地是项羽的心脏地带，彭越归汉，可以破坏项羽的后勤保障，使项羽腹背受敌，疲于奔命。第三步要放手重用韩信，开辟北翼第二战场，韩信有独当一面的统帅之才，这样既是人尽其才，更主要的是北翼战场才是决定双方实力此消彼长的关键所在。第四步，刘邦自己正面狙敌，牵制项羽，只要守住荥阳、成皋一线，项羽就不能踏入函谷关半步，最终项羽必然力竭兵疲，走投无路。事实证明，楚汉相争正是完全按照张良的下邑画策进行的，显示了张良的远见卓识。

第二次，借箸代筹。

刘邦手下谋臣很多，张良之外，郦食其、陈平、随何、陆贾等人都能各尽其能。张良属于战略规划者，其他谋士献计，凡可行者，刘邦依计而行，张良并不争功。众人思虑不及或有误，张良则亲自出面，谏阻刘邦。这其中最突出的就是借箸代筹，阻止刘邦接受郦食其的分封建议。

楚汉战争期间，汉三年春夏，项羽急攻荥阳，刘邦力怯难支。这时郦食其提出分立六国之后以树党援的建议。刘邦认为可行，命人刻制诸侯大印，准备命郦食其去实施。大印已经刻好，张良从外面回来谒见刘邦。刘邦当时正在吃饭，说道："子房，你快过来！宾客中有人为我策划了削弱楚国实力的计策。"随即把郦食其的建议告诉了张良，说："你看怎么样呀？"张良道："谁为陛下谋划了这个计策？陛下统一天下的大事要完了！"汉王说："这话从何说起呢？"张良答道："我请求借用您面前的筷子，来为您指划一下目前的形势。"张良一口气提出了不能分封的八条理由，核心观点就是分封已经不适应当前的形势。张良最后说："如若大王真的采用了那位宾客的计策，那么统一天下的大事可就真的完了！"汉王听了这番话后饭也不吃了，吐出口中的食物，骂道："这个书呆子几乎坏了老子的大事！"（"竖儒几败而公事！"）立即下令赶快销毁那些印玺。为了说清楚自己的观点，张良每说出一条理由，就拿出一根筷子，八条理由就集成了八根筷子，八根筷子放在一起，非常形象地展示出了刘邦如果分封即将面对的困难局面。所以刘邦立刻便明白了此中的利害关系。"借箸代筹"这一成语典故后世成了为帝王扶危济困、筹划良策的代名词。

张良这个时候已经走出了自己的复国情结。他已经看出来，天下大势在于统一，分封思想和做法都已经落伍了。在《资治通鉴》中，司马光专门引用了荀悦的观点评论这件事。荀子在详细分析了楚汉相争过程中诸侯王的封与不封的利弊得失和效应之后，指出："故曰：权不可豫设，变不可先图；与时迁移，应物变化，设策之机也。"（《资治通鉴》卷十）荀子总结说，应事的权宜机变是不能够预先设计的，事态已经发生变化是不能够事先做好谋划应对的；与时俱进，因时制宜，是制定策略的关键。

第三次，定都长安。

刘邦称帝之后，一开始准备定都洛阳。结果齐人娄敬面见刘邦，娄敬告诉刘邦，关中才是定都的形胜之地。但是包括刘邦在内的功臣集团都是关东人氏，他们都想离家近些。刘邦和项羽一样，也搞不清楚其中的利害关系。所以他对娄敬的说辞将信将疑。关键时候，他又问计张良。张良说："洛阳虽然有这样稳固的地势，但它的中心地区狭小，方圆不过几百里，田地贫瘠，四面受敌，因此这里不是用武之地。而关中地区东有崤山、函谷关，西有陇山、蜀地的岷山，沃野千里，南有巴、蜀的富饶资源，北有胡地草场畜牧的地利。倚仗三面险要的地形防守，只用东方一面来控制诸侯。倘若诸侯安定，即可通过黄河、渭河水路转运天下的粮食，西上供给京都；如若诸侯发生变故，也可顺流而下，足够用以转运物资。这就是所谓的坚固的城墙千里之长，富庶的天然府库之国啊。娄敬的建议是对的。"刘邦当即决定定都关中，营建长安。

五、明哲保身，雍容进退真隐士

刘邦称帝之后，张良开始了自己人生的第三次转型，这就是张良的第三个身份——超脱俗务的大隐之士。

张良本来就体弱多病，追随刘邦定都关中之后，开始按照道家的做法静养辟谷，不吃粮食，闭门不出，杜绝应酬。张良自己说："我家的人世代做韩国的相国，及至韩国灭亡，我不吝惜万金资财，为韩国向强大的秦王朝报仇，使天下震动。如今凭借三寸之舌成为帝王师，被封为万户侯，这已是一个平民所能享有的最高待遇了，对我来说足够啦。我只盼着抛开人间俗事，追随仙人赤松子去云游罢了。"

张良"成功不居"，急流勇退，这显示出了他极高的智慧。对于张良的做法，司马光专门写了"臣光曰"加以评论。司马光认为，以张良的智慧，他绝对不会迷信道家的所谓长生不老之术。司马光指出，功成名就之际，正是为臣者最难以自处之时。"故子房托于神仙，遗弃人间，等功名于外物，置荣利而不顾，所谓'明哲保身'者，子房有焉。"（《资治通鉴》卷十一）张良借口迷上了成仙之事，不屑于人间琐事，视功名如同身外之物，把荣誉利禄弃置不顾，司马光说，所谓"明哲保身"者，张良即是个榜样。

但是，也有人不赞同司马光的看法。王夫之就认为，明哲保身不足以概括张良的处世哲学。王夫之认为，张良的志向与众不同，他是压根儿就不为功名所累。王夫之说："视汉之爵禄为鸿毛，而非其所志。忠臣孝子青天皎日之心，不知有荣辱，不知有利害，岂尝逆亿信之必夷、越之必醢，而屑以全身哉！"张良是视汉朝的爵禄如鸿毛的人。功名利禄不是他平生追求的志向。张良的忠臣孝子之心犹如青天白日一样光明磊落，在他的眼里，没有所谓的荣辱利害诸多牵绊，他又如何能事先得知韩信被灭族，彭越身受醢刑被做成肉酱，因而想出明哲保身的计策呢！张良心地坦荡，刘邦也深知其志向坚贞心地纯洁，所以把教导太子的重任交给张良，而且对他始终没有猜忌加害之心。

尽管张良不喜欢功名利禄，刘邦分封功臣，却给了张良超越其他所有功臣的待遇，让他自己选择齐地三万户作为封地。张良说："当初，我在下邳起兵，与陛下在留地相会，这是上天把我授给陛下。此后陛下采用我的计策，幸好有时能获得成功。我希望封得留地就足够了，不敢承受三万户的封地。"刘邦于是便封张良为留侯。

古人说，大隐隐于朝，小隐隐于野。张良选择的就是大隐。选择大隐，就不可能完全超脱于朝局之外。所以，每到朝中出现问题的时候，张良还是要出手的。比如刘邦分封不及时，臣子们开始不安的时候，张良劝刘邦及时分封自己最痛恨的雍齿为侯，起到了安定人心的作用。当刘邦动了更换太子的心思之后，又是张良为太子出主意请到商山四皓，断绝了刘邦换太子的念头。

张良始终以超脱的帝师形象出现于刘邦面前，所以，他与刘邦是一种亦师亦友的关系。有学者就指出，刘邦一生最喜狎侮，又多猜忌，唯独对待留侯则自始至终无敢失礼，也没有猜忌之心，这不仅仅是张良谋略超群的缘故。张良是后世人艳羡的对象，但张良不是谁想学就能学得来的。所以司马迁说张良："无智名，无勇功，图难于易，为大于细。"

张良是后世可望不可即的一个典范。宋代的唐荐用"雍容进退"来形容张良的退隐。南宋人罗大经在其名著《鹤林玉露》中说："张子房盖侠士之知义、策士之知几者，要非儒也。故早年颇似荆轲，晚岁颇似鲁仲连。得老氏不敢为天下先之术，不代大匠斫，故不伤手，善于打乖。"要之，张良是真聪明，大智慧。

那么，三杰之中萧何的命运又如何呢？

第二十三讲

相国萧何：岂得虚当第一功

　　萧何是中国古代著名的贤相良辅，是刘邦钦点的汉初鼎定天下的"三杰"之一，论功勋定名位两次高居榜首。《资治通鉴》中主要记载了萧何的行政作为，《史记·萧相国世家》则着重记载了刘邦与萧何二人的君臣际遇。关于萧何的记载最能体现司马光和司马迁不一样的史观。那么，萧何对刘邦而言究竟起了什么作用？萧何都建立了哪些功勋？萧何与刘邦君臣二人究竟发生了哪些摩擦？史学两司马对萧何究竟如何评价？

汉初是典型的"布衣将相之局"，包括刘邦自己，都出身于社会底层。相比较而言，萧何的出身算是最高的了。萧何出身于县吏，任沛县的主吏掾，就是主管人事的县级官吏。萧何是一位非常优秀的地方官吏，以"文无害"著称。所谓"文无害"是说他精通吏事，通晓法令，办事周密。自从沛县起兵以来，萧何一直负责刘邦的后勤保障工作，刘邦称汉王之后，萧何不仅负责刘邦的后勤保障，而且事实上是刘邦的行政首脑，是一个理想的好总管。

一、慧眼识才，成败皆因萧相国

萧何的功绩主要有两项。

其一，慧眼识英才。

萧何在秦朝时就负责人事工作，善于识人是他的老本行。萧何月下追韩信是后世广为人知的识人典故。但实际上萧何最大的识人案例便是对刘邦的看重与推崇。萧何在沛县任主吏掾的时候，刘邦很长时间任泗水亭长。萧何那个时候就很看重刘邦。刘邦为人豁达，不拘小节，时不时犯点事儿，萧何总是竭尽所能加以庇护。当年刘邦要以小吏的身份送民工去都城咸阳服劳役。按照惯例，同事们要凑份子送行，每人奉送三百钱，唯独萧何奉送五百钱。萧何是刘邦的上级，上级给下级凑份子都超越常人，由此可见他对刘邦的厚爱，说明他们那个时候就交情深厚。

萧何的优秀在秦时已经被他的上级发现了，泗水郡御史考核之后要把他上调咸阳，由中央予以任用，但萧何坚决不去，这才一直留在沛县。也许那个时候的萧何已经本能地预感到社会动荡天下纷争将为期不远。在乱世，身居帝都并不明智，相比较而言，在基层待机而动选择贤明之主更为重要。萧何谢绝泗水郡御史的提拔，最终协助刘邦发动丰沛起义，这才迈出了他政治生涯中最重要的第一步。

《资治通鉴》记载，在陈涉起兵之后，沛县县令打算举城响应，主吏萧何、狱掾曹参说："您身为秦朝官吏，现在想要背叛朝廷，以此率领沛县的青年，恐怕他们不会听从您的号令。望您把那些逃亡在外的人召集起来，可得数百人，借此威胁大众，众人便不敢不服了。"县令于是便命樊哙去召刘邦来见，这时刘邦的部众已有百十来人了。县令一开始答应了，但答应之后又很懊悔，担心召刘邦等人来会发生什么变故，就下令关闭城门，防守城池，并要诛杀萧何、曹参。萧、曹二人大为惊恐，翻出城去投奔刘邦以求自保。刘邦便在绸绢上草就一书，用箭射到城上，送给沛县的父老，陈说利害关系。父老们便率领年轻一辈一起杀掉了县令，敞开城门迎接刘邦，拥立刘邦为"沛公"。沛县起兵，是刘邦成功最重要的一步。

刘邦能被拥立为沛公，萧何的支持至关重要。因为在沛县起兵的这些人中，萧何的官阶最高，威望也高，正是因为萧何、曹参的鼎力支持，刘邦才能脱颖而出。此后，萧何对刘邦一直忠心耿耿，死心塌地辅佐刘邦。萧何、曹参为刘邦召集沛县青年，得三千人，以此响应诸侯抗秦。

韩信的被举荐更是萧何慧眼识才的得意之作，也是使刘邦有资格和项羽抗衡的主要凭依。

韩信的第一个伯乐是夏侯婴。不过治粟都尉管粮草，属于后勤系统。萧何是刘邦的后勤大管家，因为这一层关系，韩信结识了萧何。萧何才是韩信真正的伯乐。正是因为萧何的慧眼识才，执着举荐，韩信才能真正得偿所愿，施展平生抱负。

这里还有一个因素我们要考虑，那就是韩信的年龄。韩信归汉时很可能只有二十三岁。萧何是文法吏出身，但他不仅能够慧眼识才，而且能够打破常规竭尽全力举荐韩信，充分反映了萧何不拘一格选人才的魄力，实在是难能可贵。

二、功人无二，萧相守关成帝业

其二，功人无二。

刘邦在分封群臣的时候有过"功人功狗"之论，他说萧何就是"功人"。我们知道，在汉初三杰之中，张良是帝师，非常超脱，所以不参加具体的分封工作，他的功劳不能与其他功臣类比。韩信虽然居功至伟，但这时候已经被软禁，降为淮阴侯，所以也不参加分封。萧何是政府首脑，刘邦就是要向群臣传递一个信息：你们的功劳我已经用爵位予以封赏，但接下来王朝的运行主要看萧何的了，所以萧何是"功人"，你们诸位是"功狗"。（帝曰："诸君知猎乎？夫猎，追杀兽兔者，狗也；而发纵指示兽处者，人也。今诸君徒能得走兽耳，功狗也；至如萧何，发纵指示，功人也。"《资治通鉴》卷十一）

那么，萧何入关之后的贡献主要有哪些呢？

我以为萧何入关之后的贡献主要体现在三个方面。

第一，掌握信息，占据主动。

《资治通鉴》记载，刘邦入关中，其他人都争相抢夺金帛财物和秦王朝的府库，"萧何独先入收秦丞相府图籍藏之，以此沛公得具知天下厄塞、户口多少、强弱之处"（《资治通鉴》卷九）。唯独萧何率先入

萧何像（清殿藏本）

宫把秦朝丞相府的地理图册、文书、户籍簿等档案都收藏起来，刘邦方面借此全面了解了天下的山川要塞、户口的多少及财力物力强弱的分布。这就是萧何作为一个优秀的具有丰富基层工作经验的文法吏的价值所在。只有他清楚丞相府这些档案图籍的重要性。萧何掌握了这些档案图籍，等于掌握了全国的大数据。有了这些信息资料，萧何可以借此对刘邦攻占的区域加强管理，这就使刘项之争的天平开始向刘邦倾斜。

项羽与范增合谋，觉得巴蜀道路艰险，以往都是秦朝发配犯人的地方，所以就把巴蜀和汉中分配给了刘邦。其实他们犯了不了解信息的大错误。自从都江堰修成之后，巴蜀之地已经成为天府之国，范增还用几十年前的老黄历看世界，有点坐井观天的感觉，明显犯了信息不对称的错误。

第二，镇抚关中，足食足兵。

项羽要整治刘邦，把他分封为汉王。分封汉王之后，刘邦及群臣的反应如何？《资治通鉴》这样记载：汉王怒，欲攻项羽；周勃、灌婴、樊哙皆劝之。萧何谏曰："虽王汉中之恶，不犹愈于死乎？"汉王曰："何为乃死也？"何曰："今众弗如，百战百败，不死何为！夫能诎于一人之下而信于万乘之上者，汤、武是也。臣愿大王王汉中，养其民以致贤人，收用巴、蜀，还定三秦，天下可图也。"汉王曰："善！"

乃遂就国；以何为丞相。（《资治通鉴》卷九）项羽分封刘邦为汉王，刘邦及其手下的群臣都不想去就封，周勃、灌婴、樊哙等人都规劝刘邦不要与项羽硬碰硬。萧何规劝他说："即便在汉中当王感觉不好，但不是比死还强些吗？"汉王刘邦问："哪里就至于死呀？"萧何说："如今您兵众不如项羽，百战百败，不死又能怎么样呢！能够屈居于一人之下而伸展于万乘大国之上的，是商汤王和周武王。我希望大王您立足汉中，抚养百姓，招引贤才，收用巴、蜀二郡的资财，然后回师东进，平定雍、翟、塞三秦之地，如此天下可以夺取了。"刘邦冷静下来，接受了萧何的建议，并委任萧何为丞相。这就是萧何为刘邦制定的复兴计划。萧何说我们现在打不过项羽，只能广纳贤才，积蓄力量，以图长远。

刘邦与韩信出击关中，萧何留下来经营巴、蜀，为军队提供后勤保障。刘邦彭城大败，萧何连关中不列入服役名册的老老少少都征发起来，把他们全部送往荥阳，刘邦得到萧何提供的生力军，汉军重又士气大振。刘邦在荥阳前线苦苦支撑，对后方的萧何极其信任，委以全权负责。萧何在关中辅佐太子，着手制定法令规章，建立宗庙、社稷、宫室、县邑等机构。《资治通鉴》记载："*事有不及奏决者，辄以便宜施行，上来，以闻。计关中户口，转漕、调兵以给军，未尝乏绝。*"（《资治通鉴》卷九）刘邦同意萧何凡是有来不及请示的事情，就酌情灵活处理，以后等自己回来时再告知即可。而萧何经营关中，编户齐民，开通漕运，转送粮食，征调士兵这些工作，从来没有中断过。后勤补给做得极好。刘邦有萧何辅佐，后勤保障完善，足兵足食，相反，项羽正是败于没有稳固的后勤保障体系，兵少乏食。正因为如此，在南宫论治的时候刘邦才说："*填国家，抚百姓，给饷馈，不绝粮道，吾不如萧何。*"（《资治通鉴》卷十一）

刘邦不仅把萧何比作"功人"，而且在议定十八元功位次的时候也把萧何排在第一位。对于萧何的功劳和贡献，谒者、关内侯鄂千秋所说很到位，针对群臣认为曹参功劳大于萧何的错误观点，他说："**群臣议皆误，夫曹参虽有野战略地之功，此特一时之事耳。上与楚相距五岁，失军亡众，跳身遁者数矣；然萧何常从关中遣军补其处，非上所诏令召，而数万众会。上之乏绝者数矣，又军无见粮；萧何转漕关中，给食不乏。陛下虽数亡山东，萧何常全关中以待陛下。此万世之功也。今虽无曹参等百数，何缺于汉；汉得之，不必待以全。奈何欲以一旦之功而加万世之功哉！萧何第一，曹参次之。**"（《资治通鉴》卷十一）鄂千秋说："群臣的说法都是错误的，曹参攻城略地的野战之功都是一时之功。陛下与楚军相持五年，军队溃散，部众逃亡，自己只身轻装逃脱就有好几次。当时萧何经常从关中派遣兵员补充汉军的缺额，这些都不是陛下发命令叫他干的，而关中好几万士兵开赴前线时恰好遇到陛下将少兵尽的危急时刻，这也有过好多次了。再说到军中的粮食问题，萧何从关中水陆运送，军粮供给从不缺乏。陛下尽管多次丢掉崤山以东的地盘，萧何却总能保全关中地区等待陛下随时归来。这些都是万世不朽的功勋啊。"萧何的功劳不仅仅在过去的后勤保障，鄂千秋还说："汉室得到曹参等人，未必就能靠着他们得以保全。怎么能将一时的功劳盖过万世的功勋呀！所以萧何应居第一位，曹参第二。"打天下要靠功臣，守天下则必须依靠萧何这样的文吏，所以刘邦特许萧何可以带剑、穿鞋上殿，朝见皇帝时不必行小步快走表示恭敬的趋礼，给了萧何超越一般人的尊崇礼遇。

第三，治国经邦，汉承秦制。

萧何是秦王朝优秀的文法吏，汉朝建立之后，萧何主导的国家行政体制基本继承了秦的制度，这其中就包括国家的行政体制和法律体系。《资治通鉴》中在给汉高祖刘邦盖棺论定的时候还专门提到："**初顺民心作三章之约。天下既定，命萧何次律、令，韩信申军法，张苍**

定章程，叔孙通制礼仪"（《资治通鉴》卷十二）。说刘邦当年顺应民心约法三章，天下平定以后，又命令萧何整理法律、法令，韩信申明军法，张苍制订历法及度量衡章程，叔孙通规定礼仪。这些都是典章立制的内容。萧何制律始于楚汉战争时期。《汉书·萧何传》说："何守关中，侍太子，治栎阳，为令约束。"《史记·萧相国世家》的文字与此略有不同，"令"上有"法"字。《资治通鉴》研究大家胡三省就指出"萧何攈摭秦法，取其宜于时者，作律九章"。明确指出了汉初的九章律法来源于秦律。班固认为萧何"作律九章"。而《晋书》和《唐律疏议》的作者则认为萧何的依据是李悝的《法经》，在《法经》的基础上萧何新创户、兴、厩三章，成"九章之律"。

有学者早已指出，刘邦入关中之后的约法三章更多的是宣传口号，只是临时收拾民心之举，恐怕根本没有实行过。二十世纪八十年代在湖北江陵张家山汉墓出土了大量竹简，其中《二年律令》《奏谳书》都是极其珍贵的汉初法制史料。有学者就认为《二年律令》即是萧何所作之律。根据这些出土的法律法令，学者们基本判定，乾嘉学派的大师赵翼所说"汉承秦制"确如其所说，汉初基本继承了秦的法律，包括苛刻的部分。所以后世汉惠帝、汉文帝、汉景帝时期多次有废除苛法的记载。正因如此，司马迁对萧何的评价并不高，说他"谨守管籥，因民之疾秦法，顺流与之更始"，意思就是萧何只是为刘邦镇守关中，像个看家护院的管家，然后又因势利导实行了一些新的政策措施。结果就"位冠群臣，声施后世"（《史记·萧相国世家》）。很显然，司马迁对萧何有看法。

三、营建未央，孰是孰非两说之

萧何的另一项成就就是营建未央宫。

　　汉高帝七年春季，二月，刘邦抵达长安。萧何这时正主持营建未央宫，刘邦见到未央宫如此壮丽，十分愤怒，对萧何说："天下纷乱，连年受战事劳苦，如今成败尚未可知，为什么要把宫室修筑得过分豪华呢！"萧何说："正是因为天下尚未安定，所以才可趁势营造宫室啊。何况天子以四海为家，宫殿不壮丽就不足以加重威严，而且也不能让后世宫室的建筑规模超过它呀。"刘邦这才高兴起来。

　　司马光为此专门写了一篇"臣光曰"对此事加以评论，他说："臣光曰：王者以仁义为丽，道德为威，未闻其以宫室填服天下也。天下未定，当克己节用以趋民之急；而顾以宫室为先，岂可谓之知所务哉！昔禹卑宫室而桀为倾宫。创业垂统之君，躬行节俭以示子孙，其末流犹入于淫靡，况示之以侈乎！乃云'无令后世有以加'，岂不谬哉！至于孝武，卒以宫室罢敝天下，未必不由酂侯启之也！"（《资治通鉴》卷十一）司马光认为，圣明的君主以仁义为美丽，以道德为权威，还不曾听说过有依靠宫室规模来镇服天下的。天下尚未安定，理当克制自己、节俭用度，前去解救百姓的危难，现在却反倒以营建宫室为先任，这怎么可以说是明白自己所应有的职责啊！从前大禹住在简陋的宫室而夏桀仍修建奢华的寝宫。司马光指出，开创基业并传之后世的君王，即便身体力行于节俭为子孙作出表率，而他们的不肖之子孙还是很难避免沦落入骄奢淫逸之中，何况向后代子孙显示奢侈呢！萧何竟谈什么"不能让后世宫室的建筑规模超过它"，这难道不是很荒谬吗！到了汉武帝时，终于因滥建宫室而致天下疲敝衰败，这种局面未必不是由萧何开的头吧！司马光的这个评论后世见仁见智，但他指出的"创业垂统之君，躬行节俭以示子孙，其末流犹入于淫靡，况示之以侈乎！"的观点确实是警世良言。

　　王夫之认为司马光的批评没有抓住要害问题，他说：不去指责萧何不修礼乐崇文教，反而指责他不节俭，这是本末倒置了。如果执政者一味为了追求节俭而追求节俭，那么，欲望是控制住了，可德行的修养也没有了。像后世萧道成那样吝啬，难道他可以和大禹那样的圣贤相提并论吗？（"不责何之弗修礼乐以崇德威，而责其弗俭。徒以俭也，俭于欲亦俭于德。萧道成之鄙吝，遂可与大禹并称乎？"王夫之《读通鉴论》）

四、君臣际遇，圣意从来未可知

萧何虽然得到特别的礼遇，但实际上刘邦对他并不放心。司马迁还在《史记·萧相国世家》中记载了刘邦与萧何之间三件耐人寻味的事情。

据《史记·萧相国世家》的记载，汉三年（公元前204年），刘邦与项羽在京县、索城之间对峙，前线如此紧张，但刘邦多次派遣使者慰劳丞相萧何。有个叫鲍生的人看出了其中的名堂，对萧何说："汉王在前线风餐露宿，却多次派使者来慰劳您，这是有怀疑您的心意。为您着想，不如派遣您的子孙兄弟中能打仗的人都到军营中效力，汉王必定更加信任您。"于是萧何听从了他的建议，刘邦大为高兴（汉王大说）。

汉十一年（公元前196年），陈豨反叛，刘邦亲自率军平叛。其间，吕后采用萧何的计策，杀了淮阴侯，刘邦已经听说淮阴侯被杀，派遣使者拜丞相萧何为相国，加封五千户，并令五百名士卒、一名都尉做相国的卫队。为此许多人都来祝贺，唯独召平表示哀悼。召平对相国萧何说："祸患从此开始了。皇上风吹日晒地统军在外，而您留守朝中，未遭战事之险，反而增加您的封邑并设置卫队，这是因为目前淮阴侯刚刚在京城谋反，对您的内心有所怀疑。设置卫队保护您，并非以此宠信您，希望您辞让封赏不受，把家产、资财全都捐助军队，那么皇上心里就会高兴。"萧相国听从了他的计谋。刘邦果然非常欢喜（上乃大喜）。

汉十二年（公元前195年）秋天，黥布反叛，刘邦亲自率军征讨，平叛过程中他多次派人来询问萧相国在做什么。萧相国因为皇上在军中，就在后方安抚勉励百姓，把自己的家财全都捐助军队，和讨伐陈豨时一样。有一个门客劝告萧相国说："您灭族的日子不远了。您位居相国，功劳数第一，还能够再加功吗？您当初进入关中就深得民心，至今十多年了，民众都亲附您，您还是那么勤勉地做事，与百姓关系和谐，受到爱戴。皇上之所以屡次询问您的情况，是害怕您震撼关中。如今您何不多买田地，采取低价、赊借等手段来败坏自己的声誉？这样，皇上的心才会安定。"于是萧相国听从了他的建议，刘邦这才非常高兴（上乃大说）。

这三件事情很好地体现了刘邦与萧何的君臣际遇。萧何不得不谨小慎微，甚至自污名节。这三件事《资治通鉴》都没有记载，但特意记载了下面这件事。

五、俭以养德，麒麟阁上识酂侯

刘邦征讨黥布回来之后，相国萧何因为长安地方狭窄，而皇家上林苑中有很多空地，且荒弃不用，于是建议刘邦让百姓入内耕种，留下禾秆不割，作为苑中鸟兽的饲料。刘邦一听勃然大怒说："相国你一定收下了商人的大批财物，才替他们算计我的上林苑！"将萧何交付廷尉，并且上了刑具。过了几天，一个姓王的卫尉当值侍奉刘邦，上前探问："相国犯了什么大罪，陛下突然把他拘禁起来？"刘邦说："我听说李斯做秦始皇的丞相时，有善行就归功于君主，有过失就自己承担。现在萧何接受了商人的大批财物，为他们要我的上林苑，以讨好下民，所以拘禁起来治罪。"王卫尉便劝说："分内的事只要对百姓有利就向皇帝建议，这是真正的宰相行为，陛下为什么竟疑心相国受了商人钱财呢？况且，陛下与楚霸王作战几年，陈豨、黥布造反，您亲自率军出征。当时，相国独守关中，只要关中一有动摇，函谷关以西就不再是陛下所有了！相国不在那时为自己谋利，反而到现在才贪图商人的金钱吗？再说，秦朝就是因为不知道自己的过失才丧失了天下，李斯为秦始皇分担过失的作为，又有什么值得效法的呢？陛下为什么如此轻易地怀疑相国呢！"刘邦听完很不高兴。但当天还是派人持符节赦免释放了萧何。萧何年岁已老，原本平时对刘邦很恭谨，如今进宫后光着脚前去谢恩。刘邦说："相国您不要这样！相国为黎民讨要上林苑，我不准许，我不过是夏桀、商纣那样的昏君，而相国您是贤相。我所以抓起相国，就是想让百姓知道我的过失啊！"很明显，这只是刘邦的自嘲之语。（相国何以长安地陿，上林中多空地，弃；愿令民得入田，毋收稾，为禽兽食。上大怒曰："相国多受贾人财物，乃为请吾苑！"下相国廷尉，械系之。数日，王卫尉侍，前问曰："相国何大罪，陛下系之暴也？"上曰："吾闻李斯相秦皇帝，有善归主，有恶自与。今相国多受贾竖金，而为之请吾苑以自媚于民，故系治之。"王卫尉曰："夫职事苟有便于民而请之，真宰相事；陛下奈何乃疑相国受贾人钱乎？且陛下距楚数岁，陈豨、黥布反，陛下自将而往；当是时，相国守关中，关中摇足，则关以西非陛下有也！相国不以此时为利，今乃利贾人之金乎？且秦以不闻其过亡天下；李斯之分过，又何足法哉！陛下何疑宰相之浅也！"帝不怿。是日，使使持节赦出相国。相国年老，素恭谨，入，徒跣谢。帝曰："相国休矣！相国为民请苑，吾不许；我不过为桀、纣主，而相国为贤相。吾故系相国，欲令百姓闻吾过也。"《资治通鉴》卷十二）

《资治通鉴》特别记载，萧何一生竭尽全力辅佐刘邦，谦恭自守，低调务实，他购置田地住宅专门选贫脊偏僻的地方，建造家园连围墙都不修建。他说："后世贤，师吾俭；不贤，毋为势家所夺。"(《资治通鉴》卷十二)萧何表明心迹："我的后代贤能，就学习我的俭朴；后代不贤能，我置的这些不值钱的产业可以不被有权势的人家所夺取。"萧何的这种做法还是很有先见之明，很让人感动的。

萧何另一个让人感动的行为就是对自己接班人的选拔。汉惠帝二年，萧何病重，惠帝亲自前去探视，问他："您百年之后，谁可以接替您？"萧何说："最了解臣下的还是皇上。"惠帝又问："曹参怎么样？"萧何立即叩头说："皇上已找到人选，我死也没有什么遗憾了。"因为争功，萧何与曹参的关系并不和睦。但他能够摒弃前嫌，以大局为重，举荐曹参，实属难能可贵。

刘邦分封功臣，萧何以居功第一被封为酂侯，食邑一万户，汉高帝九年，萧何又被加封为相国。萧何死后，谥号文终侯。司马迁对萧何的评价并不高，司马光在《资治通鉴》中客观记述了萧何的功绩，但实际上同样对萧何没有好的评价。萧何最为人诟病的就是诱骗淮阴侯韩信未央宫惨死。但是，这只是其职责所在，萧何不能不如此做。后世动辄"成也萧何，败也萧何"，我们在第二十讲已经讲过，韩信悲歌固然让人同情，但最后的悲剧是他自己酿成的。萧何充其量只不过是没有尽到耳提面命的规劝罢了。话又说回来了，即便萧何规劝，又能如何？后来有人举报黥布造反，刘邦和萧何商量的时候，萧何就为黥布进行了辩护，可是结果当然并不能如他所愿。我们只能说，箭在弦上，不得不发，势为之耳！

萧何的命运如此，那么，其他人又当如何？

第二十四讲

智臣陈平：善始善终称贤相

陈平是汉初三杰之外刘邦最倚重的谋臣，其智谋几乎与张良不相上下，但格局无法与张良相提并论。三国时期以品评人物著称的刘邵把陈平称为"权智有余，公正不足"的智臣。

陈平是一个传奇人物，历仕高祖、惠帝、吕后、文帝四朝，司马迁称他"定宗庙，以荣名终，称贤相"，而且善始善终，就凭这一点，足以显示出他拥有极高的政治智慧。那么，陈平究竟是一个什么样的人？他都干了哪些重要的事情？我们今天该如何评价他呢？

陈平的传奇人生可以用四句话来概括，那就是有故事，有争议，善奇计，懂政治。

一、志存高远，英雄何必问出处

陈平是一个有故事的人，也算是草根逆袭的典型，而且他的逆袭过程很有故事性。陈平出生于阳武户牖乡（今河南省原阳县），家贫而不甘平庸，好读书。陈平的父母早亡，他与哥哥一家在一起生活，哥哥支持他读书游学。陈平长得高大帅气，细皮嫩肉，一点也不像一个出身于草根家庭的人，有人和他开玩笑说："你家境贫寒，为什么还长得如此富态？"他的嫂子早就看不惯小叔子的游手好闲、不务正业，就接口说："还不是一样的吃糠咽菜！有这么一个小叔子，还不如没有！"陈平的哥哥听到妻子这番话，立刻就把她撵回娘家并且休了。

虽然哥哥鼎力支持，怎奈毕竟家庭经济实力不够。在那个时代，家境贫寒要想出人头地几乎是不可能的。陈平就想通过婚姻关系改变自己的处境。然而这又谈何容易！富人家看不上陈平的家境，谁肯把女儿嫁给他？陈平又羞于娶穷人家的女子。就这样高不成低不就越耽误年龄越大。

当地有个女人一连嫁了五次，每次过不了多久就丧夫，从此没有人再敢娶她。但这个女人家里很有钱，陈平就想打她的主意，但苦于没有机会，联系不上。户牖乡中有人办丧事，陈平因为家贫，碰到这类事都去帮忙料理丧事，这样可以得些报酬以贴补家用。结果在给一户人家办理丧事时，陈平遇到了那个女人的爷爷，名字叫张负。张负在丧家见到陈平，相中了这个高大魁梧的年轻人。陈平也明白富家女的爷爷对自己有意，所以心照不宣磨蹭到很晚才离开丧家。张负跟着陈平到了陈家登门拜访，实际上是想看看陈平这个人究竟怎样。陈家住在偏僻陋巷中，靠近外城城墙，以一领破席当门，寒碜得很。但社会经验丰富的富人张负发现陈家门外有很多车轮印迹。这说明与陈平交往的人都有一定的地位，而且不时坐车到访陈宅。张负回家就对他的儿子张仲说："我打算把孙女嫁给陈平。"张仲说："陈平又穷又不从事生产劳动，乡里的人都耻笑他，为什么偏要把女儿嫁给他？"张负说："哪有仪表堂堂交游广泛像陈平这样的人会总是贫寒卑贱呢？"父子二人决定将此女嫁给陈平。陈平穷得连聘礼也出不起，张家就借钱给他行聘，还给他置办酒宴的钱娶亲。张负告诫他的孙女说："不要觉得陈家穷，侍奉人家长辈就不上心。侍奉兄长陈伯要像侍奉父亲一样，侍奉陈家嫂嫂要像侍奉母亲一样。"陈平娶了张家女子以后，经济大为宽裕，有了资财做支撑，陈平的交游越来越广，终于有了一些出人头地的机会。

陈平所居的库上里祭祀土地神之后，陈平负责切割分配祭肉，他把祭肉分配得很均匀。父老乡亲们说："真有水平啊，陈家孩子分割祭肉真称职！"陈平闻听却说："嗟乎，使平得宰天下，亦如是肉矣！"

（《资治通鉴》卷九）"哎呀，如果让我陈平主宰天下，也会像这次分肉一样公平称职啊！"俗话说一文钱憋倒英雄汉，陈平也是素有大志的人，可惜家境贫寒，社会地位太低，要想出人头地太难。为了一展平生抱负，陈平不惜委曲求全，甘愿吃软饭。在那个时代，这也不算太丢人的事。刘邦追求吕后不也是看上了吕后的家境和家庭背景的嘛。所以古人常说，英雄不问出处。但是，陈平的出身以及他为了出人头地的付出，决定了他不可能像张良那样"等功名于外物，置荣利而不顾"。

陈涉起兵之后，群雄并起。魏王咎被陈胜的部将周市拥立为魏王，陈平投奔了魏王咎，魏王任命他为太仆。陈平向魏王进言，魏王不听，有的人又说他的坏话，陈平只好逃离而去。陈平随后又投奔了项羽，被任命为客卿。刘邦还定三秦，殷王司马卬叛楚归汉。陈平奉命领兵前去平叛。陈平击败并降服了殷王。项羽任命陈平为都尉，赏给他黄金二十镒（镒是古代的重量单位，合二十两；一说二十四两为一镒）。过了不久，刘邦又夺回殷地。项羽大怒，准备杀掉前次平定殷地的将领。陈平害怕被杀，便封好项王赏给他的黄金和官印，派人送还项羽，自己单身拿着宝剑抄小路逃走，前去投奔刘邦。

司马迁在《史记·陈丞相世家》中还记载了这样一件事。陈平在前往投奔刘邦的路上横渡黄河时，船夫见他一个人仗剑独行，怀疑他是逃亡的将领，身上想必藏有重金，就动了杀机。陈平觉察到船夫心怀歹意，以帮助船夫撑船为借口，故意解开衣服赤身露体。船夫一看他身上一无所有，收回歹心，陈平这才捡回了一条命。

为了出人头地甘愿吃软饭，这一点让陈平很无奈。封金送印，说明陈平并不贪财。而他的这一举动客观上救了自己一命。脱衣解难，说明陈平确实观察敏锐，机智过人，不愧是一个有故事的人。

二、备受争议，非知谋孰能当此者乎

陈平一生备受争议。对他的争议源于两方面。

一是源于他的任职。陈平投奔刘邦之后，深得刘邦的宠信，被任命为都尉，负责督察各部将领。将领们因不服气都喧哗鼓噪起来，周勃、灌婴等丰沛系的老资格元勋向刘邦进谗言诋毁陈平说："大王您得到一名楚军的逃兵才一天，还不了解他本领的高低，就与他同乘一辆车子，且还反倒让他来监护我们这些有资历的老将！"结果刘邦在听了陈平的辩白之后反倒对他更加信任，委任他为护军中尉。护军中尉就是刘邦的情报总管，不仅负责监察所有汉军将士，而且负责收集敌对方的情报，负责刘邦的统战和特务工作。由于陈平的特殊职责，所以他做了许多不为人知的极其隐秘的工作，行的又大多是反间阴谋之事，所以司马迁才说后世都不知道他干了些什么事，陈平的工作"世莫能闻也"。陈平曾自作评价说："我多阴谋，是道家之所禁。吾世即废，亦已矣，终不能复起，以吾多阴祸也。"（《史记·陈丞相世家》）"我经常使用诡秘的计谋，这是道家所禁忌的。我的后代如果被废黜，也就彻底完了，终归不能再兴起，因为我暗中积下了很多祸因。"这就是陈平备受争议的主要原因。

二是源于对他的道德评价。盗嫂、受金便是对陈平道德品质的最大质疑。在楚汉相争期间，周勃、灌婴等人对刘邦说："陈平虽美如冠玉，其中未必有也。臣闻平居家时盗其嫂；事魏不容，亡归楚；不中，又亡归汉。今日大王尊官之，令护军。臣闻平受诸将金，金多者得善处，金少者得恶处。平，反覆乱臣也，愿王察之！"（《资治通鉴》卷九）他们说"陈平虽然相貌如帽子上装饰的秀玉那样俊美，但内里未必有什么货真价实的能力。我们听说陈平在家时曾与他的嫂子私通；

在魏王豹手下待不下去而逃奔楚国项羽；在楚王项羽那里依然待不住，就又逃奔来降汉。如今大王您却授予他这么高的官职，对他如此器重，命他来监督所有将领。我们听说陈平接受将领们送的金钱，钱给得多的人就能得到好处，钱给得少的人就会遭到恶评。由此看来，陈平就是个反复无常的乱臣贼子，望大王您明察！"这些人到刘邦跟前这么一说，刘邦也对陈平起了猜疑之心，于是把当初的引荐人魏无知召来责问。魏无知说："臣所言者能也，陛下所问者行也。今有尾生、孝己之行，而无益胜负之数，陛下何暇用之乎！楚、汉相距，臣进奇谋之士，顾其计诚足以利国家不耳。盗嫂、受金，又何足疑乎！"（《资治通鉴》卷九）魏无知对刘邦说："我推荐陈平时看重的是他的才干，陛下现在所责问的是他的品行。如今即便有人具有尾生、孝己那样守信义、重孝顺的品行，却没有对决定胜负命运有所补益的能力，陛下又哪会有什么闲工夫去使用他啊！当今楚汉相争，我举荐的是身怀奇谋异计的能人，考虑的只是他的计策是否对国家有利。至于私通嫂子、收取贿赂，又有什么值得大惊小怪的呢！"魏无知的话代表了乱世唯才是举的用人观。听了魏无知的话，刘邦无话可说，但仍然对陈平不放心，于是决定召见陈平，想当面敲打敲打他。刘邦对陈平说："先生事魏不中，事楚而去，今又从吾游，信者固多心乎！""先生你追随魏王不乐意，跟了楚王又挂冠而去，如今又来与我共事，作为一个重信义的人能够如此三心二意吗？"陈平怎么解释此前自己的经历和所作所为？如何才能让刘邦释怀？他说："臣事魏王，魏王不能用臣说，故去；事项王，项王不能信人，其所任爱，非诸项，即妻之昆弟，虽有奇士不能用。闻汉王能用人，故归大王。"（《资治通鉴》卷九）陈平告诉刘邦："我事奉魏王，魏王不听从我的建议，所以我才离开他去另投明主；没想到项羽不能信任人才，他所任用宠信的人，不是项姓本家，就是他老婆的兄弟，即便是有奇谋的人他也不用。我听说汉王能够用人，因

此才来归附大王您。"陈平的意思就是我的所作所为只是希望找到能够
信任并任用我的明主，这么做有什么错吗？刘邦赶紧向陈平道歉，重
重地赏赐他，授任他为护军中尉，监督全军所有的将领。得到刘邦如
此信任重用，手下的诸将再也不敢说陈平的坏话了。

　　陈平长期背负"盗嫂""受金"的恶名。然而经过考证，我们不难
发现，"受金"确有其事，"盗嫂"则纯属周勃、灌婴出于嫉妒而捏造
的不实之词。司马迁在记载这件事时谨慎地使用了"**绛侯、灌婴等咸
谗陈平曰**"的措辞。然而司马光在《资治通鉴》中却把司马迁"**绛侯、
灌婴等咸谗陈平曰**"、班固"**绛灌等咸谗平曰**"的措辞，改成"**周勃、
灌婴等言于汉王曰**"。这样更改，并不是源于司马光的疏忽，而是刻意
表明司马光对这类道德瑕疵行为不认可不容忍的态度。

　　陈平不廉洁是毫无疑问的，他自己也承认这一点。他公开对刘邦
讲："**臣裸身来，不受金无以为资。诚臣计画有可采者，愿大王用之；
使无可用者，金具在，请封输官，得请骸骨。**"（《**史记·陈丞相世
家**》）"我两手空空前来投奔，不接受别人的馈送就无法应付日常开销。
倘若我的计策确有值得采纳的地方，大王您就采用；假如毫无使用价
值，那么我接受的钱财还都在这里，请让我封存好送到官府中，并
请求辞去官职。"能够把接受贿赂说得如此坦荡，陈平恐怕是第一人。
唯其如此坦诚，刘邦对他反而更信任有加。为了实施对项羽阵营的反
间计，刘邦交给陈平四万斤黄金任凭他自行安排使用，不过问他使用
的情况。

　　学者李金华先生研究断言，陈平一生的家财有五千万金之巨！但
他却不是守财奴。司马迁在《史记·郦生陆贾列传》中记载，吕氏专
权之际，陈平为了和周勃搞好关系建立反吕联盟，一次就给周勃寿礼
五百金，其后又送给陆贾奴婢百人，车马五十乘，钱五百万，供其联
络反吕同盟。这两件事说明陈平并不是唯利是图、嗜钱如命的人。

三、六出奇计，诸侯宾从于汉

陈平是智臣，多次为刘邦出谋划策。司马光在《资治通鉴》中说陈平追随刘邦征伐的过程中一共六出奇计。

司马迁在《史记·太史公自序》中说"六奇既用，诸侯宾从于汉"，明确确认了陈平六出奇计对刘邦的重要作用。关于陈平的"六出奇计"究竟指的是哪六计？司马迁也说："凡六出奇计，辄益邑，凡六益封。奇计或颇秘，世莫能闻也。"（《史记·陈丞相世家》）陈平一共六次提出奇计，每次都会得到封赏。由于他的奇计颇为隐秘，世间无从得知具体详情。所以关于陈平的六出奇计究竟指哪六计，后人认识还是有分歧的。宋代的魏了翁在《古今考》中提出，"六奇计"分别是指建议刘邦重金离间项羽君臣、荥阳夜出女子两千人助刘邦金蝉脱壳、蹑足汉王封韩信为齐王、建议刘邦伪游云梦擒韩信、力助刘邦平城解围以及跟随刘邦镇压臧荼、陈豨和黥布等反王。明代冯梦龙在《智囊补》中指出，"六奇计"指捐金行反间、恶草具进楚使离间亚父、夜出女子两千解荥阳围、蹑足请封齐王信、伪游云梦缚信以及使画工图美女间遣人遗阏氏说之解白登之围。甚至有人怀疑六出奇计也许并非上述记载的这些事。因为"世莫能闻"，极其隐秘，熟悉档案材料的司马迁都没有明确记载究竟是哪六计。

在《资治通鉴》中，司马光虽然也说陈平六出奇计，但也没有明确是哪六计。按照《资治通鉴》的记载，陈平的六计应该分别是以下六计。

第一计：反间计离间项羽君臣。汉三年（公元前204年）四月，项羽急攻荥阳，刘邦非常被动，陈平提出："项羽的骨鲠之臣不过亚父范增、大将钟离昧、龙且、周殷寥寥数人而已。项羽这个人多疑信谗，大王你只需拿出数万金，离间他们，项羽疑神疑鬼，其君臣必然离心离德。"刘邦拿出黄金四万斤交给陈平，特别允许他随意支配这笔巨款，不需要核查审计。陈平派出间谍，贿赂项王左右，大肆散布流言，说钟离昧等为将功多，但未封王，有怨言，暗中与汉王勾结，共同灭亡项氏而分王其地。项羽果然疑心钟离昧等，稍夺之军权，项羽的得力大将钟离昧从此不受重用。

项羽派使者至汉军中，汉王备办了牛、羊、豕三牲俱全的太牢之礼，派人送出。一见使者，假装惊愕地说："吾以为亚父使者，乃反项王使者！"重新拿出粗劣饭食招待项王使者。使者回去报告，项羽立马对范增也产生了猜忌心理，不再信任他。骨鲠之臣范增一气之下挂冠而去，忧愤而死，陈平的离间之计大获成功，项羽痛失左膀右臂。

有人认为陈平的离间计非常拙劣，项羽怎么可能上当受骗？堡垒最容易从内部被攻破，陈平太了解项羽的性格弱点，陈平的反间计并不算高明，但却非常有效，使项羽自毁长城，楚军从此再无智囊，项羽被刘邦牵着鼻子深陷被动，这是陈平谋略战有的放矢取得的成功。

第二计：金蝉脱壳解困刘邦。汉三年（公元前204年）五月，刘邦困守荥阳，眼看就要城陷被俘，陈平献计，趁着黑夜把二千多名女子放出荥阳城东门外，楚军即刻便从四面围夺这群女子。而纪信假扮汉王刘邦，乘坐汉王的车驾，驶到楚军前，说："我军粮食已经吃光了，汉王前来乞降。"听闻刘邦要投降，楚军都山呼万岁，纷纷涌到城东观望。刘邦趁机带领几十骑人马从西门出城逃走。假扮刘邦的纪信被项羽活活烧死了。这一计的主谋是陈平，主角是纪信。

第三计：蹑足封王计安韩信。汉四年（公元前203年），韩信请假王于齐，刘邦大怒，欲讨伐韩信，张良、陈平急忙用脚踩刘邦的脚，提醒刘邦应该顺水推舟立韩信为齐王，避免韩信背叛出现鼎足而三的局面。《资治通鉴》记载这一计谋张良与陈平有共识，但从史籍记载透露的消息，似乎陈平为本谋，张良赞助之。《史记·陈丞相世家》称："淮阴侯自立为齐王，汉王大怒而骂，陈平蹑汉王。汉王亦悟，乃厚遇齐使，使张子房卒立信为齐王。"

第四计：调虎离山智擒韩信。汉六年（公元前201年）十二月，有人上书告发韩信谋反。这是刘邦称帝之后面对的最大的挑战。群臣纷纷表态"亟发兵坑竖子耳"。但刘邦头脑比较冷静，他把诸将欲兴兵出讨的情况告知陈平。陈平为刘邦献上一计。他说古代有天子巡狩、会诸侯的制度。陛下只要大造舆论，告诉诸侯们您要南游云梦。到时候韩信必然前来郊迎谒见，届时只需要一个力士就可以擒获韩信。事情果然如陈平所料，刘邦还未行至，韩信便前来郊迎。刘邦立即将其擒住，带至洛阳降为淮阴侯，不让就国，软禁起来。陈平伪游云梦计策的成功，使刘邦大为高兴，去掉了一块心病。这就是历史上赫赫有名的"伪游云梦"之计，陈平此计算计的是自己的老同事，使用的是绝对的阴谋诡计，成为后世搞阴谋诡计者常常效法的样板。

第五计：白登解围鬼神莫测。汉七年（公元前200年），匈奴南犯。刘邦集结三十二万汉军迎战，试图毕其功于一役。刘邦率领的先头部队在平城白登山（今山西大同东北）被匈奴的四十万骑兵围了七天七夜。当时，粮断援隔，天寒地冻，情况万分危急。关于这段历史，《资治通鉴》卷十一记载如下：

帝先至平城，兵未尽到；冒顿纵精兵四十万骑，围帝于白登七日，汉兵中外不得相救饷。帝用陈平秘计，使使间厚遗阏氏。阏氏谓冒顿曰："两主不相困。今得汉地，而单于终非能居之也。且汉主亦有神灵，单于察之！"冒顿与王黄、赵利期，而黄、利兵不来，疑其与汉有谋，乃解围之一角。会天大雾，汉使人往来，匈奴不觉。陈平请令强弩傅两矢，外乡，从解角直出。帝出围，欲驱；太仆滕公固徐行。至平城，汉大军亦到，胡骑遂解去。

《资治通鉴》上面的记载，刘邦采用陈平的秘计，派使者暗中用重金贿赂冒顿的夫人阏氏。阏氏便劝冒顿说："两个君主不应彼此困窘迫害。如今即使夺得了汉朝的土地，单于您也终究不能居住在那里。况且汉朝的君主也有神灵保护，望您明察！"本来冒顿与汉之降将王黄、赵利约定好时间会师，但王黄、赵利的军队却迟迟不来，秉性多疑的冒顿单于怀疑他们与汉军有什么谋划，这才解开包围圈的一角。正好遇到天降大雾，汉军便派人在白登山与平城之间往来走动，匈奴人毫无察觉。陈平这时请求刘邦命令士兵们用强弩搭上两支箭，箭朝外御敌，从解围的一角直冲出去。到了平城时，汉军的大队人马也赶到了，匈奴的骑兵便解围而去。

根据司马迁《史记·匈奴列传》的记载分析，匈奴单于这次网开一面放行刘邦的原因有二：一是刘邦重礼收买单于阏氏；二是之前与单于约定联手对付刘邦的韩王信的部队未能如期而至，单于担心他和刘邦背地里有什么阴谋，于是借阏氏之言顺水推舟，放了刘邦一条生路。对这条解围之计，裴骃《史记集解》引汉代学者桓谭《新论》，作出了一个另类的解答：陈平亲自拜见单于阏氏，对阏氏讲，汉朝有无数绝色美女，现在已经被紧急召集，准备献给单于，以求汉王平安。单于见了美女一定会欣喜不尽，那样就会冷落阏氏。阏氏一听，决定游说单于放人。这个解释与战国时期张仪通过靳尚游说郑袖的故事如出一辙。用美色贿赂敌国，不仅有失体面，难登大雅之堂，而且成算几何实在值得怀疑。

中国社会科学院文学研究所的孙少华先生研究认为，"白登之围"匈奴围七日而不攻，主要与"白衣会"星象有关。所谓"白衣会"，是昴星宿因星团浓厚产生的似云非云、似烟非烟的白气，后来被附会为国丧象征。汉代"白衣会"一般被认为具有"胡王死"的象征意义。白登之围很可能就发生在十月十六日至二十三日之间。在这个时间段内，一般凌晨五时三十分左右，辰星（水星）先升自东方，其后太白（金星）方升，然而此时太阳已经升起，从东方看不到太白升起的情况，从而出现了二星"不相从"的状况。《汉书·天文志》记载："**辰星与太白不相从，虽有军不战。**"当时的匈奴很迷信星相学，白登之围时，陈平很可能抓住这种天象变化的机会，在往见阏氏之时，预言"月犯昴"并进言对匈奴不吉利的骑兵布置。这才是陈平"秘计"使匈奴"解围一角"，从而使刘邦顺利脱困的原因所在。孙少华先生指出，古人迷信，对此，桓谭心知而隐约言之，扬雄、刘歆意会而不敢言之，后人不懂此类方术而不能言之，故使此类资料逐渐湮没在历史文献之中。

正是凭借解困白登之围，陈平被刘邦在返程途中就加封为曲逆侯。刘邦回师向南经过曲逆县（今河北保定市下辖之顺平县），说道："壮哉县！吾行天下，独见洛阳与是耳。""好壮观的县啊！我走遍天下，只见过洛阳可以和这里相媲美了。"就改封陈平为曲逆侯，享用全县民户的赋税收入，食邑五千户。曲逆侯的"逆"的读音有两种。《资治通鉴》的研究大家胡三省说："曲逆，读皆如字。"《昭明文选·高祖功臣赞》注曰："逆，音遇。"南北朝时期的大儒颜之推说："**俗儒读曲逆侯为去遇；票姚校尉曰飘摇。票姚，诸儒有两音；最无谓者，曲逆为去遇也。**"

第六计：柏人救驾消弭隐患。陈平六出奇计究竟是哪六计？历代众说纷纭。有一种说法说当年鸿沟盟约之后，陈平和张良劝刘邦趁机撕毁盟约，追击项羽，这算一计。但这一计很难算奇计。我们前面提到过，刘邦在返程途中准备夜宿柏人，结果突然感觉"心动"，于是当即离开，躲过了贯高等人精心策划的刺杀。李华金先生就提出，刘邦哪来的第六感？比较合理的解释是陈平的间谍侦查眼线发觉了贯高等人行刺的蛛丝马迹，陈平赶紧密报刘邦，汉高祖这才躲过一劫。因为这件事直接关涉到刘邦的女婿赵王张敖，兹事体大，所以自然不可能公开陈平的功劳。甘做无名英雄，这倒是符合陈平的工作性质。

四、深谙政治，救纠纷之难振国家之患

陈平懂政治。

陈平天生有智谋，而且处事圆滑，但他的圆滑更多的是一种生存策略，不能简单定性为为了自己的功名利禄而一味迎合苟且。事实上，他也有自己的原则和底线，政治手段和韬略过人。

陈平深谙趁热打铁的道理。当他几经辗转终于投到刘邦跟前时，迫不及待跟刘邦讲：我是为了成就大事而来，我所说的事情不能等过了今天，必须今天就说明白。结果刘邦跟他一详细交谈就非常高兴，当即任命他为都尉。从此以后，刘邦对他委以重任，陈平为了刘邦的统治不遗余力，竭尽智谋。

陈平处事圆滑，非常讲究政治韬略。刘邦晚年猜忌功臣，陈平不遗余力出谋划策，灭臧荼、擒韩信、击陈豨、杀黥布，几乎每一次诛杀功臣都有陈平的影子。但在刘邦病重期间，有人诬陷樊哙属于吕氏一党，准备在刘邦去世之后立刻起兵诛杀刘邦最喜欢的儿子赵王如意。刘邦当即对自己的连襟舞阳侯樊哙下达必杀令，命令陈平和周勃前去执行杀死樊哙的命令。两人接受命令后，乘驿车前往，还未到军中，在路上商议道："樊哙是皇上的旧人，功劳很大，而且是吕后妹妹吕媭的丈夫，有皇亲关系又是尊贵之人，皇上因为一时动怒所以想杀他，恐怕日后会反悔。我们不如抓起他来送到皇上那里，让皇上自己去杀。"于是就把樊哙用木栏囚车押往长安。陈平一行走到中途，听到

刘邦驾崩的消息。陈平怕吕后的妹妹吕媭在吕后面前说他的坏话，便驱驰驿车先行回都。路上他又遇到朝廷使者，传诏命令陈平与灌婴屯守荥阳。陈平接受诏书后，以吊丧的名义立即又疾驰到宫中，哭得十分悲哀，又坚决要求亲自守丧。吕后于是任命他为掌管宫殿门户的郎中令，还让他辅导汉惠帝刘盈。使吕媭没有机会说陈平的坏话。樊哙到长安，便被赦免，恢复原来的爵位和封地。这件事充分体现了陈平处事圆滑的生存策略。

五、肱股重臣，安刘让位称贤相

刘邦在临死之时虽然把陈平列为肱股重臣，却又指出陈平"智谋有余，但是难以独自身当大任"（"智有余，然难以独任"）。事实上，陈平属于既讲策略又有底线的辅臣。他的政治韬略集中表现在与吕后的周旋和在铲除吕氏势力后尽心辅佐汉文帝这两件事上。

其一，圆滑应对吕后。陈平能够审时度势，韬光养晦，主谋铲除吕氏外戚讲究策略，对维护刘汉王朝统一居功至伟。汉惠帝六年，任命王陵为右丞相，陈平为左丞相。惠帝刘盈死后，高太后吕雉临朝称制，在朝议时，提出准备册封几位吕氏外戚为诸侯王，征询右丞相王陵的意见，王陵回答说："高帝曾与群臣杀白马饮血盟誓：'假若有不是刘姓的人称王，天下臣民共同消灭他。'现在分封吕氏为王，不符合白马之盟所约。"太后很不高兴，又问左丞相陈平、太尉周勃，二人回答说："高帝统一天下，分封刘氏子弟为王；现在太后临朝管理国家，分封几位吕氏为王，没有什么不可以的。"太后听了很高兴。朝议结束后，王陵责备陈平、周勃说："当初与高皇帝饮血盟誓时，你们二位不在场吗？现在高帝驾崩了，太后以女主当政，要封吕氏为王，你们即使是要逢迎太后意旨而背弃盟约，可又有何脸面去见高帝于地下呢？"

陈平、周勃对王陵说："现在，在朝廷之上当面谏阻太后，我二人确实不如您；可将来安定国家，确保高祖子孙的刘氏天下，您却不如我二人。"王陵无言答对。不久，太后明升王陵为太傅，实际上剥夺了他原任右丞相的实权；王陵于是称病，被免职归家。左丞相陈平升任为右丞相。

陈平对诸吕外戚专权深以为患，担心朝局失控，大祸殃及自己。为此曾经一个人端坐静室苦思冥想，就连同僚陆贾未经通报径直前来都没有察觉。陆贾就问陈平："究竟何事竟然让丞相如此全神贯注！"陈平说："先生猜测我所虑何事？"陆贾说："足下已经富贵到了极点，再没有什么欲望了；但是您却尚怀忧虑，不外乎是担心诸吕强势和皇上年幼罢了。"陈平说："先生猜得很对。您有何良策？"陆贾随后说了这么一番话："天下安，注意相；天下危，注意将。将相和调，则士豫附；天下虽有变，权不分。为社稷计，在两君掌握耳。臣常欲谓太尉绛侯，绛侯与我戏，易吾言。君何不交欢太尉，深相结？"（《资治通鉴》卷十三）陆贾对陈平说："天下承平无事，要注意丞相的举止；天下危机重重，要注意将军的动态。将与相关系和谐，士人就会团结归附；这样一来即便将来天下出现重大变故，大权也不会旁落。当今维系国家安定的根本，就在你和周勃两位文武重臣掌握之中。我曾想对太尉绛侯周勃陈述这一利害关系，无奈绛侯平素跟我在一起总是戏谑开玩笑，不会重视我的话。丞相为何不与太尉倾心交好，密切深交呢！"接下来陆贾就为陈平谋划将来平定诸吕的几个关键问题。陈平接受了陆贾的规劝，绛侯周勃过寿的时候用五百斤金为其祝寿，并且举办丰盛的宴席，太尉周勃也以同样的礼节回报。两个人的关系越来越密切，诸吕的势力相应的气焰就越来越衰弱了。陈平一看效果很好，不惜重金，送给陆贾一百个奴婢、五十乘车马、五百万钱作为联络诸位功臣的饮食费。

对于陈平在铲除诸吕中的贡献，宋朝诗人徐钧曾经写诗曰：

> 生平多智足兴刘，奇秘终贻正大羞。
> 若使托孤权独任，未知诛吕若为谋。
>
> （徐钧《陈平》）

其二，尽心辅佐汉文帝。诸吕之乱平定之后，汉文帝继位。右丞相陈平主动请求辞去丞相职位，汉文帝询问原因，陈平说："高祖开国时，周勃的功劳不如我大，在诛除诸吕的事件中，我的功劳不如周勃；我请求将右丞相的职务让给周勃担任。"汉初尚右，右丞相位阶在左丞相之上。汉文帝接受了陈平的请求，将陈平调任为左丞相，任命太尉周勃为右丞相。

有一天朝会时，文帝问右丞相周勃说："全国一年内判决多少案件？"周勃谢罪说不知道；文帝又问："一年内全国钱谷收入有多少？"周勃又谢罪说不知道；紧张和惭愧之下，周勃汗流浃背。文帝又问左丞相陈平。陈平说："有专门主管这些事务的官员。"文帝问："由谁主管？"陈平回答："陛下如果要了解诉讼刑案，应该责问廷尉；如果要了解钱谷收支，应该责问治粟内史。"文帝说："假若各事都有主管官吏，那么你是负责什么事情的呢？"陈平谢罪说："陛下不知其驽下，使待罪宰相。宰相者，上佐天子，理阴阳，顺四时；下遂万物之宜；外镇抚四夷诸侯；内亲附百姓，使卿大夫各得任其职焉。"（《资治通鉴》卷十三）"陛下不知道我的平庸低能，任命我担当宰相重位。宰相的职责，对上辅佐天子，理通阴阳，顺应四季变化；对下使万物各得其所；对外安抚四夷和诸侯，对内使百姓归附，使卿大夫各自得到能发挥其专长的职务。"汉文帝闻听之后非常称道陈平对丞相岗位职责的定位。身为右丞相的周勃极为惭愧，退朝之后责备陈平说："您为什么平素不单独私下教我这些?!"陈平笑着说："您身为宰相，却不知宰相的职责是什么吗？况且，如果陛下问长安城中有多少盗贼，您能勉强回答吗？"由此，绛侯周勃自知能力比陈平差得很远。过了一段时间，有人劝周勃说："您诛灭吕氏，扶立代王为帝，威名震动天下。现在您接受朝廷厚赏，担任职位尊崇的右相，时间一长，将要大祸临头了。"周勃也为自己担忧，于是自称有病，请求辞去右丞相职务，文帝批准了他的请求。罢免了右丞相周勃，左丞相陈平一人担任丞相。陈平为文帝时期出现仓廪充实、天下大治的局面奠定坚实的基础，从这个意义上讲，陈平功不可没，可以说是名副其实的辅臣。

汉文帝二年，曲逆侯陈平去世。

对陈平的操守和功绩，后世的评价分歧很大。司马迁的评价是："陈丞相平少时，本好黄帝、老子之术。方其割肉俎上之时，其意固已远矣。倾侧扰攘楚魏之间，卒归高帝。常出奇计，救纷纠之难，振国家之患。及吕后时，事多故矣，然平竟自脱，定宗庙，以荣名终，称贤相，岂不善始善终哉！非知谋孰能当此者乎？"（《史记·陈丞相世家》）很显然，司马迁认为陈平也属于深谙黄老之术的人物，有理想，有智谋，长袖善舞，救国救民，安定社稷，名声显赫，政绩昭彰，这还不属于善始善终吗！身为智臣，谋国又谋身，又有哪一位的智谋能做到这样的呢？

清代史学家王鸣盛却对陈平痛下针砭："陈平小人也，汉得天下，皆韩信功，一旦有告反者，间左蜚语，略无证据，平不以此时弥缝其隙，乃倡伪游云梦之邪说，使信无故见黜，其后为吕后所杀，直平杀之耳。迨高祖命即军中斩樊哙而平械之归，哙，吕氏党也，故平活之，其揣时附势如此，且平之出奇计，而其解白登之围，特图画美人以遗阏氏，计甚庸鄙，又何奇焉？"（《十七史商榷·史记四·陈平邪说》）

第二十五讲

制礼作乐：叔孙绵蕞擅经纶

　　叔孙通是汉初一位有影响有争议的文臣。司马迁称叔孙通为汉家儒宗，司马光却认为他是一个"徒窃礼之糠秕，以依世、谐俗、取宠而已"的马屁精，是"使先王之礼沦没而不振"的罪魁祸首。明代哲学家李贽则把叔孙通看作因时大臣，认为叔孙通的地位应该在曹参之上。现代大学者郭沫若认为叔孙通"这位博士的性格很能圆通顺应，和郦食其不同，但他也不是纯粹的书呆子"。孙中山则把自己比为"人民的叔孙通"。

叔孙通究竟是一个什么样的人？他在汉初都干过什么事？司马光
为他专门写了两篇"臣光曰"，可为什么对他的评价却非常低呢？

一、量主而进，进退与时变化

叔孙通曾经历事秦二世、项梁项羽叔侄、楚怀王、刘邦五位主子，
我们要讲的第一个问题就是，叔孙通究竟是一个什么样的人？是一个
能够审时度势、择善而从的智者？还是一个察言观色、随机应变的投
机分子？

司马光在《资治通鉴》中对叔孙通的经历没有多说，司马迁在
《史记·刘敬叔孙通列传》中详细记述了叔孙通的经历。

叔孙通是薛县人，薛县治所在今山东省滕州市南，秦时属薛郡。
叔孙通精通儒术，在秦朝的时候因此被召进朝廷任待诏博士。陈胜起
兵之后，几乎每天都有使者向朝廷报告各地造反的消息，秦二世向身
边的博士和儒生们问询对策："派去守边的士兵半路造反，已经相继
攻下蕲县和陈郡，你说该怎么办？"三十多个博士儒生们一致认为：
"对于造反的人绝不能宽恕，请陛下火速发兵前往剿灭。"秦二世闻听
脸色极其难看，面露杀机。叔孙通深知秦二世喜欢掩耳盗铃，根本不
想听真话。于是叔孙通就说："诸生之言统统是胡说八道。如今天下归
为一统，各郡各县的城池都全部铲平，民间所有的兵器都全部销毁，

已经向天下人表明从今往后不再动刀兵了。况且当今，上有英明的皇帝，下有完备的法令，派出去的官吏都效忠于职守，四面八方都心向朝廷，形势大好，哪里还有敢造反的人呢！下面报告作乱的那些人不过是一群偷鸡摸狗之辈罢了，根本不足挂齿！各地的郡守郡尉们如今正在按律逮捕问罪，有什么可担心的！"秦二世听了这番话眉开眼笑地说："你说得太对了。"然后又挨个询问那些儒生，儒生们有的人说是"造反"，有的人说是"盗贼"。于是秦二世让御史把那些认为是造反的人都抓起来，惩戒他们的言论不当。那些说是盗贼的人也都被罢官免职。唯独叔孙通受赏，赐给他二十匹丝绸，一套新衣服，并把他提升为博士。叔孙通出了宫门，回到住所后，那些儒生们都斥责他说："先生你怎么能那么拍马屁呢？"叔孙通说："你们不明所以，我都差一点不能虎口脱险！"说罢就逃离了咸阳。

等叔孙通回到老家薛县的时候，薛县已投降了楚地的起义军。项梁率兵打到了薛县，叔孙通于是投奔了项梁。等项梁在定陶之战被秦将章邯袭杀后，叔孙通又投奔了楚怀王。等到楚怀王被项羽封为"义帝"被迫迁往长沙后，叔孙通留下来追随了项羽。等刘邦率领各路诸侯攻入彭城后，叔孙通又投靠了刘邦。彭城之战刘邦联合诸侯军五十六万人马被项羽三万骑兵打得大败，但叔孙通从此一直追随刘邦。

叔孙通在"汉王败而西"的情况下"竟从汉"，表明这个时候叔孙通已经认准了刘邦可以戎事。所以尽管接下来四年的楚汉相争过程中刘邦一直很被动，总是打败仗，但叔孙通一直追随刘邦，再没有动摇过。

刘邦不喜欢文人，还爱拿人开涮。他的一个近侍曾经对郦食其讲过，有一次有个儒生穿着峨冠博带的儒生职业装来见刘邦，身为沛公的刘邦竟然解下对方的大帽子往里面尿了一泡！叔孙通本来也穿着这样的儒生职业装，为了赢得刘邦的好感，他立刻改穿楚人打扮的短衣服，刘邦看着心里很高兴。

在刘邦手下，叔孙通也不是无所事事，但平日只向刘邦推荐一些绿林好汉、行侠壮士，从来不推荐自己的弟子。日子久了，弟子们怨从中来，牢骚日甚。我们要知道，叔孙通是有影响的一代儒者，投奔刘邦的时候，有百十来个弟子追随他。面对弟子们的责难，叔孙通却平静地说道："现在汉王与项王全力争夺天下，他急需那些能够出生入死、斩将擎旗的壮士，你们能够为他冒矢石，入白刃，带兵打仗吗？既不能，就安心练好自家本事，等待时机好了。我不会忘记你们的。"

叔孙通的名声不大好，经常受到当时和后人的指责、讥讽。人们指责和讥讽叔孙通主要认为他犯有两大"错误"：一是事人易主；二是面谈得幸。其实叔孙通所犯的"错误"并不完全错在其本人身上，而是很大程度错在人们对他的评价观念和标准上。

现代学者周斌研究指出，唐人赵蕤《长短经》所引论赞与现在我们看到的司马迁在《史记·刘敬叔孙通列传》中对叔孙通的评价有较大区别，该书卷二《臣行第十》引："司马迁曰：夫量主而进，前哲所甚。叔孙生希世度务制礼，进退与时变化，卒为汉家儒宗。古之君子，直而不挺，曲而不挠，大直若诎，道同蝼蛇，盖谓是也。"（《长短经·臣行第十》）其中"夫量主而进，前哲所甚"体现了与后世流俗很不一样的人才流动评价观。"量主而进"的意思就是权衡估量其主上是否值得辅佐和追随，而后再去辅佐和追随他，以博取功名，说得更直白一点就是"择君而事"，挑个好主子；"前哲所甚"意思就是古代的哲人认为"量主而进"的行为是对的。"前哲"当是指孔子、晏子等前代圣贤。《论语·泰伯》曰："天下有道则见，无道则隐。"《孔子家语·六本》曰："夫君子居必择处，游必择方，仕必择君。"由此可见，在天下有道之时，孔子主张"见"与"择君"，即"量主而进"。所以，生逢乱世的叔孙通不停地跳槽以选择合适的人主，不应该受到苛责。

从这个角度看，叔孙通明了事物发展的方向，处理眼前的事圆融通达，并无不妥，堪称智儒。

但是，很显然，司马光不认可叔孙通的这种行为。《资治通鉴》记载，当初叔孙通去鲁国征召儒生的时候，其中有两个不但拒绝参加，而且骂叔孙通说："公所事者且十主，皆面谀以得亲贵。今天下初定，死者未葬，伤者未起，又欲起礼、乐。礼、乐所由起，积德百年而后可兴也。吾不忍为公所为。公去矣，无污我！"（《资治通鉴》卷十一）"您侍奉过差不多将近十个主子，而且都是靠着拍马屁博得宠信，如今天下刚刚安定，死于战乱的还没有埋葬，受伤的还没有恢复，就又想制礼作乐。礼乐制度的建立需要行善积德百年以后才能发扬光大。我们无法接受你今天要干的那些事儿。您自己去吧，别玷污了我们！"听了两个儒生的话，叔孙通笑着说道："若真鄙儒也，不知时变。""你们可真是些迂腐浅薄的俗儒，不懂时代已经变了。"司马迁在《史记·刘敬叔孙通列传》中还记载了一句话："公所为不合古，吾不行。""你们的所作所为与古礼不符合，所以我们不去。"如果加上这句话，显得这两个儒生有点食古不化，拘泥教条。司马光在《资治通鉴》的记载中删去这两句话，实际上体现了他对这两个儒生观点在一定程度上的认同。司马光在《资治通鉴》中借鲁地两儒生的口说叔孙通"公所事者且十主，皆面谀以得亲贵"，认为叔孙通媚俗、攀附权贵是他政治生涯中的污点。很显然，这是从道德上否定了叔孙通的人品。

二、制礼作乐，卒为汉家儒宗

那么，叔孙通投奔刘邦之后都干了哪些主要事情呢？

《资治通鉴》中主要记载了叔孙通的三件事。

第一件事，制礼作乐。

汉高帝五年，刘邦统一天下，在定陶即位当了皇帝。刘邦即位之后，废除了秦朝所有繁琐的朝廷礼仪制度，凡事讲求简便易行。结果在朝廷的宴会上，大臣们酗酒争功，喝得酩酊大醉，动辄狂呼乱叫，甚至拔剑击柱，宛若江湖聚会。"帝益厌之"，刘邦对此很是厌烦无奈。叔孙通看透了刘邦的心理，就对刘邦说："儒生们虽然不能攻城占地，但他们却可以帮着你来守天下。请你让我去找一些鲁地的儒生，让他们来和我的弟子们一道给您制定一套朝廷上使用的礼仪。"刘邦问叔孙通："得无难乎？"我听说过去朝堂上的礼仪极为繁琐，你制定的礼也会很难行吗？叔孙通回答说："五帝时期的乐都不一样，三王时期的礼也各不相同；所谓礼，就是根据具体不同时代不同的人制定的不同规范罢了。微臣希望选取部分古礼，与秦朝时期的一些礼仪一起折中协调，然后制定出适合咱们这个时代的礼来。刘邦再三叮嘱道："那你就试着做做吧，一定要简单明了，考虑我能施行才行啊！"（"可试为之，令易知，度吾所能行者为之！"）

于是叔孙通就到曲阜一带征召了三十多位儒生，让他们和刘邦身旁原有的儒生以及自己的弟子一共一百多人组成制礼小组研习礼仪，经过一个多月的演习，叔孙通对刘邦说："您可以去看看了。"刘邦看着他们演习了一遍，放心地说："这个我能做到。"于是下令叫群臣们排练、演习，准备十月岁首朝会正式使用。

汉高帝七年，冬十月，长乐宫落成，各地的诸侯和朝廷大臣都来参加朝会。叔孙通排练的礼仪正式实施。在整个礼仪施行过程中，从诸侯王以下，所有的人都诚惶诚恐，庄严肃穆。群臣行礼过后，又按严格的礼法摆出酒宴。那些有资格陪刘邦坐在大殿上头的臣子都叩伏在席上，他们一个个按着爵位的高低依次起身给刘邦祝酒。等到酒过九巡，谒者传出命令说："停止。"其间哪一位稍有不合礼法，负责纠察的御史立即把他们拉出去。整个朝会从始至终，没有一人敢喧哗失礼。这时刘邦心满意足地说出了一句千古名言："吾乃今日知为皇帝之贵也！""今天我才真正体会到了做皇帝如此尊贵！"刘邦为此提升叔孙通做了奉常。奉常是秦朝时期的称谓，职掌宗庙礼仪，到了汉景帝六年改曰太常。司马光在记载这件事时不书奉常而书太常，是为了使人易知。司马迁还记载，叔孙通趁机对刘邦说："我的那些弟子们已经跟我好多年了，是他们和我一块儿制定的这套礼仪，请陛下也能给他们一些官做。"刘邦一听，立即任命那些人都当了郎官。叔孙通出宫后，把刘邦赏给他的那五百斤金都分给了那些儒生。儒生们都高兴地说："叔孙通可真是个圣人，他能把握住形势的需要。"

司马光在《资治通鉴》中对汉初叔孙通的制礼作乐还是有一个客观评价的，他在《资治通鉴》中记载："初，秦有天下，悉内六国礼仪，采择其尊君、抑臣者存之。及通制礼，颇有所增损，大抵皆袭秦故，自天子称号下至佐僚及宫室、官名，少所变改。其书，后与律、令同录，藏于理官。法家又复不传，民臣莫有言者焉。"当初，秦王朝统一了天下，收集六国的全部礼仪，选择出其中尊崇君主、卑抑臣下的规则保留下来。待到叔孙通制定礼仪规则，稍微作了一些增减，大体上都是沿袭秦朝的旧制，从天子称号以下到大小官吏及宫室、官名，更改变动不多。记载叔孙通制礼作乐的规章文本，后来和律、令收录在一起，收藏在司法机关。由于法家对此又不再传授，所以民间百姓和其他臣僚也就没有谈论它的了。

三、维护根本，愿以颈血污地

第二件事，死谏刘邦易太子。

汉高帝九年，刘邦委任叔孙通为太子太傅，专门负责教导太子刘盈。刘邦总觉得太子刘盈太懦弱，再加上宠姬戚夫人一心想让自己的儿子赵王如意做太子，刘邦就动了换太子的心思。刘邦征讨黥布回师之后，身体越来越差。想换太子的念头愈发迫切。刘邦连张良的劝止都听不进去。刘邦就想试探一下叔孙通的态度。没承想叔孙通却据理力争，他劝谏说："从前晋献公因为宠爱骊姬，废黜太子，另立奚齐，结果造成晋国几十年内乱，被天下人耻笑。秦国也因为不早定扶苏为太子，使赵高得以使诈用奸拥立胡亥为皇帝，致使宗庙灭绝。这是陛下亲眼所见。当今太子仁义孝顺，天下人都知道。况且太子的母亲吕后又与陛下患难与共，饱尝艰辛，怎可背弃呢！"叔孙通甚至说："**陛下必欲废适而立少，臣愿先伏诛，以颈血污地！**"（《资治通鉴》卷十二）陛下如果一定要废除嫡长子而立小儿子，我愿先受诛杀，用脖颈的血涂地！刘邦只好说："**公罢矣，吾直戏耳！**""你不要这样，我只是开玩笑而已！"叔孙通却郑重其事说："太子，是国家的根本，根本一旦动摇，天下就会震动；怎么能用天下的根本来开玩笑呢！"当时大臣中坚持反对的人很多，刘邦明白群臣的心都不向着赵王，只好放下此事不再提。

很多人说叔孙通是个大滑头，但他也有自己的原则和底线，为天下着想且甘愿"颈血污地"去"死谏"刘邦"欲易太子"。对于叔孙通的这一壮举，王夫之很不屑一顾。他说叔孙通在劝谏改立太子时说："**臣愿先伏诛，以颈血污地！**"真刚直啊！不过，他这样做也是有其原因的：首先，汉高祖比较贤明，可以理喻；其次，吕后的势力足可以依赖；再次，留侯张良和"商山四皓"等许多人都支持他，而那些心怀叵测的人因忌惮汉高祖，没有人敢公开出面与叔孙通相争。叔孙通知道自己肯定不会死，即使死了也会有功，他还会顾虑什么而不抗争呢？王夫之强调的是，上有明君，下必有贤士大夫，奸邪的人可以变得忠诚，软弱的人可以变得刚强。所以，连曾经侍奉过十几位主人、喜欢当面阿谀奉承的叔孙通，竟然也能不顾一切地犯颜直谏，其根源在刘邦。这就有点缘木求鱼了！

叔孙通犯言直谏，确实是冒着杀头的风险的，所以司马迁才说他是"'大直若诎，道固委蛇'，盖谓是乎？"(《史记·刘敬叔孙通列传》)。司马迁认为叔孙通表面看似滑头，而其本质上却有原则和底线。叔孙通见人说人话，见鬼说鬼话，看似像一条变色龙，并不像传统意义上的忠臣或者奸臣。但是，如果换个角度看，他的虚与委蛇也可以理解为策略性的手段。"道"本来就不是永恒不变的，而是相对的，是"与时变化"的，这就是所谓的"道固委蛇"。也正因为如此，司马迁才不无赞许地说能够与时俱进变通礼制的叔孙通"卒为汉家儒宗"。这是一种与众不同的近于"异端"的赞许。

纵观叔孙通一生行事，可以用"诎"与"直"两个字来概括。追随叔孙通的诸生说"叔孙通诚圣人也，知当世要务"，"知时变"和"知当世要务"是对叔孙通的肯定。

四、文过遂非，叔孙无愧名曰通

第三件事，劝谏惠帝变通。

刘邦去世之后，汉惠帝刘盈继位。刘盈认为去长乐宫朝见太后及平时前往时，经常清道警戒，使百姓惊扰，便在武库的南面修筑了一条空中通道。奉常叔孙通劝阻说："那是每月举行高帝衣冠出巡仪式的道路啊！子孙后代怎么能在祖宗的道上行走呢！"惠帝惊惧地说："快快拆去！"叔孙通却又说："人主无过举。今已作，百姓皆知之矣。愿陛下为原庙渭北，衣冠月出游之，益广宗庙，大孝之本。""天子没有错误的举动；现在路已经修了，百姓也都知道。希望陛下在渭河北面再建个原庙，可以到那里去举行高帝衣冠出巡仪式，这样也扩大了宗庙，是大孝的根本。"惠帝便下令有关部门修建原庙。

司马光对叔孙通劝谏刘盈变通的举动很不以为然，为此他又写了一篇"臣光曰"：

> 臣光曰：过者，人之所必不免也，惟圣贤为能知而改之。古之圣王，患其有过而不自知也，故设诽谤之木，置敢谏之鼓，岂畏百姓之闻其过哉！是以仲虺美成汤曰："改过不吝。"傅说戒高宗曰："无耻过作非。"由是观之，则为人君者，固不以无过为贤，而以改过为美也。今叔孙通谏孝惠，乃云"人主无过举"，是教人君以文过遂非也，岂不缪哉！ （《资治通鉴》卷十二）

司马光认为，错误，是人人都必定无法避免的；但只有圣贤能知而改正。古代圣明的君主，怕自己有错误不知道，所以设置批评君主的诽谤木和劝阻君主的敢谏鼓，哪里会怕百姓知道自己的过错呢！所以仲虺赞美商汤王说："改正错误决不吝惜。"傅说劝诫商王武丁道："不要因为怕别人耻笑便不改正过失。"由此而见，做君王的人，固然不能以不犯错误为贤明，而要以改正错误为美德。这里叔孙通却劝谏汉惠帝说"人主无过举"，这是在教做君主的文过饰非，岂不太荒谬了吗！

知错能改，善莫大焉。这才是司马光推崇的为人君者应该具备的美德。

五、道固委蛇，儒学国教第一声

在今天看来，叔孙通的通达权变既维护了惠帝的威望，又伸张了孝道，弘扬了文教，可谓一举两得。汉代自惠帝以后，都以"孝"作为谥号。胡适评价道："这一个制度，史家虽没有明文，我们很可以归功于那位叔孙太常，这就是儒教成为国教的第一声。"明代人陈仁锡说:"通有高世之智,为国家建大计,极得力人。"这个评价比较中肯。

司马光还专门写了一篇"臣光曰"评价叔孙通的制礼作乐。

> 臣光曰:礼之为物大矣!用之于身,则动静有法而百行备焉;用之于家,则内外有别而九族睦焉;用之于乡,则长幼有伦而俗化美焉;用之于国,则君臣有叙而政治成焉;用之于天下,则诸侯顺服而纪纲正焉;岂直几席之上、户庭之间得之而不乱哉!夫以高祖之明达,闻陆贾之言而称善,睹叔孙通之仪而叹息;然所以不能比肩于三代之王者,病于不学而已。当是之时,得大儒而佐之,与之以礼为天下,其功烈岂若是而止哉!惜夫,叔孙生之器小也!徒窃礼之糠秕,以依世、谐俗、取宠而已,遂使先王之礼沦没而不振,以迄于今,岂不痛甚矣哉!
>
> 是以扬子讥之曰:"昔者鲁有大臣,史失其名,曰:'何如其大也!'曰:'叔孙通欲制君臣之仪,召先生于鲁,所不能致者二人。'曰:'若是,则仲尼之开迹诸侯也非邪?'曰:'仲尼开迹,将以自用也。如委己而从人,虽有规矩、准绳,焉得而用之!'"善乎扬子之言也!夫大儒者,恶肯毁其规矩、准绳以趋一时之功哉!(《资治通鉴》卷十一)

在这篇"臣光曰"中,司马光首先提出礼的重要性问题,他说:"礼的功能太大了!把它用到个人身上,动与静就有了规范,所有的行为就会完备无缺;把它用到家事上,内与外就井然有别,九族之间就会和睦融洽;把它用到乡里,长幼之间就有了伦理,风俗教化就会美好清明;把它用到封国,君主与臣子就尊卑有序,政令统治就会成功稳定;把它用到天下,诸侯就归顺服从,法制纪律就会整肃严正。难道仅仅只是把它用在宴会仪式之上、门户庭院之间维持秩序的吗?!"其次，司马光诚恳地指出了刘邦的局限性，就高祖刘邦的明智通达来说，他可以聆听陆贾关于以文治巩固政权的进言而称赞极好，目睹叔孙通所定尊崇君主的礼仪而发声慨叹，但是他所以终究不能与夏、商、周三代圣明君王并列，就错在他不肯学习啊。在那个时候，如果能得到大儒来辅佐他，与大儒一道用礼制来治理天下，他的功勋业绩又怎么会在这一步便止住了呢！所以紧接着，司马光对叔孙通提出了严厉的批评："惜夫，叔孙生之为器小也！徒窃礼之糠秕，以依世、谐俗、取宠而已，遂使先王之礼沦没而不振，以迄于今，岂不痛甚矣哉！"可惜啊，叔孙通的气度太小了！他只不过是窃取礼制中糠秕般微末无用的东西，借以依附时世、迎合风俗、求取宠信罢了，这样便使先代君王所建立的礼制沦没而不振兴，以至于到了今天这个地步，难道不令人沉痛之极吗！

在这篇"臣光曰"中，司马光还引用扬雄的话对叔孙通加以指责说："从前鲁地有大儒，史书中没有记载他们的名字。有人问：'为什么说他们是大儒呀？'回答道：'叔孙通打算制定君臣的礼仪，便到鲁地去征召儒生，请不来的有两个，堪称大儒。'有人问道：'既然如此，那么孔子应聘的足迹遍及诸侯国也是不对的了？'扬雄回答道：'孔子周游列国，是为了要能按照自己的意图行事。倘若放弃自己的立场来顺从迁就他人，那么即便是确定出了规矩、准绳，又怎么能够拿来应用呀！'"司马光很推崇扬雄，对扬雄的这番评论大加赞赏。司马光说，所谓大儒，是不肯破坏自己既有的规矩、准绳去追求一时的功利的！

对叔孙通的制礼作乐，古人的评价给予了充分的肯定，宋祁《咏叔孙通》诗曰：

马上成功不喜文，叔孙绵蕞擅经纶。

诸生可笑贪君赐，便许当时作圣人。

宋朝的改革家王安石也曾经写诗赞许叔孙通：

> 先生秦博士，秦礼颇能熟。
> 量主欲有为，两生皆不欲。
> 草具一王仪，群豪果知肃。
> 黄金既遍赐，短衣衣已续。
> 儒术自此凋，何为反初服。

清代人缪烜的诗更有意思：

> 江山甫定争群雄，酒酣拔剑日论功。
> 若曹非礼不能束，乃公谩骂真蓄蓄。
> 试为绵蕞习其易，肃敬先徵长乐宫。
> 今日方知天子贵，叔孙无愧名曰通。

作为一代儒宗，叔孙通在后世的争议很大。但他通过不懈的努力，使儒学从书斋走向了庙堂，这一贡献不容忽视。所以有学者提出，叔孙通是后世儒学走向庙堂的起点。中华民国的缔造者孙中山也肯定叔孙通制礼作乐和定仪法是适时的、有功的，并把自己比为"人民的叔孙通"。

第二十六讲

刘邦心事：还乡悲唱大风歌

　　作为中国历史上第一位布衣天子，刘邦称帝之后最大的心愿就是让大汉王朝长治久安。然而树欲静而风不止，刘邦面临着一系列的挑战。为了应对挑战，刘邦称帝之后整天东征西讨，甚至好几次亲临险境。那么，刘邦晚年到底面临哪些问题？他又是如何应对的呢？

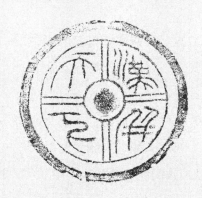

刘邦一共在位十二年，称帝七年。称帝之后，刘邦面临三大问题或者说是三大挑战。

一、封王酬功，异姓诸王不同心

第一个挑战是分封异姓王引起的问题。

汉初实行的是"郡国并行"的国家体制，刘邦为了酬谢功臣，一共分封了八个异姓王，这就形成了"布衣将相共治天下"的政治格局。可是刘邦认为秦王朝的灭亡就是因为皇帝孤立，农民起义之后未能得到宗室势力的支持，于是便想要通过大肆分封同姓族人镇抚天下。这样一来，既有的异姓王就成为他的眼中钉，肉中刺。正所谓疑邻盗斧，刘邦认为异姓王威胁到帝国的统治，处处提防。结果上有所好，下必应之。很快就有人举报异姓王有谋反图谋。

第一个被举报的是燕王臧荼。

刘邦于汉五年二月称帝，五个月后，燕王臧荼就被自己的手下举报造反了，刘邦亲自领兵前往镇压，仅仅两个月就杀了臧荼。这个时候的刘邦还处于大肆分封功臣的阶段，臧荼一死，刘邦就分封自己最好的铁哥们卢绾为燕王。紧接着，项羽的旧将利几造反，刘邦又亲自率军镇压。第二年，有人举报韩信谋反，刘邦采纳陈平的建议，伪游云梦，诈擒韩信，刘邦就此解除了对自己最大的潜在威胁。

　　紧接着，刘邦就开始了加快分封同姓王的进程。分封同姓王，当然要分在战略要地上。可是好地方已经分封给异姓王了，那就只好让他们挪挪地方了。韩王信成为刘邦调整分封的对象。韩王信和韩信同名，为了区分两人，我们称其为韩王信。这个人颇具雄才武略，所辖地区原本北面紧靠巩县、洛阳，南面迫近宛县、叶县，东边有淮阳，都是天下可以驻扎重兵之处。刘邦划出太原郡的三十一个县为韩国，调迁韩王信去管辖太原以北的新地区，这样就可以让他去防备抵御胡人。新的韩国建都晋阳。韩王信上书说："韩国北靠边界，匈奴人屡次进来骚扰，都城晋阳离边塞遥远，请求改把马邑作为国都。"刘邦允准。结果匈奴兵在马邑将韩王信重重包围。韩王信多次派使者出使匈奴，谋求和解。汉朝发兵救援，但又猜疑韩王信频繁私派使者是对汉室怀有二心，就派人去指责韩王信。韩王信害怕被杀，便举马邑城投降了匈奴。

　　汉高帝八年十二月，贯高图谋刺杀刘邦被人举报，一番审查，刘邦的女婿赵王张敖被废为宣平侯。刘邦把自己最疼爱的儿子刘如意分封为赵王。因为赵王年幼，刘邦委任自己很赏识的陈豨同时监管赵国和代国的兵马，而拥兵自重的陈豨约束部下不严，被赵国丞相周昌举报，一番彻查，陈豨真的起兵造反了。

　　陈豨叛乱有两个特点：

　　第一，持续时间最长。陈豨叛乱历时三年之久，是刘邦平叛耗时最久的一次。从平叛时间上来看，第一个造反的燕王臧荼历时两个月；平叛韩王信历时两个月；平叛黥布不到一年；韩信、彭越更是束手就擒。唯独陈豨叛乱的持续时间最长，这是第一个特点。

　　第二，连锁反应最大。陈豨只是一位彻侯，被刘邦分封为阳夏侯。但他的叛乱使淮阴侯韩信、梁王彭越、燕王卢绾都受到牵连，以至于最终出现了一侯谋反，连累三王的连锁反应。而且，淮南王黥布、韩王信事败，也与陈豨的谋反案有关。这样陈豨叛乱竟牵涉到五个反王，可以说是深刻影响了汉初的政治格局！

陈豨叛乱之后，梁王彭越也被牵连。前面已经讲过，彭越因为没有亲自出兵帮助刘邦平定陈豨叛乱，引起刘邦的不满。刘邦突袭擒获彭越，后被吕后力主斩首。一代枭雄彭越就这么死了。彭越之死非常冤，也很惨，被割下首级在洛阳示众，刘邦还下旨："有敢于祭拜和收殓彭越人头的，就抓起来！"

彭越惨死之后，他手下的大夫栾布从齐国出使归来，专程赶到彭越人头之下回奏出使过程，并且哭祭彭越。朝廷官吏把栾布抓获之后奏报刘邦，刘邦震怒之下召见栾布，大骂栾布，还打算把栾布扔进油锅烹之。就在手下人准备汤锅的过程中，栾布对刘邦说："我希望进一言然后再死。"刘邦问："你有什么话？"栾布说："方上之困于彭城，败荥阳、成皋间，项王所以遂不能西者，徒以彭王居梁地，与汉合从苦楚也。当是之时，王一顾，与楚则汉破，与汉则楚破。且垓下之会，微彭王，项氏不亡。天下已定，彭王剖符受封，亦欲传之万世。今陛下一征兵于梁，彭王病不行，而陛下疑以为反；反形未具，以苛小案诛灭之。臣恐功臣人人自危也。今彭王已死，臣生不如死，请就烹！"（《资治通鉴》卷十二）

栾布说："当初陛下受困彭城，战

刘邦题跋立像，取自清上官周绘，
乾隆八年刻本《晚笑堂画传》

败于荥阳、成皋之间时，项王之所以不能西进，是因为彭越在梁地，与汉军联合使楚军非常难受的缘故。在那个时候，梁王彭越的选择，倒向楚则汉军被击败，倒向汉则楚军被击败。况且垓下之战，如果没有彭王出力，则项羽不会轻易灭亡。天下已经平定之后，彭王接受您的分封，也想把王爵传之万世。如今陛下一向梁王征兵，彭越王因病不能从行，陛下就怀疑他要造反；还没有造反的征兆，就挑刺用借口诛灭他。微臣恐怕从此之后功臣宿将就人人自危了。如今彭王已经死了，为臣生不如死，请烹杀我吧！"栾布的这番话合情合理，不卑不亢，刘邦也为之动容，于是释放了栾布，还委任他做了都尉。

尽管对栾布宽大处理了，但并不等于刘邦对功臣们的猜忌防范之心就从此放下了，事实上，刘邦不但没有放下，反而变本加厉了。彭越死后，为了震慑诸侯王，还命人把彭越剁成肉酱分赐各地诸侯。本意是想震慑诸侯王，没想到结果适得其反，四个月后，黥布也造反了。

刘邦亲自率军平叛，历时一年，黥布之乱平定。黥布最后被长沙成王吴臣派人诱杀。而刘邦在平定黥布的战场上还被流矢所中，受了伤。

陈豨造反的时候，把燕王卢绾也牵涉进来了。陈豨造反时，燕王卢绾发兵进攻陈豨的东北面。当时，陈豨派王黄向匈奴求救；燕王卢绾也派出使臣张胜去匈奴那里，声称陈豨的军队已经失败了。张胜到了匈奴部落，原来的燕王臧荼的儿子臧衍正逃亡在那里，见了张胜便说："先生您之所以在燕国受到重用，就是因为熟悉匈奴的事务；燕国之所以能长期存在，就是因为内地各诸侯屡次反叛，兵事连绵，久而不决。如今您为燕国考虑，想赶快灭掉陈豨等人；陈豨等人一消灭，接下来也就轮到燕国，你们也就将成为阶下囚了。您何不让燕王暂缓进攻陈豨，而与匈奴和好？情况缓和，便可以长期在燕称王；一旦汉廷有急变，也可以借外援保全本国。"张胜认为很对，于是私下让匈奴帮助陈豨等人攻击燕军。燕王卢绾疑心张胜勾结匈奴反叛，上书朝廷请将张胜全家斩首。这时张胜回来了，详细说明之所以这样行事的原因，燕王于是用诈术决罪他人，开脱了张胜家属，派他去匈奴作为自己的密使。同时暗中使范齐潜去陈豨那里，想让他长期逃亡在外，双方对峙，不作决战。陈豨死后，卢绾的偏将投降，说出燕王卢绾曾派范齐去陈豨那里互通计谋。刘邦于是派使者去召卢绾回朝，卢绾称病不敢来朝；刘邦又派辟阳侯审食其、御史大夫赵尧前去迎接燕王，顺便查验盘问他的左右随从。燕王卢绾更加恐惧，躲藏起来。他对心腹之臣说："不是刘氏家族而称王的，只有我和长沙王了。去年春季，汉廷杀了韩信全家，夏季又处死彭越，这都是吕后的主意。如今皇上病重，大权委托吕后。吕后这个妇人，一心想找事诛杀异姓王和大功臣。"于是称病不动身，卢绾的左右心腹也都藏匿起来。卢绾的这些话有些泄露了出去，审食其听说后，回朝详细报告刘邦，刘邦更加愤怒，又得到匈奴中来投降的人，说出张胜逃亡在匈奴做燕王使臣。于是刘邦认定说："卢绾果真反了！"便派樊哙以相国名义发兵攻击卢绾，另立皇子刘建为燕王。

卢绾与刘邦是同县同邑同乡同里人，又是同年同月同日生，两人是同学同伴而且脾气相投，好得恨不得同穿一条裤子。有学者甚至研究认为，卢绾和刘邦很可能是同父异母的兄弟。理由之一就是卢绾的父亲在同里的地位更高一些，而且对刘邦多方照顾。而刘太公对刘邦一直不好。刘邦当年蒙难的时候，卢家允许卢绾一直追随刘邦左右，卢家这样做确实不同寻常，卢绾一直是刘邦的贴身死党。刘邦称帝，镇压臧荼之后立马把卢绾分封为燕王。这个分封充分表明了卢绾和刘邦的特殊交情。然而，就是这么特殊的一个人，最终也被刘邦认定为谋反了。被剥夺王位之后，卢绾率领几千人住在边塞等候机会，希望刘邦病愈，他好亲自入朝谢罪。但最终，他听到刘邦驾崩的消息之后，便逃入匈奴，从此再没有机会正式回归汉王朝。

异姓王相继造反被剥夺王位，到后来"八王只存其一"，只剩下力量弱小的长沙国，但也终因没有子嗣而被削国。为了杜绝异姓王的死灰复燃，刘邦还杀白马为盟，与群臣立誓"非刘氏而王，天下共击之"（《资治通鉴》卷十三）。

二、四顾寂寥，绝顶高处不胜寒

汉高帝十二年，这一年，刘邦的人生已经进入倒计时。在征讨黥布大局已定的情况下，刘邦绕道回到了自己阔别十年的故乡。在故乡，刘邦度过了一段最欢乐的时光。他在沛宫举行酒宴，把旧友、父老、长辈、家族子弟全部召来陪同饮酒，共叙旧情，欢笑作乐。刘邦还在当地找了一百二十个男孩子，组成歌队演唱助兴。酒喝到畅快时，刘邦亲自击筑，自己作歌开唱：

> 大风起兮云飞扬，威加海内兮归故乡，安得猛士兮守四方！
>
> （《史记·高祖本纪》）

刘邦自己唱罢，让那一百二十个男孩子学唱，刘邦边听边唱，欣然起舞，唱到慷慨伤怀之时，洒下了几行热泪。刘邦对沛县父老兄弟说："游子悲故乡。我以沛公名义起事诛灭秦朝暴逆，才夺取了天下。现在把沛县当作我的汤沐邑，免除县中百姓的赋役，世世代代不予征收。"

显贵之后，回故乡显摆，本应该是一件极快意的事情。然而刘邦的"大风歌"却充满了悲怆的味道。难道仅仅是如他所说的"游子悲故乡"吗？如果不仅仅是乡关何处的悲情，那么，刘邦在唱"大风歌"

时悲伤的是什么呢？

"大风歌"之悲怀应该有三层意涵：

第一层意涵，正如明代人王世贞所言："大风三言，气笼宇宙，张千古帝王赤帜。"表现的是刘邦睥睨天下的英雄豪气。

第二层意涵，"会当凌绝顶"，"高处不胜寒"。"大风歌"表现的是刘邦身当大位、一往无前的落寞意气。

第三层意涵，正如南宋诗人刘辰翁所言："自汉灭楚后，信、越、布及诸将诛死殆尽，于是四顾寂寥，有伤心者矣。语虽壮而意悲，或者其悔心之萌乎！"（凌稚隆《史记评林》）刘辰翁认为，自从汉灭楚之后，与刘邦栉风沐雨的韩信、彭越、黥布等诸侯战将已经被相继诛杀了，如今四顾无人，想必也寂寞伤心吧？"大风歌"的语言看上去似乎很雄壮，其实含义很悲伤，也许这个时候的刘邦有点后悔诛杀功臣了呢！所以，"大风歌"表现的是刘邦内忧外患下心有戚戚焉的沉郁戚气。

三、匈奴边患，安得猛士兮守四方

异姓王已经诛杀殆尽，刘邦还有什么内外忧患呢？

这就涉及刘邦面临的第二个问题或者说是挑战——匈奴边患。

汉初立国，匈奴边患一直是刘邦不得不面对的一个大问题。一开始刘邦把匈奴问题想简单了，试图毕其功于一役，调集三十二万大军进攻匈奴，结果刘邦自己被凶悍的匈奴冒顿单于四十万大军围困了整整七天七夜。依靠陈平的奇计才得以解困。与匈奴的作战是一项长期的重任，可是刘邦能依靠谁呢？韩信因为被褫夺了楚王的王位，赌气告病拒不从刘邦出征，彭越也借口生病拒不出征。刘邦还能依靠谁呢？匈奴进攻代国，自己的亲哥哥代王刘喜扔下代国跑回长安，气得刘邦把他降为合阳侯。严酷的现实提醒刘邦，安定边关重镇还需要大将。可刘邦环顾四周，发现已经无人可用！这个时候，"**安得猛士兮守四方**"恐怕是刘邦的肺腑心声吧！

这个时候的匈奴头领正是心狠手辣、野心勃勃的冒顿单于。

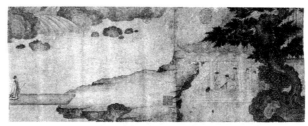

宋 李公麟《商山四皓图》（辽宁省博物馆藏）

冒顿指使匈奴屡次侵扰汉朝北部边境。刘邦向刘敬请教对策，刘敬说："天下刚刚安定，士兵们因兵事还很疲劳，不宜用武力去征服冒顿。但冒顿杀父夺位，把父亲的群妃占为妻子，以暴力建立权威，我们也不能用仁义去说服他。唯独可以用计策，使他的子孙长久做汉的臣属，然而我担心陛下做不到。"刘邦问："如何做呢？"回答说："陛下如果能把嫡女大公主嫁给他为妻，又赠送丰厚俸禄，他一定仰慕汉朝，以公主为匈奴的阏氏，生下儿子，肯定是太子。陛下每年四季用汉朝多余而匈奴缺乏的东西，频繁地慰问赠送他们，乘机派能说善辩的人士前去讽劝和讲解礼节。这样，冒顿在世时，他本是汉朝的女婿辈；他死后，您的外孙便即位为匈奴单于。难道曾听说过外孙敢和外祖父分庭抗礼的吗？我们可以不经一战而让匈奴渐渐臣服。如果陛下舍不得让大公主去，而令宗室及后宫女子假称公主，他们知道了，不肯尊敬亲近，还是没有用。"刘邦说："好！"便想让大公主去。但吕后日日夜夜哭泣着说："我只有太子和一个女儿，为什么把她扔给匈奴！"刘邦到底没有办法让大公主去，而是在庶民家找来一名女子，称之为大公主，把她嫁给匈奴单于做妻子，同时派刘敬前往缔结和亲盟约。这就是汉匈和亲政策的由来。

对于刘敬提出的和亲政策，司马光很不以为然。他为此专门写了一篇"臣光曰"评论此事。司马光认为："盖上世帝王之御夷狄也，服则怀之以德，叛则震之以威，未闻与为婚姻也。"（《资治通鉴》卷十二）司马光认为，建信侯刘敬说冒顿残暴，不能用仁义道德去说服他，而又想与其联姻，为什么前后这样矛盾呀！骨肉亲人的恩情，长幼尊卑的次第，只有仁义的人才能明白，怎么能以此来降服匈奴呢？先代帝王驾驭夷狄民族的对策是：他们归服就用德来安抚，他们叛扰就用威来震慑，从没听说过用联姻的办法。况且，冒顿把生身父亲视为禽兽而猎杀，对岳父会怎样！刘敬的计策本已粗疏了，何况公主鲁元已经成了赵王王后，又怎么能夺回来再嫁呢！司马光的看法不能说没有道理，可匈奴寇边问题究竟该如何解决呢？

匈奴的边患威胁一直到汉武帝时期才算基本解除。

四、太子懦弱，竖子固不足遣

第三个问题，刘邦的继承人问题。

常年的戎马生涯，刘邦也难免累了。黥布造反，当时刘邦正有病，想让太子前去平定黥布反叛，太子的宾客东园公、绮里季、夏黄公、甪里先生劝太子的舅舅建成侯吕释之说："太子统领大军，有了功劳地位已无以再增高，没有功劳便从此受祸。你何不赶快去请求吕后，抓个机会在皇上面前哭求说：'黥布是天下闻名的猛将，擅长用兵。而我方众将领又都是过去与陛下平起平坐的旧人，要是让太子指挥这些人，无异于让羊去驱使狼，无人听命于他。况且假使黥布知道，便会击鼓向西，长驱直入了。皇上您虽然有病，也要勉强上帘车，躺着指挥，众将领就不敢不尽力。皇上虽然生病困苦，为了妻子儿女还是要自己振作一下！'"于是吕释之立刻连夜求见吕后。吕后找个机会对刘邦流泪哀求，照四位宾客的意思说了。禁不住吕后的哭闹纠缠，刘邦说了一句话："吾惟竖子固不足遣，而公自行耳。"（《资治通鉴》卷十二）"我原本就知道这小子成事不足，还是老子自己去吧！"

刘邦对太子不满意，那么他对哪个儿子满意呢？

定陶女子戚夫人受刘邦宠爱，生下赵王刘如意。刘邦因为太子为人仁慈懦弱，认为刘如意像自己，虽然封他为赵王，却把他长年留在长安。刘邦出巡关东，戚夫人也常常随行，日夜在刘邦面前哭泣，想要立如意为太子。而吕后因年老，常留守后方，与高帝愈发疏远。高帝便想废掉太子而立赵王为继承人，大臣们表示反对，都未能说服他。御史大夫周昌在朝廷上强硬地争执，刘邦问他理由何在。周昌说话口吃，又在盛怒之下，急得只是说："臣口不能言，但臣期期知其不可！陛下欲废太子，臣期期不奉诏！"刘邦欣然而笑。吕后在东厢房侧耳聆听，事过后，她召见周昌，向他跪谢说："要不是您，太子几乎就废了。"

太子不能令自己满意，想废嫡立幼又遭到群臣的强烈反对，意兴阑珊之下，刘邦借口生了病，讨厌见人，躺在宫中，命令守宫门官员不准群臣进入，周勃、灌婴等群臣都不敢进去。这样过了十几天，舞阳侯樊哙闯开宫门直冲而入，各大臣也随后跟进。只见刘邦正以一个宦官为枕头，独自躺在那里。樊哙等人见了刘邦，流着眼泪说："想当年，陛下与我们一同在丰、沛起事，平定天下，是何等的雄壮！现在天下已经安定，又是多么的疲惫不堪！而且，陛下病重，大臣们都感到震惊恐惧；陛下不接见我们商议国家大事，就只是和一个宦官到死吗！再说陛下难道不知道赵高篡权的事吗？"刘邦便笑着起了身。

《史记》还记载说刘邦是因为太子刘盈听了张良的建议，请来了商山四皓四位世外高人，才彻底放弃了废太子的念头。司马光为此专门

清　黄慎《商山四皓图》

在《资治通鉴考异》中提出不同看法。司马光认为，汉高祖刘邦个性刚猛暴戾，不是一个怕书生舆论的人。但他因为大臣们都不同意他废长立幼，怕他百年之后赵王如意不能摆脱功臣的控制，独立自主，所以才打消了废嫡立幼的念头。司马光认为，所谓商山四皓在刘邦眼里根本不足为虑，张良也不可能出这样的馊主意。他说这都是"辩士欲夸大四叟之事"想当然编的故事罢了。司马迁喜欢记载奇人奇事，所以写进了史记，司马光在《资治通鉴》中一概不记载。

五、规摹弘远，拨乱世反之正

刘邦进攻黥布时，曾被流箭射中，行军路上，病势沉重。吕后请来一位良医，医生入内诊视后说："病可以治。"刘邦却破口大骂："我以一个老百姓手提三尺剑夺取了天下，这不是天命吗！我的生死在天，即使扁鹊复生又有什么用！"于是不让医生治病，而赏给医生黄金五十斤，让他回去。吕后问刘邦："陛下百年之后，萧何相国死了，让谁代替他呢？"刘邦说："曹参可以。"吕后再问曹参之后呢？刘邦说："王陵可以，但他有点戆，陈平可以帮助他。陈平智谋有余，但难以独自承担重任。周勃为人厚道、不善言辞，但将来安定刘家天下的必定是他，可任用为太尉。"吕后再追问其后，刘邦只说："这以后的事也就不是你能操心的了。"公元前195年，夏季，四月，甲辰（二十五日），刘邦驾崩于长乐宫。群臣认为，"高祖起微细，拨乱世反之正，平定天下，为汉太祖，功最高"，上尊号为高皇帝。

对刘邦的盖棺论定，司马光在《资治通鉴》中引用了班固《汉书·高帝纪》的评价："初，高祖不修文学，而性明达，好谋，能听，自监门、戍卒，见之如旧。初顺民心作三章之约。天下既定，命萧何次律、令，韩信申军法，张苍定章程，叔孙通制礼仪；又与功臣剖符作誓，丹书铁契，金匮石室，藏之宗庙。虽日不暇给，规摹弘远矣。"（《资治通鉴》卷十二）

班固《汉书》全文评价是："初，高祖不修文学，而性明达，好谋，能听，自监门戍卒，见之如旧。初顺民心作三章之约。天下既定，命萧何次律令，韩信申军法，张苍定章程，叔孙通制礼仪，陆贾造《新语》。又与功臣剖符作誓，丹书铁契，金匮石室，藏之宗庙。虽日不暇给，规摹弘远矣。""汉帝本系，出自唐帝。降及于周，在秦作刘。涉魏而东，遂为丰公。丰公，盖太上皇父。其迁日浅，坟墓在丰焉。及高祖即位，置祠祀官，则有秦、晋、梁、荆之巫，世祠天地，缀之以祀，岂不信哉！由是推之，汉承尧运，德祚已盛，断蛇著符，旗帜上赤，协于火德，自然之应，得天统矣。"（《汉书·高帝纪》）

东汉荀悦在《汉纪》中对刘邦的评价是："高祖起于布衣之中，奋剑而取天下。不由唐虞之禅，不阶汤武之王。龙行虎变，率从风云。征乱伐暴，廓清帝宇。八载之间，海内克定。遂何天之衢，登建皇极。上古已来，书籍所载，未尝有也。非雄俊之才。宽明之略，历数所授，神祇所相，安能致功如此。夫帝王之作，必有神人之助。非德无以建业，非命无以定众。或以文昭，或以武兴，或以圣立，或以人崇。焚鱼斩蛇，异功同符，岂非精灵之感哉。书曰：天工人其代之。易曰：汤武革命，顺乎天而应乎人。其斯之谓乎？故观秦项之所亡，察大汉之所兴，得失之验，可见于兹矣。太史公曰：夏政忠。政忠之弊野，故殷承之以敬。以敬之弊鬼，故周承之以文。以文之弊薄，救薄莫若忠。三王之道，周而复始。周秦之间，可谓文弊。秦不改文，酷刑，汉承秦弊，得天下矣。"（《汉纪·前汉高祖皇帝纪》）

毛泽东曾经评价说："刘邦是在封建时代被历史学家称为'豁达大度，从谏如流'的英雄人物。刘邦同项羽打了好几年仗，结果刘邦胜了，项羽败了，不是偶然的。""能够打败项羽，是因为刘邦和贵族出身的项羽不同，比较熟悉社会生活，了解人民心理。"汉太祖刘邦比西楚霸王项羽强，他得天下一因决策对头，二因用人得当。

公元前195年刘邦驾崩是一个标志，标志着中国的传统政治从此进入了一个新的历史阶段，刘邦身后的君臣们又都是怎么做的呢？请看评说《资治通鉴》第三部《盛世开端》。

后　记

　　本书是在中央电视台《百家讲坛》栏目"评说《资治通鉴》第二部"系列节目的基础上修订整理而成的。需要说明的是，"评说《资治通鉴》第二部"录制了 26 集，节目播出 23 集。其中关于秦始皇的身世、赵高乱秦以及刘邦的心事三讲栏目出于种种考虑没有全部播出。窃以为这三讲也很重要，所以出书时一并整理出来。事实上，由于受节目播出时长的限制，每一讲书稿的内容比实际播出的内容差不多多三分之一，而且书稿自然比播出稿要更严谨更全面。

　　这个节目能够得以顺利播出并得到广大观众的好评，许多领导和朋友给了我至关重要的帮助。首先要感谢的是《百家讲坛》的制片人那尔苏先生和副制片人陈力先生，两位主管领导亲自审定并对我的节目给予了悉心指导，特别是陈力先生，他对全部内容进行了仔细审读，提出了许多宝贵意见和建议，受益良多。我特别要感谢的是具体负责我节目的编导兰培胜先生。已经与兰导合作经年，他对我每一集所讲的内容都提出了具体意见，多次耳提面命，时有豁然开悟之效。这本小书能够得以付梓，我还要感谢人民出版社的各位领导，特别要感谢这部书的责任编辑吴广庆先生，他为这本小书耗费了大量心血。我能够全身心地投入这个节目的录制和这部书的写作，当然离不开我单位领导的大力支持，在此一并惑谢！

希望读者朋友和方家多多批评指正。

丁万明

庚子年仲夏

责任编辑：吴广庆　刘　畅
封面设计：林芝玉
责任校对：吴容华

图书在版编目（CIP）数据

评说《资治通鉴》之秦崩汉兴／丁万明　著 . — 北京：人民出版社，2021.1
ISBN 978 − 7 − 01 − 021277 − 7

I. ①评⋯　Ⅱ. ①丁⋯　Ⅲ. ①中国历史 − 研究 − 秦汉 − 时代
　Ⅳ. ① K232.07

中国版本图书馆 CIP 数据核字（2019）第 199008 号

评说《资治通鉴》之秦崩汉兴

PINGSHUO ZIZHITONGJIAN ZHI QINBENGHANXING

丁万明　著

人 民 出 版 社 出版发行
（100706　北京市东城区隆福寺街 99 号）

北京汇林印务有限公司印刷　新华书店经销

2021 年 1 月第 1 版　2021 年 1 月北京第 1 次印刷
开本：710 毫米 ×1000 毫米 1/16　印张：24.5
字数：310 千字

ISBN 978 − 7 − 01 − 021277 − 7　定价：58.00 元

邮购地址 100706　北京市东城区隆福寺街 99 号
人民东方图书销售中心　电话：（010）65250042　65289539